Frente a la Vida

Otros libros del Dr. James Dobson

Criemos niños seguros de sí mismos
Atrévete a disciplinar
El amor debe ser firme
Cómo criar un niño difícil
Tener hijos no es para cobardes
Emociones, ¿puede confiar en ellas?
Enciclopedia de problemas familiares
Cuando lo que Dios hace no tiene sentido
¡Esto es ser hombre!
Preparémonos para la adolescencia
Amor para toda la vida

Frente a la Vida

Un plan para disfrutar una vida de sentido y realización

DR. JAMES DOBSON

BETANIA

Un Sello de Editorial Caribe

Betania es un sello de Editorial Caribe,
una división de Thomas Nelson, Inc.

P.O. Box 141000
Nashville, TN 37214-1000, EE.UU.

Título del original en inglés:
Life on the Edge

Publicado por *Word Publishing*

ISBN: 0-88113-379-5

Traductor: *Eugenio Orellana*

Impreso en EE.UU.
Printed in U.S.A.

Acerca del autor

El Dr. James Dobson es fundador y presidente de «Enfoque a la Familia» una organización evangélica sin fines de lucro dedicada a la preservación del hogar. Es reconocido como una de las principales autoridades en asuntos de la familia en Estados Unidos y es autor de numerosos libros, incluyendo *Atrévete a disciplinar*, *Cómo criar un niño difícil*, *Cuando lo que Dios hace no tiene sentido*, *El amor debe ser firme*, *Hablemos con franqueza* y *Tener hijos no es para cobardes*, así como de la serie de video que acompaña a este libro: *Frente a la vida*. El Dr. Dobson es un sicólogo con licencia en el estado de California, y tiene licencia como terapeuta matrimonial, familiar e infantil del Estado de Colorado. Fue profesor asistente de pediatría en la Facultad de Medicina de la universidad del sur de California. Su programa internacional de radio «Enfoque a la familia» se escucha en más de dos mil estaciones a través del mundo. Él y su esposa, Shirley, tienen dos hijos ya adultos, Ryan y Danae.

Dedicatoria

Este libro está dedicado a aquellos para quienes fue escrito: la generación de jóvenes que está pasando de la adolescencia a la arena de la responsabilidad adulta. En un pestañear, ellos heredarán los negocios, las instituciones y los gobiernos del mundo. Pronto descansará sobre sus hombros la carga del liderazgo y autoridad. También serán responsables de moldear la humanidad, mientras sus familias se forman y crecen. Es a esta inteligente y capacitada generación de adultos jóvenes que dedico las páginas de este libro. Y les acompaña una oración para que puedan recordar y honrar la herencia de fe puesta en sus manos por la generación anterior, y para que sean diligentes en enseñarla a sus hijos. No hay otro objetivo más noble en la vida.

Reconocimiento

El autor agradece a las siguientes editoriales el permiso para extraer texto de los siguientes volúmenes:

Enciclopedia de problemas familiares, Editorial CLIE
Emociones: ¿Puede confiar en ellas?, Editorial CLIE
Criemos niños seguros de sí mismos, Editorial Betania
Amor para toda la vida, Editorial Betania
El amor debe ser firme, Editorial Unilit
Tener hijos no es para cobardes, Editorial Vida
Preparémonos para la adolescencia, Editorial Betania
Cómo criar a un niño difícil, Editorial CLIE
Hablemos con franqueza, Editorial Betania
Cuando lo que Dios hace no tiene sentido, Editorial Unilit

Contenido

1. Despegue o explosión 13
2. El tribunal de la mente 27
3. Por amor al dinero 41
4. Los que ejercen el poder 53
5. Preguntas 65
6. La clave de un amor para toda la vida 77
7. El amor debe ser firme 95
8. Preguntas 109
9. Llévense bien con sus padres 123
10. Las emociones: ¿amigas o enemigas? 143
11. El corredor de las puertas 157
12. Más allá del corredor 169
13. Preguntas desafiantes 177
14. Qué universidad escoger 189
15. Cuando lo que Dios hace no tiene sentido 201
16. Respuestas a preguntas eternas 217

Apéndice:
Treinta y ocho principios que deben guiar la vida 227

Frente a la Vida

CAPÍTULO UNO

DESPEGUE O EXPLOSIÓN

Si tú estás entre los dieciséis y los veintiséis años de edad, este libro fue escrito específicamente para ti. Por supuesto, cualquiera otra persona puede leerlo, pero los conceptos se aplican directamente a los que están pasando por lo que llamaremos la «década crítica».

Por lo general, algunos de los cambios más dramáticos y permanentes en la vida ocurren durante estos diez cortos años. Una persona se transforma de un niño que todavía vive en la casa con sus padres y come de su mesa, a un adulto hecho y derecho que debe ganarse el sustento y hacerse cargo total de su vida. La mayoría de las decisiones que tome en los siguientes cincuenta años habrán ocurrido en esta etapa, incluyendo la elección de una ocupación, quizá la decisión de casarse, y establecerá los valores morales por los cuales gobernará su vida.

Lo que hace a este período aun más importante es el impacto de las primeras equivocaciones y la falta de discernimiento. Estos pueden arruinar tu futuro. Un albañil sabe que debe ser muy cuidadoso en lograr que los fundamentos queden absolutamente rectos; cualquier bamboleo en los ladrillos de abajo creará una inclinación, y esta será mayor a medida que aumenta la altura de la pared. Lo mismo puede suceder con la vida.

El trayecto trascendental en esta década crítica me recuerda un viaje que mi familia hizo a Kenya y Tanzania, hace algunos años. El punto culminante de nuestra gira fue la visita a Serengeti, un hermoso parque nacional donde los legendarios animales africanos andan libremente como si estuvieran en la selva. Había llovido todo el día antes que nosotros llegáramos, y los caminos de tierra estaban hechos un lodazal. Todavía no habíamos avanzado quince millas en el parque, cuando nuestro vehículo cayó en una zanja enterrándose hasta los ejes en ese espeso barro africano. Sin duda, hubiéramos pasado la noche allí si no hubiera sido por un nativo, que con un camión de doble tracción, nos dio una mano.

Más tarde ese día, llegamos a un trecho del camino que estaba aun más enlodado. Allí se dividía y corría paralelo por varios cientos de metros antes de unirse otra vez. Era obvio que vehículos que habían pasado antes durante ese día habían hecho la nueva senda para evitar un hoyo muy profundo en el barro, pero nosotros no teníamos forma de saber por qué lado seguir. Nos sentamos por un momento tratando de decidir qué camino tomar. Si nos equivocábamos, probablemente nos quedaríamos atascados de nuevo y tendríamos que dormir en el vehículo, sin comida, cepillos de dientes, baño, y ni siquiera agua para tomar.

Ryan, nuestro hijo de diecisiete años, se ofreció como voluntario para ayudar.

«Voy a correr adelante para mirar el camino», dijo. «Y les haré señas para que sepan qué rumbo podríamos seguir».

El misionero que iba con nosotros dijo: «Hmm, Ryan, no creo que eso sea una idea muy buena. No sabes qué podrá haber allí, en medio de la maleza».

Finalmente nos decidimos por el que nos parecía el mejor camino y seguimos adelante. Pero cuando llegamos al lugar donde se juntaban las dos sendas, nos esperaba una sorpresa. Un enorme león se encontraba agazapado en medio de la hierba en uno de los lados del camino. Movió sus grandes ojos amarillos hacia nosotros invitándonos a que nos atreviéramos a enfrentarlo. Los grandes felinos como ese consideran a los seres humanos sólo como otra comida fácil. Pueden correr cien metros en menos de tres segundos y no van a dudar en comerse a cualquier habitante de la ciudad que sea lo suficientemente tonto como para tentarlo.

Ryan miró al león y estuvo de acuerdo en que probablemente lo mejor era permanecer en el auto.

¿PERO QUÉ HACER CON ESOS LODAZALES?

En cierto sentido, nuestra experiencia en Serengeti ilustra el trayecto desde la adolescencia hasta la etapa de adulto joven. Para algunas personas, el viaje transcurre viento en popa. Lo viven sin ningún contratiempo. Pero es sorprendente cuántos de nosotros nos encontramos con inesperados lodazales que nos atrapan y nos mantienen en una etapa inmadura de desarrollo. Otros incluso son acosados por depredadores que están al acecho en la maleza. Entre ellos están la adicción al alcohol o a las drogas, matrimonio con la persona equivocada, el fracaso en alcanzar un sueño añorado, el suicidio, homicidio, o varios delitos criminales. Es *muy* fácil apartarse del camino y caerse en la zanja cuando somos jóvenes.

Permíteme relatar otra ilustración que viene a mi mente. Hace algunos años fui invitado a un viaje de tres días en balsa por las aguas rápidas del río Rogue, en Oregón. Un amigo y experimentado deportista, el doctor Richard Hosley me dijo, cuando estábamos preparándonos para salir: «Algo que pronto vas a aprender es que el río siempre es el que manda». Cuando me lo dijo no comprendí el significado de sus palabras, pero tres días después entendí muy claramente ese principio.

Las primeras equivocaciones y la falta de discernimiento pueden arruinar tu futuro.

En lugar de flotar en la balsa por ochenta kilómetros en relativa calma y seguridad, decidí remar detrás en una canoa plástica de casi dos metros y medio de largo. Y en la segunda tarde, insistí en conducir remando esta débil embarcación por la parte más traidora del río. Fue una mala decisión.

Un poco más adelante hay una sección del río conocida como la «cafetera», llamada así porque lo estrecho de las paredes rocosas crea una corriente agitada e incierta que de pronto ha succionado hacia el fondo pequeños botes con sus pasajeros. Varios hombres y mujeres se han ahogado en ese preciso lugar; a uno de ellos le sucedió precisamente el verano pasado. Pero la ignorancia es felicidad, y yo me sentía feliz.

Manejé la situación bastante bien por los primeros minutos... antes que todo se complicara. Pronto me atrapó la corriente que fluía alrededor de una inmensa roca y me volqué, cayendo a aquellas aguas turbulentas. Me pareció una eternidad regresar a la superficie, sólo para encontrar que me era imposible respirar. Un pañuelo que había estado alrededor de mi cuello me tapaba ahora la boca como un parche y se mantenía allí fijo por los anteojos, los que estaban atados a mi cabeza. En el momento en que me sentí libre y abrí la boca para tragar aire, el agua agitada me golpeó en la cara y gorgoteó en mis pulmones. De nuevo, tosí y escupí antes de volver a hundirme en el agua. Pero entonces necesitaba aire desesperadamente y con angustia me di cuenta de que la «cafetera» estaba a sólo unos cien metros a favor de la corriente.

Me sobrecogió un pánico como nunca había experimentado desde que era niño. Definitivamente consideré la posibilidad de que me podría ahogar. Tengo un hábito pequeño pero contumaz de respirar cada pocos minutos y no me desenvuelvo bien cuando no puedo hacerlo.

Es muy fácil apartarse del camino y caerse en la zanja cuando somos jóvenes.

Sabía que sumergirme de nuevo en ese momento podría significar el fin de mi vida. Mis familiares y amigos miraban impotentes desde la balsa cómo era llevado a través de los rápidos hasta la parte más estrecha del río. No podían alcanzarme porque la corriente los había llevado a ellos lejos, río abajo.

El doctor Hosley, sin embargo, utilizando su increíble habilidad en este tipo de deportes, maniobró de tal manera que pudo llevar la balsa hacia un remolino en el costado del río. Allí dio vueltas hasta que la alcancé y me así de la cuerda que rodeaba la parte superior de la estructura. No podía meterme dentro de la embarcación yo solo debido a los rápidos, a mi ropa empapada, y a la distancia que había entre mi cabeza y la cuerda. Entonces esperaba que el doctor Hosley me ayudara a subir a bordo. Mientras tanto, me di cuenta de que él estaba luchando con los remos y mirando muy preocupado. Más tarde supe el motivo: Tenía miedo que la balsa grande chocara contra la pared de roca que bordeaba la «cafetera» y que yo fuera aplastado por la fuerza de esa masa.

En verdad, la balsa *fue* lanzada contra la pared, pero yo me di cuenta a tiempo. Así es que usando todas las fuerzas que me quedaban, levanté mis pies y los puse contra la roca, impulsándome por encima de la balsa para lograr subir a ella. Me desplomé en el fondo y permanecí allí tragando aire por unos treinta minutos.

Lo único malo de la experiencia tiene que ver con el orgullo estudiantil. El doctor Hosley usaba una camiseta con el nombre de su amada Universidad de Stanford escrito en el frente a todo lo ancho. Sobrevivió el viaje. Pero en alguna parte del fondo del río Rogue yace, como una deshonra, un empapado sombrero con el logo de la Universidad del Sur de California. Fue un momento triste en la histórica rivalidad de las dos universidades. Al menos yo no acabé allá en el fondo rocoso agarrado a mi bandera de la USC.

Como puedes ver, esta historia se relaciona con nuestro tema. De cierta manera, la vida es como el hermoso río Rogue. Hay largos trechos donde el agua está calmada. Puedes ver tu reflejo en el agua cuando te inclinas fuera de la balsa. El paisaje es hermosísimo, y el río te lleva apaciblemente corriente abajo. Pero de repente, y sin previo aviso, eres lanzado en medio de la turbulencia. De pronto, estás buscando un poco de aire para respirar mientras luchas por mantener la cabeza fuera del agua. Y en el momento cuando crees que te vas a ahogar, te encuentras flotando en dirección a la tumultuosa «cafetera».

> *Nadie viaja por el río de la vida sin enfrentarse con las turbulencias.*

Por favor, quiero que entiendas que esto te va a ocurrir tarde o temprano. Nadie viaja por el río de la vida sin enfrentarse con las turbulencias. Por lo tanto, debes prepararte bien para hacer el recorrido. Habrá momentos de hermosa serenidad cuando te recuestes de espaldas y admires la belleza. Pero también habrá tiempos de terror total cuando serás lanzado fuera del bote y quedarás a merced del buen Dios. Todo esto es parte del viaje. Por esto es muy necesario que antes que llegue la crisis estés estabilizado, que sepas quién eres y qué harás cuando las presiones te vengan encima.

ELLOS LA LLAMAN «LA DÉCADA CRÍTICA»

En los próximos diez años te plantearás cientos de preguntas importantes para las cuales las respuestas adecuadas quizá vengan muy lentamente. Yo luché con muchas de ellas cuando estaba en la universidad, tales como: ¿Qué voy a hacer con mi vida? ¿Cómo será la mujer con la que me case? ¿Dónde la voy a encontrar? ¿Durará nuestro amor para toda la vida? ¿Cuáles son mis puntos fuertes y mis puntos débiles? ¿Haré estudios de posgrado? ¿Me graduaré? ¿Soy lo suficientemente talentoso como para ser un buen profesional? ¿Y qué de Dios? ¿En qué lugar está Él en mis planes, y cómo puedo conocer su voluntad? Recuerdo que examinaba esas preguntas y pensaba cuán bueno sería hablar con alguien que tuviera unas pocas respuestas, alguien que entendiera lo que me ocurría. Pero igual que muchos de mis amigos, nunca pedí ayuda. Los años pasaron y gradualmente, entre zambullida y zambullida, atravesé el oleaje. Por supuesto, era más fácil cuando yo era joven. En aquellos años el río era menos turbulento. Crecí en la época de los «días felices» de los cincuenta, cuando la vida no era tan complicada. No había drogas en la escuela pública multirracial donde estudié. ¿Puedes creerlo? Nunca oí decir que alguien anduviera vendiendo sustancias químicas ilegales mientras estudié allí. Y para los niveles actuales, en aquellos tiempos se consumía muy poco alcohol. Ninguno de mis amigos hizo del beber un hábito. Acostumbraba asistir a fiestas cada viernes por la noche después de los juegos de fútbol, pero era muy raro que viera el uso de bebidas alcohólicas.

Ocurría, estoy seguro, pero principalmente entre aquellos que ya eran reconocidos como residentes permanentes del lado malo de la vida. Por aquellos días no había cabezas rapadas, neonazis, drogadictos, brujas, ni activistas homosexuales. Y comparándola con la de ahora, la música de aquellos años era agradable y apacible.

En los próximos diez años te plantearás cientos de preguntas importantes.

No hay duda de que algunas de mis compañeras perdieron su virginidad durante sus años estudiantiles. Las relaciones sexuales no son algo que se haya descubierto recientemente, y por cierto que estaba en nuestras mentes en aquellos años pasados. Era claro que, algunos estudiantes hacían algo más que simplemente pensar en tener relaciones sexuales. De vez en cuando, una muchacha quedaba embarazada (entonces se decía que «estaba en problemas»), inmediatamente se deshacían de ella y era enviada a un lugar secreto. Nunca se sabía adónde la habían llevado. Aun así, la idea de esperar hasta el matrimonio tenía mucho sentido. La moralidad estaba en boga. Los estudiantes que tenían relaciones sexuales perdían el respeto de sus compañeros. Las muchachas promiscuas eran conocidas como «mujerzuelas», y de los muchachos promiscuos se decía que estaban «acostándose con cualquiera». Parejas que vivían juntas fuera del matrimonio estaban «viviendo en pecado». Nunca se nos ocurrió que la virginidad fuera una maldición que había que quitarse de encima o que los adultos esperaran de nosotros que copuláramos como animales en celo. Esa idea malvada habría de incorporarse en la era moderna, cuando todo el mundo, desde la escuela de enfermeras hasta un descarriado cirujano general, parecen ir cantando: «Hazlo a menudo. Hazlo en forma correcta. Usa un condón cuando te acuestas».

Finalmente, y mucho más importante, los estudiantes en la década de los cincuenta a menudo eran receptivos a las influencias espirituales. Por supuesto que no todos eran cristianos, pero muchos de nosotros sí lo éramos. Además, nuestra fe determinaba la forma en que nos comportábamos. Por ejemplo, rara vez se profanaba el nombre de Dios. El uso de vulgaridades e irreverencias salpicando nuestras conversaciones no vino a ser algo de moda entre los adolescentes sino hasta los últimos años de los sesenta, cuando fue popularizado por películas decadentes y por la televisión. Esta también enseñó a muchos que eran de la misma edad de tus padres a involucrarse en relaciones sexuales promiscuas y a no hacer caso de los mandamientos de Dios. Muchos cambios revolucionarios ocurrieron durante los últimos años de la década de los sesenta, cuando esa generación de adultos jóvenes de repente se puso un poco tonta. También han tenido que pagar un alto precio por eso.

Lo que quiero señalar es que el mundo en el cual tú vives ha llegado a ser mucho más inmoral que hace unas pocas décadas. Hoy no es nada fuera de lo común tener hijos a los doce años de edad, y a los quince matarse a balazos unos a otros, y a los diecisiete ser adicto a las drogas «duras» y a los dieciocho ser diagnosticado con SIDA. La violencia ha llegado a ser un estilo de vida, especialmente para los niños que viven en los barrios pobres de las grandes ciudades. Un niño en los Estados Unidos está quince veces más expuesto a ser muerto de un tiro que un niño que crece en Irlanda del Norte, donde la violencia ha existido por mucho tiempo.[1] Algunos niños

1. Katherine Seligman, «More Children Than Cops Are Shot in the U.S.» [En Estados

tienen que dormir en las bañaderas para protegerse de los tiroteos desde los autos que pasan cerca de las casas. Sí, nuestra cultura ha entrado en una especie de moralidad libre que tiene implicaciones para todo aquel que es joven. Por consiguiente, estás forzado a bregar con presiones y tentaciones que los que vivieron algunos años atrás no tuvieron que enfrentar.

Una de las decisiones más importantes que tendrás que tomar en los próximos años tiene que ver con el trabajo que vas a realizar por toda una vida, la ocupación que deseas tener o las capacidades que piensas desarrollar. A menudo, esa elección es extremadamente difícil. ¿Cómo podrás predecir lo que querrás estar haciendo cuando tengas cuarenta o cincuenta o sesenta años de edad? Estás obligado a suponer basado en una información muy limitada. Quizás ni siquiera llegues a saber cómo es el trabajo a menos que te matricules en un programa académico extenso que te capacite para hacerlo.

Nuestra cultura ha entrado en una especie de moralidad libre.

Las decisiones que tomes bajo esas circunstancias quizá te atrapen en algo que más tarde vas a odiar. Y hay presiones sociales que influyen en tu elección. Por ejemplo, muchas mujeres jóvenes secretamente quieren ser esposas y madres, pero tienen temor de admitirlo en la sociedad «liberada» de hoy. Además, ¿cómo una señorita podría planear hacer algo que requiere la participación de otra persona, un esposo que se va a sentir afortunado de amarla y vivir con ella por el resto de su vida? El matrimonio puede que esté o puede que no esté incluido en los planes de ella. Sí, hay mucho que considerar en la década crítica.

Me siento muy afortunado de haber dado con una profesión cuando era joven, la que he desarrollado razonablemente bien. Si hubiera nacido en los tiempos de Jesús y hubiera tenido que aprender un oficio para ganarme la vida con mis manos, quizás en carpintería y albañilería, posiblemente me hubiera muerto de hambre. Me puedo imaginar sentado fuera del templo de Jerusalén con un letrero que dice: «Trabajo por comida». La artesanía no va conmigo. Mi única mala nota en la secundaria la obtuve en la clase de trabajo en madera, y no fue peor sólo porque el profesor, el señor Peterson, me tuvo lástima. Pasé todo un semestre tratando de hacer una caja en la cual guardar los artículos para limpiar zapatos. ¡Qué desastre! Por lo menos aquella experiencia me ayudó a excluir algunas ocupaciones posibles para mí. La carpintería y la mueblería fueron dos de ellas.

Unidos mueren a tiros más niños que policías], *San Francisco Examiner*, 21 de enero de 1994, A16.

COSAS QUE TENDRÁS QUE CONSIDERAR AL ELEGIR UNA PROFESIÓN

Tú también tendrás que considerar y eliminar algunas cosas. En verdad, para tomar una decisión inteligente sobre una profesión, vas a necesitar reunir los siguientes seis componentes esenciales:

1. Debe ser algo que de veras te guste hacer. Esta elección requiere que reconozcas tus puntos fuertes, tus puntos débiles, y lo que te interesa. (Existen algunos excelentes exámenes sicométricos que te pueden ayudar con esto.)
2. Debe ser algo para lo cual tengas la habilidad. Podrías querer ser abogado pero careces del talento para el trabajo académico y para aprobar el examen para obtener el título.
3. Debe ser algo que te provea los recursos para vivir. Podrías querer ser un pintor, pero si la gente no te compra las pinturas, te morirías de hambre esperando en tu estudio.
4. Debe ser algo en lo cual seas aceptado por alguna universidad. Podrías querer ser un excelente médico y tener la capacidad para hacerle frente a los estudios, pero no apruebas el examen de ingreso. Cuando estuve en el programa de doctorado había un estudiante que después de siete años de estudios tuvo que irse. Alcanzó a llegar al último examen grande antes que sus profesores le dijeran: «Usted ha sido eliminado».
5. Debe ser algo que sea culturalmente apoyado. En otras palabras, muchas personas necesitan sentir en alguna medida el respeto de los demás de su edad por lo que hacen. Esta es una de las razones por qué las mujeres encuentran difícil permanecer en el hogar y criar a sus hijos.
6. Y lo más importante para el creyente genuino, debe ser algo que sientes que Dios aprueba. ¿Cómo puedes conocer la voluntad de Dios en una decisión tan personal? Esta es una cuestión importante que vamos a analizar luego.

Lo que hace tan difícil escoger una ocupación es que estos seis requisitos deben cumplirse al mismo tiempo. Si reúnes cinco pero no te gusta lo que has elegido, tendrás problemas. Si reúnes cinco pero no eres admitido en la escuela correspondiente, tienes el camino cerrado. Si reúnes cinco, pero el trabajo que elegiste no te da para vivir, el sistema falló. En la cadena, todos los eslabones deben estar conectados.

Dada esta realidad, no es extraño que tantos jóvenes actúen torpemente durante la década crítica. Entonces pasan años inmovilizados sin saber qué hacer. Se dedican a puntear una guitarra en la casa de sus padres, mientras esperan que le sirvan algo de comer de la cocina.

Los adultos jóvenes que están en esta situación me recuerdan los cohetes que están en la plataforma de lanzamiento. Los motores rugen, lanzando humo y fuego, pero nada se mueve. La cápsula espacial fue hecha para atravesar la atmósfera, pero ahí está, como si la hubieran atornillado a la plataforma. He conocido a muchos hombres y mujeres que están comenzando la década de los veinte años y que los cohetes no los levantan más allá de la tierra. Sí, también he conocido a unos pocos cuyos motores estallaron y esparcieron los escombros de sueños rotos por toda la plataforma de lanzamiento.

Muchos jóvenes actúan torpemente durante la década crítica.

A veces la misión falla porque alguien rehúsa incluir a Dios en sus planes grandiosos. El salmista escribió: «Si Jehová no edificare la casa, en vano trabajan los que la edifican; si Jehová no guardare la ciudad, en vano vela la guardia» (Salmo 127.1). Estas palabras tienen un significado increíble para todos quienes, como tú, están precisamente comenzando en la vida. Lo que sea que trates de hacer, sea construir o defender, será infructuoso si lo haces en tus propias fuerzas. Quizá suene muy anticuado, pero te aseguro que es verdad. Además, el Señor no quiere ocupar el segundo lugar en tu vida.

LECCIONES DE MI PADRE

Mi padre pensó que él podría ser la excepción a tal principio. Ya tenía su vida planeada, y no necesitaba la ayuda de Dios o de alguien más para alcanzar lo que se había propuesto. Desde la infancia sabía que quería ser un gran artista. Y aun antes de ir al kindergarten le dijo a su familia que cuando fuera grande dibujaría y pintaría. Esta pasión no era simplemente una decisión que había hecho, estaba en su sangre. Durante toda su infancia y hasta los diez años, nunca dudó de su deseo de ser un Rembrandt o un Miguel Ángel. Mientras sus cinco hermanos no sabían qué llegarían a ser, este jovencito que era el más joven tenía un sueño de grandeza.

Entonces un día cuando tenía dieciséis años, mientras iba caminando por la calle, le pareció oír al Señor que le hablaba. Por supuesto, no era una voz audible. Pero en lo profundo de su ser sabía que era la voz del Todopoderoso. Era un mensaje simple que comunicaba este pensamiento: *Quiero que te olvides de esa gran ambición de ser un artista y te prepares para una vida de servicio en el ministerio.*

El Señor no quiere ocupar el segundo lugar en tu vida.

Mi padre quedó impresionadísimo con la experiencia. Replicó: «¡No! No, Señor. Tú sabes que tengo los planes ya hechos y el arte es todo lo que me interesa». Rápidamente razonó acerca de la impresión convenciéndose a sí mismo que su mente lo había engañado. Pero cuando lo tenía todo resuelto y quería descansar, aquello reaparecía. Mes a mes, aquel persistente pensamiento traía a su mente lo que Dios le estaba pidiendo... no, exigiendo, que abandonara su sueño y llegara a ser un predicador. Aquella fue una de las luchas más grandes de su vida, pero no se lo dijo a nadie.

Esta batalla interna continuó durante dos años. Luego, hacia el final de su último año en la secundaria, llegó el momento de elegir una universidad para empezar en el otoño. Su padre le dijo que escogiera cualquiera escuela en el país y él lo enviaría allí. ¿Pero qué decisión tomaría? Si cedía a la voz interior, tendría que asistir a una universidad que empezara a prepararlo para el ministerio. Pero si seguía sus sueños, tendría que ir a una escuela de artes. ¿Obedecería él a Dios, o seguiría sus propios planes? Fue un terrible dilema.

Una mañana, pocas semanas antes de su graduación, se levantó para prepararse para ir a las clases. Pero en el momento en que sus pies tocaron el suelo, mi padre escuchó de nuevo la voz. Era como si el Señor le estuviera diciendo: *Hoy tendrás que tomar una decisión.* Todo el día anduvo luchando con ese asunto, pero aún no quiso decírselo a nadie. Al mediodía, después de la última clase, se fue a la casa donde no había nadie. Se paseó en la sala de un lado a otro, oraba y luchaba con esta implacable demanda de Dios. Finalmente, en un acto de desafío, alzó su rostro y dijo: «¡Es un precio muy alto y yo no quiero pagarlo!»

Más tarde, mi padre describió ese momento como la más terrible experiencia de su vida. Dijo que le pareció que el Espíritu del Señor le había abandonado, así como cuando una persona se aleja de otra. Todavía él estaba temblando cuando su madre llegó a la casa unos minutos después. Ella se dio cuenta de su perturbación, entonces le preguntó qué le pasaba.

«Tú no me entenderías, mamá», le dijo, «pero Dios me ha estado pidiendo que abandone mis planes de ser artista. Él quiere que sea un ministro, pero yo no quiero. Y no lo seré. Acabo de decirle no y Él se ha ido».

¿Obedecería a Dios o seguiría sus propios planes?

Mi abuela era una mujer muy buena que siempre llegaba con sus oraciones al corazón de Dios.

—¡Mi amor! —le dijo—. Estás un poco perturbado. Vamos a orar sobre eso.

Doblaron sus rodillas, y mi abuela empezó a hablar con el Señor acerca de su hijo. Luego se detuvo y dijo:

—No lo entiendo. Algo no anda bien.

—Tú no lo entiendes —dijo mi padre—, pero yo sí. Acabo de rehusar obedecer a Dios y Él se ha ido.

Pasaron siete largos años antes que mi padre volviera a oír la voz del Señor. Su amor por el arte había llegado a ser su dios. Le importaba más que cualquiera otra cosa sobre la tierra e incluso había sobrepasado su relación con Dios. Esto era lo principal en su corazón. No había pecado, ni había nada inmoral en su amor por el arte. El problema era que Dios no tenía lugar alguno en eso.

En los siguientes días, mi padre decidió ir al Instituto de Arte de Pittsburgh (IAP), una de las mejores escuelas de arte en el país. Empezó sus clases en el otoño, y sus profesores reconocieron inmediatamente que él tenía un talento extraordinario. Y esto era cierto, cuando se graduó lo seleccionaron como el estudiante más dotado de su clase. Pero cuando caminaba hacia la plataforma, donde un gran lienzo con la frase NÚMERO UNO había sido colgado sobre sus pinturas, de nuevo vino a su mente el versículo: *Si Jehová no construye la casa, en vano trabajan los que la edifican.*

Mi padre se graduó y salió a comenzar su gran carrera en el campo de las artes. Desafortunadamente, la Gran Depresión estaba ocurriendo en los Estados Unidos y en la mayoría de los países alrededor del mundo. Aquel fue un tiempo alarmante en la historia de este país, cuando muchísimas personas se quedaron sin trabajo. Los negocios fracasaron, los bancos cerraron, las oportunidades eran pocas y se presentaban sólo de vez en cuando. Mi padre fue uno de los millones que no pudo encontrar trabajo de ningún tipo, mucho menos en la profesión que había elegido. Finalmente, fue contratado para trabajar en una gasolinera de la compañía Texaco, donde despachaba la gasolina y limpiaba los parabrisas de los automóviles. Esto era algo muy humillante para un hombre que quería ser otro Leonardo da Vinci.

Pero aquí viene la parte más increíble de la historia. Exactamente en los momentos cuando mi papá estaba desesperado por cambiar su carrera, el presidente del Instituto de Arte de Pittsburgh le escribió una carta ofreciéndole un trabajo de instructor, ¡con un increíble salario de trescientos dólares mensuales! Eso era precisamente lo que él había soñado desde su niñez. Pero de alguna manera esa carta se quedó extraviada en el escritorio del presidente. Más tarde, la encontró y la envió junto con otra nota diciendo que había estado preocupado porque mi padre no había tenido la cortesía de responder a su oferta. Pero para cuando la segunda carta llegó, ya mi padre había abandonado sus planes de grandeza. Había hallado un lugar de oración y se había abandonado por completo al llamado de Dios para su vida. Así que, cuando llegó la oferta de trabajo, contestó diciendo: «Gracias, pero no estoy interesado».

CUANDO TODO SE MUEVE EN UNA SOLA DIRECCIÓN

El futuro de mi padre, y sin duda también el mío, pendía de aquella difícil circunstancia. Si hubiera recibido la oferta original de trabajo del presidente del IAP (Instituto de Artes de Pittsburgh) se habría lanzado en una carrera que evidentemente estaba fuera de la voluntad de Dios. ¡Quién sabe cómo habría cambiado su vida si hubiera estado «trabajando en vano» en la viña equivocada! ¿Qué lo protegió de cometer el error de su vida? Bueno, mi abuela oraba por él todos los días, pidiéndole al Señor que trajera al menor de sus hijos de nuevo a Él. Creo que Dios contestó sus oraciones al interferir con el despacho de la carta de la cual aparentemente dependía todo.

¿Sería acaso una crueldad del Señor privar a un joven de lo que él más quiere? ¡Buena pregunta! ¿Por qué Dios le dio tan notables habilidades y luego no quiso que las usara? Bueno, como es siempre el caso cuando el Señor está tratando con nosotros; Él tenía en su corazón lo mejor para mi padre. Y no le quitó nada.

Tan pronto como mi papá se rindió a la voluntad del Señor, recibió su arte de nuevo. Entonces, durante toda su vida usó su talento en el ministerio, y cuando murió era presidente del departamento de arte en una universidad cristiana. Él dejó hermosas pinturas y esculturas por todos los Estados Unidos. Y algo que es mucho más importante, miles de personas vinieron al conocimiento de Jesucristo por medio de su ministerio de predicación. Ellos estarán en el cielo, gracias al llamado que mi padre tuvo en su vida.

El futuro de mi padre, y sin duda que también el mío, pendía de aquella difícil circunstancia.

Ciertamente, aquella terrible lucha que ocurrió en los años de la adolescencia de mi padre, no fue una cruel manipulación. Sino, una prueba vitalmente importante de su compromiso, un reto a poner a Dios en primer lugar. ¡Y debido a que pasó la prueba, yo estoy aquí escribiéndote este libro!

Jesucristo también te pedirá que le des el primer lugar en tu vida. Él será Señor de todo, o no será Señor. Eso no significa que te pida que seas un ministro. Tu llamado será único. Pero estoy seguro de que cualquier cosa que hagas por egoísmo e independiente de los propósitos de Dios no te satisfará y, en última instancia, será hecho «en vano».

Más adelante hablaremos acerca de cómo interpretar la voluntad de Dios y reconocer sus propósitos. Por ahora, debemos ponernos a pensar en los desafíos que estás confrontando. Un constructor nunca comenzará a levantar un rascacielos sin un detallado plan de arquitectura e ingeniería que le guíe en su trabajo. De igual manera, las personas en la década crítica, entre los dieciséis años de edad y los veintiséis deben descifrar quiénes son y qué esperan de la vida. Esto es una deuda que tienen con su futuro. Para ayudarte a realizarlo es que se ha escrito este libro.

Vamos a echar una mirada a uno de los más importantes «lodazales» que atrapan y retienen a los viajeros desprevenidos.

CAPÍTULO DOS

EL TRIBUNAL DE LA MENTE

Ahora vamos a considerar el arte sutil de sentirse estúpido. La mayoría de nosotros hemos llegado a ser muy hábiles en esto. En realidad, a veces pareciera como que la vida está intencionalmente diseñada para despojarnos de la dignidad y hacernos parecer ridículos.

Mi amigo Mike seguramente está de acuerdo. Cuando era un estudiante universitario, tuvo una de esas pequeñas e inesperadas experiencias que hacen a una persona sentirse como tonta. A la hora del almuerzo estaba en el recinto universitario y decidió comer algo rápido al aire libre. Fue al restaurante, compró una hamburguesa, papas fritas, y un batido de chocolate. Llevaba su almuerzo, además de su portafolios, unos papeles y un par de libros, se fue caminando en busca de un lugar donde almorzar, pero todas las mesas estaban ocupadas, y en ninguna parte había un sitio donde acomodarse.

Se quedó allí, de pie, observando a los otros estudiantes que sentados a las mesas comían y charlaban tranquilamente. Mientras estaba esperando que alguien decidiera irse, el aroma de la comida le estaba matando de hambre. Entonces se inclinó para sorber un poco del batido de chocolate que llevaba. Pero en vez de ponerse la pajita en la boca, se la puso adentro de la nariz. La reacción natural hubiera sido bajar el vaso con chocolate y levantar la cabeza. Eso fue lo que precisamente Mike hizo, pero resultó ser un gran error. La pajita se quedó metida en su nariz y se salió del vaso de chocolate. Y él en ese momento no tenía una mano libre para ayudarse. Allí estaba Mike, en frente de cientos de sus compañeros, con una pajita colgándole de la nariz y el batido de chocolate chorréandole por los pantalones.

Fue sólo un instante y algo que nadie más recordará, excepto Mike. Él nunca lo olvidará. ¿Por qué? Porque le hizo sentirse como un verdadero tonto. ¿Has estado tú alguna vez en una situación parecida? Apuesto a que cada lector puede contar alguna historia similar que le ha sucedido.

Recuerdo a una muchacha en la secundaria a la que llamaré Mary Jane. Secretamente había dado a su figura una pequeña ayuda, agregando a su sostén unas coquetas almohadillas. Pero cometió el error de asistir a la fiesta del último año en la piscina. Allí, la verdad acerca de Mary Jane quedó flotando en el agua. Todos encontraron el incidente muy gracioso, pero Mary Jane no se rió.

Tan dolorosas circunstancias como esas, son casi universales en la experiencia humana. En una ocasión o en otra, todos hemos estado allí. Mark Twain dice que los seres humanos son los únicos animales conocidos que se ruborizan, o necesitan hacerlo. De esa manera fuimos creados. Si tuviera que elegir una sola palabra para describir nuestro sistema emocional, esta sería *vulnerable*. Somos extremadamente susceptibles en nuestras relaciones con los demás o con cualquier cosa que pudiera humillarnos. Nos avergonzamos fácilmente. Somos heridos con mucha facilidad. Nos enojamos en un segundo. Nos preocupamos por cualquier cosa. Y a menudo fracasamos en los momentos más inoportunos.

Esta tendencia de hacer el papel de tonto es ilustrada por una de mis caricaturas favoritas, como sigue:[1]

«Es Bradshaw. Dice que cree que yo vengo de una guarida con un solo padre y que tuve modelos inadecuados. Que mi conducta extraña se debe a la vergüenza y a mi codependencia y me urge a que busque sanidad para mi osezno interior... Opino que debemos comérnoslo».

1. Tira cómica cortesía del Dr. Brian Moench y de *In Your Face Cards.*

La vida tiene una manera de colgarnos en los árboles de vez en cuando, pero eso es según un plan. Intencionadamente, Dios nos hizo vulnerables y sensibles. Para Él hubiera sido también fácil habernos diseñado con características enteramente diferentes. Pudiera habernos dado la resistencia de los búfalos, la independencia de los tigres y la agresividad de los leones. Esa es, precisamente, la forma en que nos gustaría ser. Pero la Escritura nos cuenta una historia diferente. El Señor nos ve —¿estás listo para escucharlo?— como una oveja. No es muy halagüeño, pero es lo que leemos en una docena de referencias bíblicas. Por ejemplo:

Salmo 100.3	Reconoced que Jehová es Dios. Él nos hizo y[...] somos[...] *ovejas* de su prado.
Isaías 53.6	Todos nosotros nos descarriamos como *ovejas,* cada cual se apartó por su camino.
Jeremías 50.6	*Ovejas perdidas* fueron mi pueblo; sus pastores las hicieron errar, por los montes las descarriaron.
Ezequiel 34.11	Porque así ha dicho Jehová el Señor: He aquí yo, yo mismo iré a buscar mis *ovejas*, y las reconoceré.
Mateo 9.36	Y al ver [Jesús] las multitudes, tuvo compasión de ellas; porque estaban desamparadas y dispersas como *ovejas* que no tienen pastor.
Juan 10.27	Mis *ovejas* oyen mi voz, y yo las conozco, y me siguen.
1 Pedro 2.25	Porque vosotros erais como *ovejas* descarriadas, pero ahora habéis vuelto al Pastor y Obispo de vuestras almas.

LAS OVEJAS DE LOS PASTOS DEL SEÑOR

¿Cuáles son las características que el Señor ve en ti y en mí que nos compara con la oveja? ¿Qué está de veras diciendo, Él, cuando se refiere a nosotros en esa forma? Bien, los pastores y rancheros nos dicen que estos animales son virtualmente indefensos contra los animales de rapiña, no tienen astucia, son proclives a seguirse el uno al otro hacia el peligro, y para su seguridad dependen del cuidado del hombre quien es el dueño. También tienen la tendencia de llevarse unos a otros a situaciones de peligro. Por eso, cuando David escribió: «Todos nosotros, nos descarriamos como ovejas» se estaba refiriendo a nuestra tendencia, como rebaños irreflexivos, a irnos lejos del atento cuidado del Pastor.

Hace algunos años, pude observar en un documental de televisión, esta tendencia. La filmación se había realizado en un matadero donde las ovejas iban a ser sacrificadas para proveer de carne al mercado. Había cientos de animales nerviosos amontonados en corrales al aire libre. Parecían sentir el peligro de ese lugar que le era poco familiar. Se abrió una tranquera a la derecha que llevaba a una rampa en declive. Para conseguir que las ovejas caminaran por esa rampa, los operarios usaban lo que se conoce como el «chivo Judas». Este es un chivo que ha sido entrenado para guiar a las ovejas hasta el matadero. Y lo hacía con toda eficiencia. Confiadamente caminaba hasta el extremo superior de la rampa y miraba hacia atrás. Luego daba unos pasos más y se volvía a detener. Muy asustadas, las ovejas se miraban unas a otras y empezaban a caminar hacia la rampa. Finalmente, seguían al confiado chivo hasta la parte más alta, donde este pasaba por una pequeña puerta a la izquierda, pero las ovejas eran obligadas a doblar a la derecha, hacia la muerte. Era una ilustración dramática de la conducta irreflexiva de un rebaño, y de las consecuencias mortales que experimentaban.

ESE INSTINTO COMÚN DE SEGUIR A LOS DEMÁS

Hay una notable similitud entre la oveja que sigue al chivo Judas y los adolescentes que sucumben a las mortales presiones de los demás jóvenes. Se inyectan heroína, aspiran crack, se involucran en prácticas sexuales peligrosas, conducen borrachos y se disparan los unos a los otros con armas automáticas. ¿Pero por qué hacen todas esas cosas tan destructivas? ¿Acaso no tienen ellos ningún interés en sus propias vidas y en el futuro que están arriesgando? A la mayoría de ellos sí le importa. Pero la presión a someterse —a seguir a sus líderes— es aun más fuerte que su necesidad de seguridad y bienestar. Los adultos tienen el mismo problema. Como lo señaló el rey David, *todos* nosotros nos extraviamos como ovejas.

¿Por qué encontramos ese instinto irresistible de seguir a los demás en nuestra personalidad? Porque es controlado por la necesidad muy poderosa del amor, sentido de pertenencia, y de aceptación. Muchas veces los que son incapaces de satisfacer estos profundos anhelos no prosperan físicamente. Por ejemplo, se sabe desde hace muchos años que los bebés que no reciben amor ni son acariciados, pueden morir inesperadamente de una extraña enfermedad llamada marasmo.

Algo similar ocurre entre los adultos, cuando son privados de las cosas vitales para la estabilidad emocional. Durante la Guerra de Corea, a principios de los años del cincuenta, los chinos comunistas hicieron uso de una nueva táctica en los campos de concentración llamada «lavado de cerebro». Consistía en aislar a los soldados los unos de los otros, quitarles a sus líderes y no permitirles recibir ningún incentivo para vivir.

La presión a someterse es aun más fuerte que la necesidad de seguridad y bienestar.

Sólo les entregaban las cartas que los desalentaban pero retenían cualquier buena noticia o expresiones de apoyo procedentes de sus familias. Los prisioneros eran recompensados por «criticarse» los unos a los otros de modo que nadie sabía en quién confiar. Día y noche les lanzaban mofas y críticas contra sus países. En resumen, los comunistas buscaban eliminar cualquier cosa con la cual los hombres pudieran identificarse y encontrar apoyo. Fueron aislados completamente los unos de los otros y del mundo. ¿Cuál fue el resultado? Más de tres mil soldados aguerridos se acostaron en sus catres, se taparon sus cabezas con las frazadas, y así murieron. No se supo la causa real de sus muertes, sino que habían perdido la voluntad de vivir.

Esta es la forma en que fuimos creados: vulnerables, necesitados y muy dependientes los unos de los otros. Por supuesto que algunos son más sensibles que otros, especialmente en los primeros años de la niñez. Investigaciones muestran que un sorprendente porcentaje de niñas del cuarto grado, que a penas tienen diez años de edad, se consideran «gordas» y están haciendo dieta.[2] ¿No te parece increíble? Niñas que debieran estar jugando, brincando y columpiándose; están preocupadas por sus cuerpos y cómo lucen a los demás. No debe sorprendernos si en los años siguientes algunas de ellas desarrollan desórdenes alimenticios como la anorexia y la bulimia.

Esta es la forma en que fuimos creados: vulnerables, necesitados y muy dependientes los unos de los otros.

Aún durante la etapa preescolar, tú puedes ver esta fuerza poderosa influenciando la conducta. Un miembro de nuestro personal *Focus on the*

2. Laurel Mellini, Universidad de California en San Francisco, 1986.

Family [Enfoque a la Familia], contó la historia de su hija de tres años de edad que ilustra la necesidad de amor y pertenencia desde que somos pequeños. Beverly vivía en un barrio donde los niños eran mayores que ella y por lo tanto no querían jugar con ella. Los niños corrían más rápido, saltaban más alto, y lo hacían todo mejor que ella. Ese hecho no escapó a su observación.

Un día, Bev llegó corriendo a la casa y le dijo a su madre: «¡Caramelos, mami! ¡Quiero caramelos!»

Elaine fue a la despensa y le trajo un caramelo. Pero la niña le dijo: «¡No, mami. Quiero muchos caramelos!»

En ese momento la madre se dio cuenta de que algo estaba ocurriendo, de modo que decidió complacerla, y no le fue en contra. Le dio cinco o seis caramelos y la observó por la ventana para ver qué iba a hacer con ellos.

Beverly corrió hasta una cerca de alambre que encerraba un terreno al lado de su casa. Sus amigos estaban allí, al otro lado jugando béisbol. Ella pasó un bracito a través de la cerca y le ofreció los caramelos. Pero nadie se fijó en ella. Sólo continuaron jugando como si la niña no estuviera. De pronto uno de los niños la vio y se dio cuenta de que les estaba ofreciendo algo bueno. Todos vinieron corriendo y con rudeza le arrebataron los caramelos de las manos. Y sin darle las gracias, regresaron a su juego. Ay, la pequeña Beverly se quedó allí sola. Sus regalos y sus amigos se habían ido.

Elaine luchaba con las lágrimas mientras veía a su hija, parada tristemente, junto a la cerca.

Elaine luchaba con las lágrimas mientras veía a su hija, parada, tristemente, junto a la cerca. Había tratado de comprar aceptación, pero lo único que consiguió fue más rechazo. ¡Cuánto quería Beverly que los otros niños la aceptaran y la incluyeran en sus juegos! Lo que ella aprendió ese día, sin embargo, es que el amor no se puede comprar y que por lo general, el soborno sólo trae falta de respeto. Millones de jovencitas han descubierto ese mismo principio cuando sus amiguitos les han dicho: «Si realmente me amas, debes acostarte conmigo». Por no querer ser rechazadas, ellas entregan el más precioso e íntimo regalo, sólo para ver cómo ellos se van, dejándolas solas y abatidas, junto a la cerca.

A menudo los niños causan mucho daño a otros con la crueldad y con las mofas. Lee con atención esta nota que me entregó la madre de una niña de cuarto grado. Fue escrita, aparentemente, sin ninguna razón por una de sus compañeritas:

Horrible Susana:

Tú eres la niña más hedionda del mundo.

Espero que te mueras pero, claro, supongo que tal cosa es imposible. Por eso, aquí te presento algunas ideas:

1. Juega en medio de la calle
2. Dególlate
3. Envenénate
4. Date una puñalada

Por favor haz alguna de estas cosas, gordinflona. Todas te odiamos. Mi oración es: Oh, Señor, por favor haz que Susana se muera. Tenemos necesidad de aire puro. Me oíste Señor, porque si no, todos moriremos aquí con ella. Ves Susana, nosotras no somos tan malas.

Alicia Márquez

¿Qué podría pensar la «horrible Susana» acerca de una nota como esta? Quizás era una persona segura de sí misma y lo pudo tomar con calma. Pero si Alicia era popular y Susana no, el escenario estuvo montado para causarle tremendo dolor. Note que Alicia lastimó todos los puntos más sensitivos. Insultó a Susana por su apariencia física y le dio a entender que todos los otros alumnos creían que ella era una hedionda. Esos dos mensajes: «eres fea» y «todos te odiamos», pueden herir profundamente a un niño sensible. Quizá jamás lo olvidará.

NADIE ES INMUNE AL DOLOR DEL RECHAZO

Pídele a un adulto que te relate algún incidente similar de su infancia y tendrás una respuesta inmediata. La mayoría recuerda experiencias que quizás ocurrieron décadas atrás. Los comediantes hacen buen uso de estos puntos sensitivos, para hacernos reír porque, como observaba William Makepeace Thackeray: «El humor es el amante de las lágrimas». Rodney Dangerfield estaba de acuerdo y elaboró su rutina cómica en torno a esta idea: «Nadie me respeta». Dijo que cuando niño había sido tan rechazado que aun su yo-yo se resistía a regresar a él. Joan Rivers dijo que cuando joven era tan fea que su padre tuvo que sobornar a su novio para que se casara con ella. El comediante que utilizó más efectivamente sus sentimientos de inferioridad fue Woody Allen, quien era una persona introvertida y muy delgada. La siguiente historia de su niñez era muy vívida cuando él la contaba.

Woody se dirigía a su clase de violín cuando pasó por el salón de billar donde «Floyd» y sus amigos acostumbraban reunirse. Estaban robando tapacubos de autos en movimiento. Cuando pasaba, Floyd se dirigió a Woody usando un nombre insultante, y siendo Woody un chico bastante presumido, le dijo que no aceptaba insultos de nadie. Puso la caja de su violín en el suelo y dijo: «Si quieres dirigirte a mí, tendrás que llamarme Maestro Haywood Allen». Woody mencionó a continuación que pasó ese invierno en silla de ruedas. Un equipo de cirujanos trabajó para sacarle el violín del cráneo. Su única buena suerte fue que no tocaba el violonchelo.

A muchas personas esto les parece divertido porque durante nuestra infancia todos fuimos alguna vez tiranizados por algún «Floyd». También recordamos cada fracaso y humillación de nuestros primeros años. Cuando estaba en el tercer grado, jugaba de jardinero derecho en un torneo de béisbol bastante disputado. Con qué claridad recuerdo aquel día negro. Un niño vino a batear y golpeó una bola directa hacia mí. Fue un simple tiro hacia arriba y todo lo que yo tenía que hacer era agarrarla. Pero allí, en frente de cinco millones de fanáticos, la mayoría muchachas, dejé que la pelota se me cayera de las manos. En realidad, me estropeó el dedo gordo en su camino al suelo. Todavía puedo oír el ruido de los pasos de cuatro corredores de base dirigiéndose al plato. Frustrado, recogí la pelota y se la tiré al árbitro, quien tuvo que echarse a un lado y entonces la dejó correr por lo menos una cuadra. «¡Boooo!» chilló la mitad de los cinco millones de fanáticos contrarios. «¡Yeaaa!», gritó la otra mitad.

Aquella tarde me desangré y morí en el jardín derecho. Fue un funeral solitario. Yo era el único doliente. Pero en los días siguientes, y después de una cuidadosa reflexión, abandoné el béisbol y rara vez he vuelto a jugarlo. Fui corredor de pista, jugué baloncesto y disfruté cuatro años de tenis en la universidad, pero el béisbol se acabó para mí aquella tarde en el jardín derecho. Si hoy tú fueras a ese campo de juego y escarbaras por la esquina noreste, encontrarías los huesos de una brillante carrera de beisbolista que murió antes que pudiera comenzar.

Bueno, vamos a tratar de hacer este tema un poco más concreto. Cuando cientos de experiencias dolorosas como esta ocurren en la infancia son seguidas por una adolescencia tormentosa, puede ocurrir una «crisis de confianza» a medida que nos acercamos a la década crítica. Esto de alguna manera interferirá con cualquier cosa que tratemos de hacer.

CRISIS DE CONFIANZA

Consideremos, por ejemplo, el papel que desempeña la confianza en los partidos de tenis profesional. No siempre son los mejores jugadores los que ganan. Pero por lo general sí los que tienen más confianza. Además, no es extraño que la ventaja cambie de uno a otro de los competidores. Uno puede ganar el primer set 6-0 y luego perder el segundo 0-6. ¿Cómo podemos explicar ese cambio? En el segundo set ocurrió lo mismo que en el primero. Los jugadores, su habilidad y experiencia, la cancha, el tiempo, las bolas, las raquetas, el viento, los espectadores y la red no cambiaron.

¿Cuál es, entonces, la causa que lleva a un profesional experimentado de un éxito de 6-0 en el primer set a un fracaso total en el segundo? Es determinado de acuerdo con la intensidad de la corriente de confianza que durante el transcurso de una competencia atlética, esta va y viene de forma similar a la marea. Los especialistas dan a esta ondulación un nombre. La llaman ímpetu, pero en realidad es el resultado de la confianza que uno se tiene.

¿Crees firmemente que puedes confiar en tus habilidades, para enfrentarte con el más grande desafío de la vida? Si no lo crees, otros tampoco lo crerán. Ellos te observarán atentamente para ver qué concepto tienes de ti mismo. Después de todo, eres la mejor fuente de información en esa materia. Tus inseguridades y dudas se trasladarán directamente a las actitudes de tus compañeros.

Por favor, entiende que la característica que estoy tratando de promover no tiene nada que ver con el orgullo. La presunción es una enfermedad extraña. Hace sentirse enfermos a todos, menos al que la padece. El orgullo nos mete en muchos problemas. Como la madre ballena le dijo a su bebé: «Cuando salgas a la superficie y empieces a soplar, entonces será cuando te arponearán».

No siempre son los mejores jugadores los que ganan.

Nosotros no sólo tenemos la tendencia de sentir antipatía hacia aquellos que son arrogantes, pero sabemos por las Sagradas Escritura que Dios también desprecia esa característica. Muchas de las historias en la Biblia describen el juicio de Dios contra el hombre orgulloso. En el libro de Proverbios leemos que hay siete cosas que Dios odia, y la primera de la lista es el orgullo (véase Proverbios 6.16-17). Por favor entiende que no estoy sugiriendo que desarrolles una actitud de autoimportancia, independencia y arrogancia. Ni siquiera estoy hablando de autoestima, como a menudo se interpreta. Aquí estamos hablando de la paz interna que viene por saber que tú eres hijo de Dios y que puedes, con su ayuda, hacer cualquier cosa que Él te pida. Es rechazar revolcarse en la cloaca del odio a sí mismo. Es creer en tu valor como ser humano a pesar del dolor y el rechazo que te provoquen otros. Es, en una palabra, confianza.

Permíteme concluir esta parte ofreciéndote dos conceptos que deben ayudarte.

1. Hemos estado hablando indirectamente, de una pequeña voz muy adentro del espíritu humano que nos dice a cada uno de nosotros: «Eres un tonto. Nadie te quiere, y por una buena razón. Eres un perdedor. Fracasas cada vez que tratas de hacer algo. Cualquier otro está hecho del material correcto, pero tú eres diferente. Nadie te puede amar. Ni Dios se preocupa de ti».

Estoy aquí para decirte que el dueño de esa «pequeña voz» se llama «el padre de las mentiras» (Juan 8.44). Su propósito es engañar, destruir y desmoralizar. Y su mejor arma contra nosotros es crear una guerra interna que nos despedace desde adentro. Abraham Lincoln dijo: «Una casa dividida contra sí misma no puede permanecer». Esto es verdad especialmente cuando ocurre en lo más íntimo del pensamiento.

Es algo desafortunado que muchos de nosotros cooperamos con Satanás en sus esfuerzos para deprimirnos. La ex primera dama Eleanor Roosevelt dijo en una ocasión que nadie puede hacer un tonto de ti, si no es con tu permiso. Y tenía razón. A menudo nos constituimos en nuestros peores enemigos cuando socavamos nuestra confianza.

Permíteme citar mi libro, *Criemos niños seguros de sí mismos*, en el cual describo la forma en que ocurre este acto traidor de odio a sí mismo. Lo llamo el «Tribunal de la Mente».

> Imagínate por un momento que eres una adolescente. Tienes dieciséis años y tu nombre es Elena Escuela Secundaria. Sinceramente no eres muy atractiva que digamos. Tienes los hombros encorvados y se te olvida cerrar la boca cuando estás meditando. (Eso parece preocupar mucho a tus padres.) Tienes granos por toda la frente y en la barbilla y tus orejas excesivamente grandes aparecen por debajo del cabello que debería ocultarlas. Piensas a menudo en estas imperfecciones y te has preguntado, con la debida reverencia, por qué Dios no estaba prestando atención cuando te formó.
>
> En tu vida nunca has tenido una verdadera cita con un muchacho, con la excepción de aquel desastre del pasado mes de febrero. Una amiga de tu mamá, se encargó de arreglarte una cita a ciegas que casi significó el fin del mundo. Sabías que era arriesgado aceptar, pero estabas tan entusiasmada que no pensaste inteligentemente. Carlitos Simpático llegó muy animado esperando encontrar a la muchacha de sus sueños. Pero tú no eras lo que él tenía en mente. ¿Recuerdas la expresión de desilusión en su rostro cuando entraste en la sala arrastrando los pies? ¿Recuerdas que al día siguiente le dijo a María Luisa que tu aparato de ortodoncia sobresalía más que tu busto? ¿Recuerdas que también le dijo que tenías tantos puentes dentales que para besarte tendría que pagar peaje. ¡Eso fue horrible! Pero la noche de la cita no dijo nada. Puso cara larga todo

el tiempo y te llevó de regreso a casa con dos horas de anticipación. Por supuesto, María Luisa casi no pudo esperar hasta la tarde siguiente para decirte cuánto te odiaba Carlitos. Entonces lo atacaste llena de ira. Lo encontraste en el vestíbulo de la escuela y le dijiste que su falta de inteligencia se debía a que tenía la cabeza vacía como un coco seco. Pero la herida que él te había causado fue profunda y te dolió mucho. Durante por lo menos seis meses despreciaste a todos los varones y pensaste que nunca tus hormonas volverían a la normalidad.

Cuando esa tarde regresaste de la escuela a casa, fuiste directamente a tu habitación sin hablarle a ninguno de tus familiares. Cerraste la puerta y te sentaste en la cama. Pensaste en lo injusta que era toda la situación en que te encontrabas y permitiste que tu joven mente viajara de uno a otro de los innumerables recuerdos dolorosos que rehusaban esfumarse. En realidad, te pareció como si de súbito estuvieras ante un tribunal siendo juzgada para determinar si podías ser aceptada como miembro de la raza humana.

El fiscal se puso de pie ante el jurado y comenzó a presentar la evidencia incriminatoria de tu indignidad. Habló de aquella fiesta por el Día de los Enamorados cuando estabas en cuarto grado, en la que Ana, tu hermosa prima, recibió treinta y cuatro tarjetas y dos cajas de bombones, la mayoría de las cuales se las dieron los muchachos que estaban locamente enamorados de ella. Tú recibiste tres tarjetas, dos te la dieron compañeras de la escuela, y una te la envió tu tío Alberto que vive en San Antonio. Los miembros del jurado menearon sus cabezas apesadumbrados. Entonces el fiscal describió aquel día cuando un muchacho de sexto grado compartió su cucurucho de helado con Berta Bella, pero dijo que no te dejaría darle ni un mordisco porque no quería contagiarse con tu fealdad. Tú pretendiste no haberle oído, pero fuiste al baño de las muchachas y estuviste llorando allí hasta que terminó el recreo.

«Señoras y señores del jurado», dijo el fiscal, «estas son las opiniones imparciales de la propia generación de Elena. Es evidente que todos los estudiantes de su escuela están de acuerdo. No tienen ningún motivo para mentir. Sus puntos de vista son totalmente verdaderos. ¡Esta muchacha fea no merece ser parte de nosotros! ¡Les insto a que hoy mismo la declaren culpable!»

Entonces el abogado defensor se puso de pie. Era un hombrecito frágil que tartamudeaba. Presentó algunos testigos a tu favor, incluyendo a tu papá y tu mamá, y por supuesto, a tu tío Alberto.

«¡Protesto, señor juez!», gritó el fiscal. «Estos son miembros de la familia de la acusada. No se les puede tomar en cuenta. Son testigos parciales y, por lo tanto, indignos de confianza». «Se admite la protesta», declaró el juez. Entonces, tu abogado totalmente confundido dijo que siempre mantenías limpia tu habitación y enfatizó que el mes pasado habías sacado una nota de sobresaliente en un examen de geografía. Viste al presidente del jurado conteniendo un bostezo y los demás miembros mostraban señales de total aburrimiento.

«Y, po-po-por lo tanto, se-se-señoras y señores del ju-ju-ju-jurado, les pi-pi-pido que declaren a esta jo-jo-jovencita ino-ino-inocente de los cargos».

Los miembros del jurado se retiraron y treinta y siete segundos después regresaron con el veredicto. Te pusiste de pie ante ellos y los reconociste a todos. Allí estaban la reina de belleza de la escuela del año pasado, el defensor del equipo de fútbol, el alumno encargado de hacer el discurso de despedida por el fin de curso. También estaba allí el apuesto hijo del cirujano. Todos te dieron una mirada severa y de pronto gritaron a una voz: «¡CULPABLE DE LOS CARGOS, SEÑOR JUEZ!» Luego el juez leyó la sentencia:

Elena Escuela Secundaria, un jurado compuesto por tus compañeros te han declarado inaceptable para la raza humana. Por lo tanto, te sentencio a una vida de soledad. Probablemente fracasarás en todo lo que hagas y bajarás a la tumba sin tener ni un solo amigo en el mundo. El matrimonio será imposible para ti y nunca habrá un niño en tu casa. Eres un fracaso, Elena. Eres una desilusión para tus padres y de ahora en adelante serás considerada como un gran estorbo. Queda cerrado el caso.

El sueño se desvaneció, pero la decisión del jurado permaneció siendo real para ti. Tus padres se preguntaban por qué estabas tan irritable y tratabas mal a todo el mundo durante las siguientes semanas. Nunca supieron, y tú nunca les dijiste, que te habían expulsado del mundo de la gente hermosa.

Quisiera poder hablarles a todas las Elenas y Susanas, y a todos los Juanes y Pedros que también han sido declarados inaceptables en el tribunal de sus mentes. Tal vez nunca sepan que el juicio fue un fraude, que cada uno de los miembros del jurado ha sido acusado del mismo delito y que el juez mismo fue condenado hace más de treinta años. Quisiera poder decirle a cada adolescente desilusionado que todos hemos tenido que comparecer ante ese tribunal injusto y muy pocos hemos sido absueltos. Algunos de los adolescentes que han sido condenados serán «perdonados» más tarde en la vida, ¡pero la mayoría jamás podrá escapar de la sentencia dictada por el juez! Y lo irónico es que *cada uno de nosotros* conduce su *propio* juicio fraudulento. Actuamos como nuestro propio fiscal y la sentencia final es dictada bajo nuestra inflexible supervisión, por supuesto, con un poco de ayuda de nuestros «amigos».

¡DESPUÉS DE TODO, EL JUICIO FUE FRAUDULENTO!

Si en el pasado te has presentado a juicio, es tiempo de un perdón para que quedes absuelto. El caso en contra de ti fue una gran mentira.

2. Juntos, tú y Dios, son una mayoría. Recuerdo a un novato de la NBA que jugaba en el equipo de los Chicago Bulls en los mejores tiempos de la superestrella Michael Jordan. Durante un juego en particular, Jordan jugó de una forma extraordinaria, hizo sesenta y ocho puntos. El novato permaneció en la banca de reservas hasta el último minuto del partido, entonces el entrenador se compadeció y lo mandó a la cancha. En los segundos finales del juego, hizo un punto. Cuando lo entrevistaron después del juego se veía que estaba muy orgulloso de sí mismo. El dijo: «Michael Jordan y yo hicimos sesenta y nueve puntos».

Y así es en nuestra relación con el Señor. Somos novatos jugando con el experto. Con tal que Él bendiga nuestro escaso talento, es lo suficiente para alcanzar el triunfo. Alguien compuso hace algunos años una canción que captó esta idea. Se titulaba: «Poco es mucho si Dios está allí». El escritor decía que nuestras incapacidades no tienen importancia si el Señor decide añadir su bendición. El énfasis ha estado siempre en la fortaleza del Señor, no en nuestros logros.

Cuando socavamos nuestra confianza, a menudo nos constituimos en nuestros peores enemigos.

Miremos, por ejemplo, a los hombres que Jesús escogió para que fueran sus doce discípulos. Él sabía que algún día ellos habrían de llevar el evangelio a un mundo hostil. Sin duda, el futuro de la iglesia descansaría sobre sus hombros.

UNA COMBINACIÓN INVENCIBLE

Desde una perspectiva humana, Jesús debió haber seleccionado los líderes más poderosos y talentosos de aquel día. Pero Él no se interesó en los teólogos, en los héroes militares, ni en los políticos potentados. En lugar de eso, reunió a un grupo de hombres, quienes pertenecían a la gente común del pueblo. Incluía a varios pescadores ignorantes y a un odiado cobrador de impuestos. Pero Él usó a estas personas para voltear el mundo al revés.

Ahora nosotros somos sus discípulos escogidos, pertenecemos a su gente común. Así debemos pensar ante los desafíos que tenemos por delante. Cuando nuestra pequeñez se combina con la grandeza del Señor, este equipo es invencible.

La Biblia nos expone, de manera muy clara, que el Señor no quiere que usemos nuestras incapacidades como una excusa para evadir nuestra

Juntos, tú y Dios, son una mayoría.

responsabilidad. Él lo hizo bastante claro en un encuentro que tuvo con Moisés, según aparece en el capítulo cuatro de Éxodo. Desde la zarza ardiendo, Dios habló a Moisés y le ordenó que fuera a decirle a Faraón que debía dejar libres a los hijos de Israel. Moisés, sin embargo, careció de la suficiente confianza para llevar a cabo la tarea, y trató de sacarle el cuerpo. Le dijo: ¡Ay, Señor! nunca he sido hombre de fácil palabra, ni antes, ni desde que tú hablas a tu siervo; porque soy tardo en el habla y torpe de lengua. A eso, el Señor le respondió: «Ahora pues, ve, y yo estaré con tu boca, y te enseñaré lo que hayas de hablar.

Pero Moisés insistió: ¡Ay, Señor!, dijo, envía, te ruego, por medio del que debes enviar».

¡Qué cobardía estaba demostrando Moisés! El Dios del universo que creó los cielos y la tierra le había prometido ir con él. Pero sus propias dudas hicieron que se le doblaran las rodillas.

¿Aceptó el Señor su excusa? ¡Difícilmente! Éxodo 4.14 nos dice: «Entonces Jehová se enojó contra Moisés».

¿Has dicho tú alguna vez: «Yo sé lo que tú quieres que yo haga, Señor, pero lo siento mucho. No estoy capacitado para hacerlo»? ¡Te deseo lo mejor! Nuestro Padre celestial tampoco aceptará excusas por nuestra incapacidad. Él nos hace la misma oferta de ayuda que le hizo a Moisés, ¡por lo que espera que empaquemos y que vayamos!

El apóstol Pablo modeló la actitud correcta para nosotros cuando escribió: «Todo lo puedo en Cristo que me fortalece» (Filipenses 4.13). Esta es la fórmula para una vida de éxito. ¡Olvídate del «Tribunal de la Mente»! ¡Tú has sido absuelto!

CAPITULO 3

POR AMOR AL DINERO

Hace poco me encontraba sentado en el aeropuerto internacional de Atlanta, Georgia, me estaba comiendo un yogur y observando a toda aquella gente ocupada que iba y venía. Fascinantes pequeños dramas se desarrollaban ante mí. Una madre pasó yendo a toda prisa hacia la puerta noventa y dos. Siguiéndole detrás iba un niño que parecía no preocuparse si tomaba el avión o no. Iba cantando canciones sencillas y caminando muy despacio y felizmente por el pasillo. Al final, la mamá regresó y trató de hacer que se apurara. ¡Qué va! Cuando desaparecieron en medio de la multitud, él iba unos tres metros y medio detrás de ella y seguía perdiendo terreno.

Luego caminaba un empleado de mantenimiento en ruta a un grifo roto o un circuito bloqueado. Tenía puesto un delantal amarillo en el cual estaba escrito el nombre «Titi». Me pregunté cómo habría conseguido ese apodo y por qué querría que todo el mundo lo conociera. ¡Si no estás ahí, Titi... yo me di cuenta!

También caminaban juntas una adolescente y su madre. Parecía como si hubieran tenido una gran pelea muy temprano esa mañana. Posiblemente todo comenzó por causa del extraño peinado de la muchacha. Quienquiera que haya comenzado la pelea, se notaba claramente que la niña la había ganado. La mamá estaba demasiado desgreñada para ser tan temprano en el día. Era evidente que la adolescente, había pasado horas esa mañana tratando de lucir sexy y mayor de la edad que tenía. Y lo había logrado. ¡Anímate, mamá!

Cientos de personas pasaron por delante de mí, antes que terminara mi yogur. Todos iban concentrados en sus pensamientos, con la intención de llegar a algún lugar rápido y de hacer lo que habían venido a hacer. No pude sino preguntarme quiénes eran todas esas personas y qué preocupaciones tendrían en ese día. En la década de los sesenta, los Beatles cantaban acerca de «Toda la gente solitaria/¿De dónde vienen todos ellos?»[1] Sí, cierto que vi a unos pocos que parecían desesperadamente que necesitaban de un amigo. Pero lo que más pude notar fue a muchas personas ocupadas, hombres y mujeres exhaustos que mostraban que tenían horas de atraso para cumplir con el horario de sus actividades. ¿Acaso hubiera creado una crisis internacional si hubieran ocupado una silla a mi lado para observar por unos minutos a la gente ir y venir? ¡Ya sé! ¡Ya sé! Los aviones no esperan.

> *La vida agitada viene en camino hacia ti. Te lo garantizo.*

Lo que presencié en el aeropuerto de Atlanta es típico de la forma moderna de hacer las cosas. Es posible que todavía tú no hayas caído en eso, porque acabas de disfrutar los días libres de preocupaciones de la adolescencia. Pero la vida agitada viene en camino y llegará muy pronto a ti. Te lo garantizo. Este ritmo frenético de la vida que casi nos despoja de todo propósito para vivir es muy contagioso, y tarde o temprano la mayoría de las personas se encontrarán atrapadas en esa rutina agotadora.

LAS PREGUNTAS REALMENTE IMPORTANTES DE LA VIDA

Es muy importante que te detengas y pienses en algunos asuntos básicos mientras eres joven, antes que las presiones del trabajo y de la familia te lo impidan. Hay varias preguntas que tienen un valor eterno con las cuales finalmente cada uno tiene que enfrentarse. Tú te beneficiarás, me parece, si lo haces ahora.

No importa que seas ateo, musulmán, budista, judío, de la Nueva Era, agnóstico o cristiano, las preguntas que tiene que enfrentar la familia humana son las mismas. Sólo las respuestas serán diferentes. Estas son:

¿Quién soy yo como persona?
¿Cómo llegué aquí?
¿Qué es lo que realmente es importante para mí?

1. «Eleanor Rigby», The Beatles, ©1966 Capitol Records, Maclen Music-EMI Blackwood (ASCAP)

¿Hay alguien que esté llevando la cuenta?
¿Qué espera Dios de mí?
¿Hay vida después de la muerte?
¿Cómo puedo alcanzar la vida eterna, si es que existe?
¿Cuál es el significado de la muerte?

Luego veremos algunas de esas preguntas importantes. Por ahora, vamos a concentrarnos en otra que es fundamental: ¿Cuáles son las que son dignas de la inversión de mi vida? Esto debe resolverse antes de entrar de lleno a la vida adulta.

CODICIA POR LOS CONCURSOS DE LA TELEVISIÓN

Cuando se trata de propósitos y metas, la mayor parte de la gente parece estar motivada primeramente en obtener dinero y las cosas que el dinero puede comprar. Si lo duda, trate de mirar durante el día los programas de televisión donde la gente concursa por premios y dinero en efectivo.

Observe los payasos saltando en el aire, echando espuma por la boca y llorando sobre el traje del animador. Fíjese que sus ojos están dilatados y sus orejas de color rosado brillante. Es un estado conocido como codicia por los concursos de la televisión, y hace que sus víctimas sean incapaces de actuar racionalmente.

> *Sí, BETTY MOLINO, USTED se ha ganado una NUEVA LAVADORA, una provisión por un año de CHICLES y esta maravillosa muñeca nueva, WANDA WEE-WEE, que moja de verdad el regazo de su hija. FELICITACIONES, BETTY, y gracias por jugar a «AGARRE LA BOLSA» (aplausos frenéticos).*

¿Cómo es que sé tanto sobre estos concursos? ¡Porque estuve allí! En 1967, mi amada esposa se las ingenió para arrastrarme al show «Hagamos un trato», que por aquel tiempo estaba en furor. Después de cumplir con toda una serie de requisitos, el animador Monty Hall nos escogió como afortunados concursantes. Los productores nos sentaron en las dos butacas de enfrente, cerca de las cámaras, pero empezaron el programa «jugando» con otros ingenuos.

Mientras permanecía sentado allí, en la fila de los concursantes, no podía estar más escéptico acerca de todo eso. Finalmente, Monty pronunció nuestros nombres y nos acercaron las cámaras.

> «Aquí, detrás de la puerta número uno hay... *(se abre una cortina)... ¡¡UN AUUUUTO NUEEEEVO!!» (la gente en el auditorio estaba loca de contenta.)*

De repente, me atacó un espasmo en la boca del estómago. La boca se me llenó de agua y el corazón me empezó a golpear fuertemente en las paredes del pecho. Allí, en el escenario, estaba el auto de mis sueños, un Camaro nuevo. Ese deseo se me subió hasta la garganta y se quedó trabado cerca de la nuez. Respiraba irregularmente y con dificultad, lo cual era otra señal clara, que había llegado a ser otra víctima de la codicia de los concursos de la televisión.

Para que entiendas esta reacción, debo decirte que yo había sido dueño de varios de los peores autos en la historia del automóvil. Cuando estaba en la universidad, manejé un Mercury 1949 convertible (lo llamaba «mi viejo colorado») que tenía asientos eléctricos, ventanillas eléctricas y techo eléctrico, todo era eléctrico, pero el único problema era que no tenía suficiente poder para que funcionaran. Subía las ventanas en invierno y las bajaba en verano. Y allí se quedaban, sin importar los cambios de temperatura. Shirley, que entonces era mi novia, tuvo que haberme amado tremendamente para haberse subido a ese auto. ¡Lo *odiaba*! El asiento delante tenía un resorte de tan mal carácter que le rasgaba la ropa y le pinchaba la piel. Y «mi viejo colorado» no siempre quería caminar, así es que cada pocos días, Shirley y yo teníamos que empujarlo.

POR QUÉ QUERÍA ESE AUTOMÓVIL NUEVO

El golpe de gracia tuvo lugar poco después de nuestra graduación de la universidad. Nos citaron a una entrevista para un trabajo importante, de modo que nos vestimos con lo mejor como si fuera el domingo. Así íbamos nosotros, con traje y corbata, con zapatos de tacón y medias, corriendo a sesenta millas por hora en nuestro «viejo colorado» cuando de repente el techo del convertible salió volando. Las cuerdas y polvo nos molestaban la cara mientras la lona ondulaba allá atrás, como la capa de Superman. La armazón del techo sobresalía sobre nuestras cabezas, esto nos hizo sentir muy avergonzados. ¿Y pueden imaginarse ustedes que Shirley se enojó *conmigo* por dejar que eso ocurriera? Se acurrucó en el piso, culpándome por manejar ese auto destartalado. Es un milagro que nuestra relación sobrevivió aquella terrible tarde.

> ***Allí, en el escenario, estaba el auto de mis sueños, un Camaro recién salido de fábrica.***

Aunque «el viejo colorado» había sido puesto a dormir hacía tiempo antes de nuestra aparición en «Hagamos un trato», yo todavía seguía sin ser dueño de un auto nuevo. Cada dólar disponible había sido dedicado a pagar mi educación. Y hacía apenas dos meses que había obtenido mi doctorado.

Esto explica mi reacción hacia el hermoso automóvil detrás de la puerta número uno.

«Todo lo que tienen que hacer para ganarse el auto», dijo Monty, «es decirnos el precio de cuatro artículos».

Shirley y yo acertamos en los tres primeros, pero nos equivocamos en el cuarto artículo. «Lo siento», dijo Monty. «Perdieron. Pero aquí tienen una aspiradora y tres dólares. Gracias por participar en "Hagamos un trato"».

Shirley y yo estábamos enfermos. De regreso a casa hablamos acerca de cómo nuestras emociones habían sido manipuladas en esa situación. Ambos experimentamos una increíble codicia, y lo que sentimos no fue nada agradable. De aquella experiencia aprendí una valiosa lección acerca de la codicia y cómo opera en el contexto espiritual. He observado que cualquier cosa que una persona desee, Satanás se aparecerá para ofrecérselo a cambio de un compromiso espiritual. En mi caso, un automóvil nuevo fue la seducción perfecta para que se desatara mi codicia. Si lo que tú deseas es sexo ilícito, finalmente lo tendrás. No te sorprendas cuando alguien que está dispuesto te haga señas.

Si tu pasión es por fama y poder, eso se te prometerá (aun cuando nunca llegues a recibirlo).

Recuerdas que a Jesús se le ofreció pan después de haber ayunado por cuarenta días en el desierto. Se le prometió poder y gloria después de haber contemplado su próximo camino a la cruz. Mi punto es que Satanás usa nuestro apetito más vehemente para tentarnos.

Cualquier cosa que una persona desee, Satanás se aparecerá para ofrecérselo.

¡CUIDADO! ¡TENTACIÓN EN EL CAMINO!

De igual manera, si tú tienes hambre y sed por grandes riquezas, ¡cuídate! Estás en una situación muy precaria. Si lo dudas, mira 1 Timoteo 6.9, donde dice: «Porque los que quieren enriquecerse caen en tentación y lazo, y en muchas codicias necias y dañosas, que hunden a los hombres en destrucción y perdición». Qué increíble percepción de la naturaleza del hombre. Si observas a la gente que se preocupa apasionadamente por el dinero, verás que muchos de ellos son atontados por tretas y negocios sospechosos. Siempre están al borde de la felicidad, pero parece írsele de entre las manos. En lugar de enriquecerse, son engañados.

El multimillonario John D. Rockefeller tenía un consejo convincente para todos aquellos que quieren hacerse ricos. «Es fácil», les decía. «Todo lo que tienen que hacer es levantarse temprano, trabajar duro y encontrar petróleo». Es muy fácil decirlo, ¡verdad!

Esto me hace recordar una cacería de venados en la que fui con mi hijo Ryan cuando él era un adolescente. Llegamos a un escondite antes que amaneciera. A unos treinta metros de nosotros había un alimentador que funcionaba con un reloj. A las siete en punto de la mañana automáticamente empezó a lanzar granos de maíz en un recipiente que había puesto debajo.

Ryan y yo nos acurrucamos en este escondite, hablando suavemente acerca de cualquier cosa que nos viniera a la mente. Luego, a través de la niebla, vimos a un hermoso venado salir silenciosamente al claro. Le tomó casi media hora llegar hasta el alimentador cerca de donde nosotros nos encontrábamos escondidos. No pensábamos dispararle, pero fue interesante observar a este hermoso animal desde tan cerca. Era extremadamente cauteloso, olfateando el aire y atento a cualquier ruido que significara peligro. Finalmente, completó su camino hasta el alimentador mientras seguía mirando a su alrededor nerviosamente como si percibiera nuestra presencia. Luego comió su desayuno y muy rápido se fue.

Entonces en tono muy bajo le dije a Ryan: «Hay algo valioso que podemos aprender de lo que acabamos de ver. ¡Mucho cuidado cuando inesperadamente se te ofrezca gratis, en medio del bosque, una provisión de maíz de alta calidad! La gente que lo ha puesto probablemente está sentada por allí cerca, esperando para dispararte un tiro. ¡Mantén tus ojos y tus oídos bien abiertos!»

Quizá Ryan no recuerde siempre este consejo, pero yo sí. No es frecuente que un padre diga algo así a su hijo adolescente, y que él considere que es algo profundo. Y esto es aplicable a ti. Mientras más codicioso te haces, más vulnerable eres a los estafadores de nuestro tiempo. Ellos prepararán la trampa con «maíz» de la más alta calidad, trátese de dinero, sexo, una atractiva oferta de trabajo o una adulación. Te será difícil creer lo que estás mirando. ¡Qué oportunidad! ¡Pero, cuidado! Quizás tu hermosa cabeza ya esté en la mira del rifle de alguien.

Mientras más codicioso te haces, más vulnerable eres a los estafadores de nuestro tiempo.

No sólo hay trampas para los que buscan las riquezas, también los pocos que las consiguen se van a llevar una desilusión. Rápidamente se dan cuenta de que las riquezas no satisfarán sus necesidades más importantes. Ninguna suma de dinero lo hará.

Un popular letrero para los parachoques de los autos dice: «El que muere con la mayor cantidad de juguetes, ese gana». No. Eso es mentira. Debería decir: «El que muere con la mayor cantidad de juguetes, de todos modos muere». Espero que me creas cuando te digo que una vida entera invertida en la acumulación de cosas habrá sido una vida desperdiciada. Tiene que haber una razón mejor para vivir que esa.

DINERO: EL TEMA DEL CUAL JESÚS HABLÓ MÁS

Las enseñanzas de Jesús tienen una gran aplicabilidad para nosotros hoy. ¿Te has preguntado alguna vez sobre cuál tema Él habló más a menudo que cualquier otro? ¿Fue sobre el cielo, el infierno, el pecado, el arrepentimiento, el amor o su Segunda Venida? No, fue acerca del dinero, y la mayor parte de lo que dijo lo dijo en forma de advertencia. Esta amonestación acerca de las posesiones y las riquezas aparece a través de todas las enseñanzas de Jesús. Aquí tenemos algunos pasajes de uno de los cuatro Evangelios, el libro de Lucas.

Jesús dijo a sus seguidores: «Mas ¡ay de vosotros, ricos! porque ya tenéis vuestro consuelo» (Lucas 6.24).

También dijo: «Mirad, y guardaos de toda avaricia; porque la vida del hombre no consiste en la abundancia de los bienes que posee» (Lucas 12.15).

Jesús contó una parábola sobre un rico insensato que no necesitaba de Dios. El hombre creía que tenía muchos años para vivir por lo que se dijo así mismo: «Muchos bienes tienes guardados para muchos años; repósate, come, regocíjate. Pero Dios le dijo: «¡Necio!, esta noche vienen a pedirte tu alma; y lo que has provisto, ¿de quién será?» Jesús concluyó la parábola con esta seria advertencia: «Así es el que hace para sí tesoro, y no es rico para con Dios» (Lucas 12.19-21).

Más tarde, Jesús visitó el hogar de un prominente fariseo y le dijo: «Cuando hagas comida o cena, no llames a tus amigos, ni a tus hermanos, ni a tus parientes, ni a vecinos ricos; no sea que ellos a su vez te vuelvan a convidar, y seas recompensado. Mas cuando hagas banquete, llama a los pobres, los mancos, los cojos y los ciegos; y serás bienaventurado» (Lucas 14.12-14).

Él contó una parábola del hijo pródigo que exigió su herencia anticipadamente y luego la despilfarró con prostitutas y viviendo desenfrenadamente (véase Lucas 15.11-31).

Jesús dijo a sus discípulos: «Ningún siervo puede servir a dos señores; porque o aborrecerá al uno y amará al otro, o estimará al uno y menospreciará al otro. No podéis servir a Dios y a las riquezas» (Lucas 16.13).

Contó una parábola de un hombre rico que lo tenía todo. Se vestía de fina púrpura y lino, y comía de la mejor comida. Pero no le interesaba la miseria del mendigo Lázaro, quien estaba hambriento y cubierto de llagas. El hombre rico murió y llegó al infierno donde fue atormentado, pero Lázaro fue llevado al cielo, donde fue confortado (véase Lucas 16.19-31).

A un joven rico gobernante lo mandó a que vendiera todo lo que tenía y se lo diera a los pobres. El hombre se fue muy triste «porque era muy rico» (véase Lucas 18.18-23).

Finalmente, Jesús se volvió a sus discípulos y les dijo: «¡Cuán difícilmente entrarán en el reino de Dios los que tienen riquezas! Porque es más fácil pasar un camello por el ojo de una aguja, que entrar un rico en el reino de Dios» (Lucas 18.24-25).

¿No es increíble cuántas de las declaraciones de Jesús tuvieron que ver, de una u otra manera, con el dinero? Debemos preguntarnos por qué. ¿Hubo una razón para que el Maestro estuviera siempre volviendo a este tema? Por supuesto que sí. Jesús nos estaba enseñando que un gran peligro espiritual acompaña la búsqueda y el alcance de las riquezas. Y en Mateo 6.21 dijo por qué: «Porque donde esté vuestro tesoro, allí estará también vuestro corazón».

DA AL SEÑOR EL PRIMER LUGAR

Recuerda mi declaración en el primer capítulo, en cuanto a que el Señor no quiere ocupar el segundo lugar en tu vida. Esa es la amenaza que el dinero representa. Puede llegar a ser nuestro tesoro, nuestra pasión, nuestro más grande amor. Y cuando tal cosa ocurre, Dios llega a ser casi irrelevante.

Un gran peligro espiritual acompaña la búsqueda y el alcance de las riquezas.

¿Ahora, qué significa este criterio en el mundo de hoy? ¿Se nos prohíbe ganarnos la vida, ser propietarios de una casa y de un automóvil, tener una cuenta de ahorros? Indudablemente que no. Por cierto, leemos en 1 Timoteo 5.8: «Porque si alguno no provee para los suyos, y mayormente para los de su casa, ha negado la fe, y es peor que un incrédulo». A los hombres, específicamente, se les exige proveer y proteger a sus familias, lo cual significa que deben traer a sus hogares el dinero producto de sus trabajos.

La riqueza tampoco es un mal en sí. Abraham, David y otros grandes hombres de la Biblia fueron bendecidos con riquezas. Y en realidad, las Escrituras indican que Dios da a ciertas personas el poder de obtener riquezas (véase Deuteronomio 8.18 y 1 Samuel 2.7). Entonces, ¿dónde está el peligro? El apóstol Pablo nos aclara que el problema no es el dinero. Es el *amor* al dinero lo que constituye la raíz de todos los males (véase 1 Timoteo 6.10). Nos metemos en problemas cuando nuestras posesiones llegan a ser un dios para nosotros.

¿Cuál es, entonces, la interpretación bíblica de las posesiones y el dinero? Hemos visto lo que es errado, ¿pero qué es lo correcto? Según Ron Blue, un consejero financiero y autor cristiano, hay cuatro principios fundamentales para la administración del dinero. Si son aplicados en tu vida, nunca tendrás problemas con el materialismo. Veámoslos brevemente.

El Señor no quiere ocupar el segundo lugar en tu vida.

Principio 1. Dios es dueño de todo.

Algunas personas creen que el Señor tiene derecho a diez por ciento de nuestros ingresos, lo cual es llamado nuestro «diezmo», y que el noventa por ciento nos pertenece. Esto no es verdad. Creo firmemente en el concepto de diezmar, pero no porque la porción de Dios esté limitada a una décima parte. Nosotros no somos sino administradores de todo lo que Él nos ha confiado. Él es nuestro poseedor, y a veces nuestro desposeedor. Todo lo que tenemos no es sino un préstamo de Él. Job tuvo la actitud correcta, cuando Dios le quitó toda su riqueza, y dijo: «Desnudo salí del vientre de mi madre, y desnudo volveré allá. Jehová dio, y Jehová quitó; sea el nombre de Jehová bendito» (Job 1.21).

Cada decisión del uso de tu dinero es una decisión espiritual.

Si tú entiendes este concepto básico, entenderás que cada decisión del uso de tu dinero es una decisión espiritual. Malgastar, por ejemplo, no es despilfarrar nuestros recursos. Es ser un mal administrador de lo que es de Dios.

En los gastos que hacemos, como vacaciones, helados, bicicletas, pantalones, revistas, raquetas de tenis, automóviles y hamburguesas estamos usando también su dinero. Por esto, en mi familia acostumbramos dar gracias a Dios antes de servirnos cada comida. Todo, incluyendo nuestra comida, es un regalo de su mano.

Principio 2. Siempre hay una relación de intercambio entre tiempo y esfuerzo, y dinero y retribución.

Tú quizás hayas oído frases como estas: «No hay tal cosa como un almuerzo gratis», y «No hay nada que se pueda conseguir por nada». Es muy importante comprender esto. La riqueza siempre debe estar conectada al trabajo y al sudor de la frente.

He aquí cómo este segundo principio tiene significado para nosotros. Piensa por un momento en la compra más inútil e innecesaria que hayas hecho en los años recientes. Quizá fue una máquina de afeitar eléctrica que ahora está en el garaje, o alguna prenda de vestir que jamás te pondrás. Es importante darse cuenta de que ese artículo no fue comprado con tu dinero; fue comprado con tu tiempo que tú cambiaste por dinero. En efecto, cambiaste una cierta proporción de tus días asignados sobre la tierra por algo inservible que ahora ocupa un lugar en tu casa.

Cuando tú entiendas que cada cosa que compras es comprada con una porción de tu vida, deberás ser más cuidadoso con el uso del dinero.

Principio 3. No hay tal cosa como una decisión financiera independiente.

Nunca habrá dinero suficiente para todas las cosas que te gustaría comprar o hacer. Hasta los multimillonarios tienen algunas limitaciones en cuanto a lo que pueden comprar. Por lo tanto, cada gasto tiene implicaciones en otras cosas que tú necesitas o quieres. De alguna manera los gastos están vinculados. Lo que esto quiere decir es que aquellos que no se pueden resistir el deseo de malgastar su dinero en basura, se están limitando en áreas de mayor necesidad o interés.

Y, a propósito, esposos y esposas a menudo pelean por el uso del dinero. ¿Por qué? Porque tienen diferentes conceptos acerca de los valores, y entonces con frecuencia no están de acuerdo acerca de lo que es considerado como un despilfarro. Mi madre y mi padre eran típicos en este aspecto. Si papá gastaba cinco dólares en municiones para la escopeta o en pelotas de tenis, justificaba el gasto porque eso le compraba placer. Pero si mamá compraba un pelador de papas de cinco dólares que no trabajaba, él consideraba eso un despilfarro. Nunca pensó que ella disfrutaba tanto ir de compras como él yendo de cacería o a jugar al tenis. Sus perspectivas eran simplemente únicas. Este es un problema que seguramente tú y tu prometida o prometido tendrán que resolver.

De nuevo, este tercer principio involucra un reconocimiento de que un derroche en cierto punto hoy producirá una frustración en otro punto mañana. Los administradores buenos pueden mantenerse enfocados en el proyecto, de lo que esperan alcanzar en el futuro, al hacer las decisiones financieras.

Principio 4. Posponer la gratificación es la clave de la madurez financiera.

Ya que tenemos recursos limitados y elecciones ilimitadas, la única forma de salir adelante financieramente es negarnos algunas de las cosas que queremos. Si no tenemos la disciplina para hacer eso, entonces siempre estaremos endeudados. Recuerda también que a menos que gastes menos de lo que ganas, ningún ingreso será suficiente. Por eso, algunas personas reciben aumentos de salarios, y luego no tardan en encontrarse aún más endeudados que lo que estaban antes.

Permíteme repetir este concepto importante: Ninguna cantidad de ingresos será suficiente si no controlamos los gastos. Por ejemplo, consideremos las finanzas del gobierno de los Estados Unidos. Por medio de los pagos de impuestos que recibe de los contribuyentes, cada año obtiene más de un billón de dólares. ¡Un millón de millones de dólares! Pero nuestro Congreso gasta cientos de miles de millones más que eso.

Aun los más liberales opinan que, muchas de nuestras entradas son desperdiciadas en programas que no funcionan y en gastos burocráticos innecesarios. Por consiguiente, el tamaño de nuestra deuda nacional es algo absolutamente inconcebible por nuestra imaginación. El punto es ineludible: Sea que se trate de un gobierno o de una persona, debe haber voluntad para negarse a satisfacer gustos que son temporales y vivir de acuerdo con los recursos que tenemos. No es fácil, pero paga grandes dividendos al tiempo de su vencimiento.[2]

A menos que gastes menos de lo que ganas, ningún ingreso será suficiente.

UN FUNDAMENTO FINANCIERO SÓLIDO

Bien, quizás estos cuatro principios te ayudarán a establecer un fundamento para una estabilidad financiera sin comprometer tu sistema de creencias. En resumen, el secreto del éxito es invertir tu vida en algo que te sobrevivirá o, como el escritor de Hebreos dijo: «Sean vuestras costumbres sin avaricia, contentos con lo que tenéis ahora» (Hebreos 13.5).

Vamos a volver a la pregunta con la cual comenzamos: ¿Cuáles son las metas que son dignas de la inversión de tu vida? No tenemos una respuesta definitiva, pero ya hemos eliminado al dinero como un objetivo valioso. En el siguiente capítulo veremos otra alternativa.

2. Ron y Judy Blue, *Money Matters for Parents and Their Kids* [Asuntos de dinero para padres y sus hijos], Thomas Nelson, Nashville, TN, 1988, p. 46.

CAPÍTULO 4

LOS QUE EJERCEN EL PODER

Hemos venido hablando acerca de las motivaciones básicas que rigen los comportamientos de las personas, y cómo se relacionan a las decisiones que deben hacerse durante la década crítica. Una de ellas, la búsqueda del dinero, ha sido descartada (así espero) como una razón válida para vivir. Ahora vamos a mirar a otro incentivo que es aun más influyente en determinar la forma en que hacemos las cosas. Me estoy refiriendo a la búsqueda de poder. La codicia por el poder permea todas las sociedades y tiene su origen en los primeros años de la vida.

Un niño entre los dieciocho y los treinta y seis meses de edad es un experto en ejercer el poder. Le gusta tener que ver con todas las cosas, quebrar cosas, aplastar cosas, empapar cosas y comer cosas horribles. Como dijo el comediante Bill Cosby en una ocasión: «Déme doscientos niños activos de dos años de edad y conquistaré el mundo». Es verdad. Los niños que están comenzando a caminar con toda su gracia y sus modos tan encantadores, pueden aterrorizar a cualquiera. Creen con toda sinceridad que son dueños del mundo, y a ellos les gusta mucho eso.

Recuerdo a un niño de tres años de edad que estaba sentado en el inodoro cuando un enorme terremoto sacudió a la ciudad de Los Ángeles. La loza se hacía pedazos y los muebles rodaban por el piso. Mientras se agarraba fuertemente del inodoro, el pequeño dijo a su madre: «¿Qué hice, mamá?» Era una pregunta lógica desde su punto de vista. Si algo importante había pasado, él tenía que ser el responsable.

Como sabemos, esta impetuosa confianza dura pocos años. Después viene la falta de confianza en sí mismo. ¡Ah!, una de las características de la adolescencia que puede crear el mayor disgusto en un adolescente es sentirse que no puede valerse por sí mismo. Una madre me dijo que su hija que estaba en séptimo grado era ridiculizada todos los días en la escuela. Todas las mañanas la niña despertaba una hora antes de tiempo, y se quedaba acostada pensando cómo lograr que el día pasara sin que se burlaran de ella. Millones de adolescentes se pueden identificar con esta niña.

Otros jovencitos resienten el hecho de que sus padres tienen todo el dominio. Como menores de edad no pueden votar, conducir un auto, beber, tener relaciones sexuales, o tener el control de sus vidas a menos que rompan las reglas. A algunos de ellos le molesta esta situación y se resisten a aceptarla. Esto conduce a la rebelión que ellos manifiestan, con la cual estamos tan familiarizados. Tal actitud es una forma temprana de arrebatar el poder en lugar de esperar que llegue el día cuando lo hereden naturalmente cuando pasen de los veinte años de edad. A menudo, aquellos que quieren las riendas del poder antes que su madurez sea adecuada como para manejarlas bien, han cometido algunos errores trágicos.

EL PODER Y LAS RELACIONES ENTRE LOS ADOLESCENTES

Es imposible entender el mundo de los adolescentes sin comprender el papel que el poder desempeña en las relaciones que existe entre ellos. Tú hace poco que estuviste allí y puedes recordar perfectamente ese ambiente de competencia. Este es el corazón y el alma de la norma de los valores morales que ellos tienen. Por supuesto, su manifestación ocurre en distintas formas. Para las muchachas, no hay dominio social más grande que la belleza física. Una joven verdaderamente hermosa tiene tanto poder que a menudo aun los muchachos la temen. En la secundaria ella manda como una reina en su trono, y precisamente, por lo general se le da un título relacionado con la realeza (Reina de fin de curso, Reina de la escuela, Reina de los enamorados, Reina del equipo de fútbol, Reina del baile, etc.). La forma en que ella se aprovecha de su influencia en relación con sus compañeros de la escuela es fascinante para algunos como nosotros que estamos interesados en la conducta de las personas.

Una joven verdaderamente hermosa tiene tanto poder que a menudo aun los muchachos la temen.

Para los muchachos, en la manifestación del poder usan mucho más la fortaleza física que las muchachas. Los matones literalmente meten su voluntad por la garganta de aquellos que son más débiles. Eso es lo que recuerdo de los años cuando estuve en la secundaria. Cuando yo también tuve unas cuántas peleas. Había un muchacho, sin embargo, que nunca tuve la menor intención de acercarme a él. Su nombre era McKeechern, pero nosotros lo llamábamos «el asesino». Era el terror de la ciudad. Todos estábamos seguros de que «el asesino» haría papilla a quien se atravesara en su camino. Que yo sepa, esa teoría nunca fue sometida a prueba. A lo menos, no hasta que cometí la locura de enfrentarlo.

Cuando yo tenía quince años de edad, era muy impulsivo y estuve a punto de poner fin a una larga y feliz vida de adulto antes que comenzara. Según recuerdo, la noche anterior habíamos tenido una nevada por todo el estado y ese día un grupo de nosotros nos reunimos en frente de la escuela para lanzar bolas de nieve a los automóviles que pasaban. (¿Te puedes dar cuenta de la madurez que teníamos en aquel tiempo?) En el momento antes que tocara la campana de la tarde, miré calle arriba y vi a McKeechern yendo despacio en su «destartalado» Chevy 1934. Era un montón de latas con una ventana de cartón en el lado del conductor. En el cartón, McKeechern había cortado una aleta de unos siete centímetros que alzaba cuando iba a doblar a la izquierda. Sus ojos malévolos escudriñaban atentos antes de doblar en las esquinas. Pero cuando bajaba la aleta se despreocupaba de cualquier cosa que ocurriera en el lado izquierdo del auto. Por casualidad allí era donde yo me encontraba parado, con una enorme bola de nieve en la mano, maquinando pensamientos divertidos y terriblemente necios.

Si pudiera volver a aquel día y darme un consejo, me diría: *¡No lo hagas, Jim! Podrías perder tu dulce vida aquí mismo. McKeechern te va a arrancar la lengua si le das con esa bola de nieve. Así es que déjala en el suelo y vete tranquilito a tu clase de la tarde. ¡Por favor, hijo! ¡Si tú pierdes, yo pierdo!* Lamentablemente, ningún consejo fue captado por mis oídos aquel día, y yo no estaba consciente del peligro. De modo que con todas mis fuerzas arrojé la bola de nieve hacia arriba. Cayó exactamente donde iba McKeechern conduciendo y de una manera increíble, entró por el hueco de la aleta de la ventana de cartón. Sin duda, el proyectil le dio de lleno en la cara porque el Chevy empezó a tambalearse por el camino. Después de haberse subido en la acera, vino a detenerse muy cerca del edificio de la escuela.

«El asesino» saltó del asiento delantero, listo para convertir a cualquiera (¡yo!) en pedacitos. Nunca olvidaré la escena. Tenía la cara llena de nieve y de su cabeza salían pequeños chorros de vapor. Toda mi vida pasó frente a mis ojos mientras me ocultaba entre la multitud. *¡Demasiado joven!*, pensé.

La única cosa que me salvó en ese día de mucha nieve fue la imposibilidad de McKeechern de identificarme. Nadie le dijo quién había lanzado la bola de nieve y, créeme, yo no me iba a ofrecer de voluntario. Escapé ileso, aunque aquel encuentro con mi destino debe de haber hecho un gran impacto emocional en mí. Aunque han pasado muchos años, aún tengo pesadillas relacionadas con ese suceso inolvidable. En mis sueños, oigo sonar el timbre de la puerta de entrada y, al llegar, me encuentro que es McKeechern con una escopeta en la mano. Increíble, todavía tiene nieve en el rostro. (Si lees esta historia, «asesino», sigo esperando que podamos ser amigos. ¡Tú sabes, apenas éramos unos niños! ¿No estás enojado, verdad? ¿Cómo anda el auto?)

LA BÚSQUEDA DE PODER POR TODA UNA VIDA

¿Por qué he descrito tan detalladamente las luchas por el poderío de los años de la adolescencia? ¿Qué tiene que ver ese período turbulento con la década crítica y con los años siguientes? Bueno, esto es muy pertinente a las cuestiones de la vida y sin duda, lo encontrarás en forma destacada en tu propio futuro. Como lo he señalado, para muchas personas, la búsqueda de poder es una pasión de toda la vida. En los años adultos esto toma diferentes formas, pero la fuente emocional de donde brota es la misma. La mayoría de nosotros queremos desempeñar algún cargo de importancia. Aun las ansias de dinero acerca de lo cual hablamos en el capítulo anterior es una función de este deseo de control e influencia. ¿Por qué? Porque los que tienen más dinero son vistos como los que son más poderosos.

¿Qué tan importante es el poder en tu criterio de motivación? ¿Determinará la elección de tu carrera? ¿Esperas ser médico, abogado, militar o político porque estas profesiones representan influencia en la sociedad? ¿Estás decidido a darte a conocer? ¿Quieres que cuando pases, la gente diga: «Allí va esa gran persona»? ¿Esperas que te pidan tu autógrafo o tu fotografía? ¿Crees que tu propósito para vivir lo encontrarás en estos símbolos de importancia?

Si es así, tu escalera del éxito está recostada contra la pared equivocada. Pero, permíteme rápidamente hacer una aclaración. Dios te ha dado talento, y Él quiere que lo uses de una manera productiva. Te fijarás metas altas, y enfocarás todas tus energías en ellas hasta lograrlas. Entrena tu mente. Desarrolla tus habilidades. Disciplina tus deseos. Prepárate para el futuro. Trabaja duro. ¡Lánzate! No podrás dar un segundo paso si no das el primero. No puedes robarte la segunda base con un pie en la primera.

Aunque han pasado muchos años, todavía tengo pesadillas de ese suceso inolvidable.

Pero antes que te dispongas a fijar tus metas, deberías preguntarte: «¿Para *quién* haré esto?» Si buscas poder para ser poderoso, estás en la vía equivocada. Si ansías fama para ser famoso, al final de la jornada recibirás desilusión. Si deseas influencia para ser influyente, estás cometiendo un grave error. Esto es lo que el Señor dice acerca de estas trampas del éxito: «No se alabe el sabio en su sabiduría, ni en su valentía se alabe el valiente, ni el rico se alabe en sus riquezas» (Jeremías 9.23). ¿En qué, entonces, *tenemos* que alabarnos? El apóstol Pablo provee la respuesta: «Si, pues, coméis o bebéis, o hacéis otra cosa, hacedlo todo para la gloria de Dios» (1 Corintios 10.31).

Esto es bastante claro, ¿no es cierto? Nuestros propósitos no son los nuestros. Son los de Dios. Por eso, la elección de una ocupación y «lo que hagas» debe ser motivado por tu servicio al reino de Dios. Esta es la única cosa que tiene importancia eterna. Ninguna otra satisfará. Todo lo demás va a ser quemado.

Yo he vivido lo suficiente para ver algunos de mis primeros sueños de gloria desbaratados. Uno de ellos empezó poco después de mi graduación de secundaria y terminó en la universidad. Llegué al campus universitario varios días antes que comenzaran las clases y caminé por ahí mirando el lugar que habría de ser mi hogar por los siguientes cuatro años. Parecía un turista en un día feriado.

«Lo que hagas» debe ser motivado por tu servicio al reino de Dios.

Me interesó mucho esa mañana el estante con trofeos que había en el edificio principal de administración. Allí, detrás del vidrio, estaban los resplandecientes símbolos de las victorias atléticas pasadas. El baloncesto, el atletismo y el béisbol estaban muy bien representados. Y entonces lo vi. En el centro del estante estaba el trofeo perpetuo de tenis. Tendría unos setenta centímetros de alto y brillaba en la parte superior, la pequeña figura de un hombre. Grabados en la columna estaban los nombres de los campeones del tenis universitario desde 1947. Cada uno de esos héroes quedaron impresos en mi memoria. Aún hoy puedo nombrar a la mayoría de ellos.

Mientras estaba de pie ante ese histórico trofeo, me dije: *¡Algún día! Un buen día mi nombre aparecerá en esa lista.* Apreté la mandíbula y decidí que se lo demostraría al mundo. Tan extraño como lo parezca hoy, llegar a ser campeón universitario de tenis fue la meta más alta de mi vida en esos años. Nada pudo haberme interesado más. El tenis había sido mi pasión en la secundaria. Había jugado seis días a la semana y once meses en el año. Cuando me gradué y puse mis ojos en la universidad, fui con la intención de mantener este deporte en los libros de récords.

Bueno, tuve cierto éxito en mi carrera de tenista. Aparecí en los titulares los cuatro años, fui capitán del equipo, y, claro, logré inscribir mi nombre en el gran trofeo. En realidad, lo hice dos veces durante cada una de las dos temporadas. Dejé la universidad con la satisfacción de saber que en los años siguientes, muchos estudiantes se pararían frente al estante y leerían mi nombre con admiración. Algún día ellos llegarían a ser tan grandes como yo.

¿DÓNDE ESTÁ ESE TROFEO AHORA?

¡Ay! Unos quince años más tarde, un amigo mío tuvo que visitar la universidad donde estudié. Estaba tirando algo en el depósito de desperdicios detrás del edificio de administración y, ¿qué creen que encontró? Sí, allí en medio de toda la basura y escombros estaba el trofeo perpetuo de tenis. El departamento atlético en realidad lo había botado. ¡Qué sorpresa! Ahí estaba yo, una leyenda en mis propios tiempos, ¿y a quién le interesaba? Algunas universidades retiran los números de las camisetas de sus grandes atletas. La mía no retiró mi número. ¡Retiró mi recuerdo!

Mi amigo, el doctor Wil Spaite, que había sido uno de mis compañeros de equipo en la universidad, se llevó el trofeo a su casa y lo limpió. Puso un nuevo hombrecito en la parte superior y le cambió la base. Luego me lo dio para conmemorar el punto culminante de nuestras vidas, el cual todo el mundo parecía haber olvidado. Ese trofeo lo tengo hoy en mi oficina. Te lo mostraré si vienes a visitarme. Mi nombre aparece dos veces. Te impresionarás. Fue algo grandioso en ese tiempo. Te lo digo sinceramente.

Este breve encuentro con la fama me ha enseñado una valiosa lección sobre el éxito y las hazañas. Ahora presta atención porque esto podría aparecer en el examen semestral: *SI VIVES LO SUFICIENTE, LA VIDA TIRARÁ TAMBIÉN TUS TROFEOS A LA BASURA.* No importa cuán importante parezca una cosa en algún momento, si tiene un fin egoísta, el paso del tiempo lo hará viejo y deslustrado. ¿Quién se interesa hoy en que Zachary Taylor o William Henry Harrison hayan ganado las elecciones para presidente de Estados Unidos? ¿Puedes nombrarme tres senadores de Estados Unidos del año 1933? Probablemente no, pero de todos modos, ¿qué importancia tiene? ¿Qué diferencia hizo que los Dodgers de Brooklyn derrotaran a los Yankees en la Serie Mundial de 1955? El héroe de esas series, Sandy Amoros, hizo una jugada que salvó el juego y que toda la nación aplaudió, pero pronto estaba sin un centavo, olvidado y viviendo en las calles.[1]

John Gilbert fue el más grande de los varones románticos de las estrellas de cine de los años veinte. Fue, con mucho, el actor mejor pagado

---

1. Brendan C. Boyd y Fred C. Harris, *The Great American Baseball Card Flipping, Trading, and Bubble Gum Book* [El libro de tarjetas, compraventa y goma de mascar de los grandes del béisbol de Estados Unidos], 1991.

en Hollywood, y su nombre fue el más destacado en cada película, de las que había actuado. Casi todo el mundo en el país conocía su nombre. Pero sólo dos años después, ningún estudio quiso contratarlo. Gilbert murió en 1936 de un ataque cardiaco provocado por el abuso de alcohol y drogas. Sólo tenía treinta y seis años de edad.[2] ¿Habías oído alguna vez de él? Lo dudo. Mi punto es que aun los triunfos más grandiosos pierden su brillo con el tiempo.

Quiero contar una anécdota para hacer el tema más claro. En noviembre de 1974, el equipo de fútbol de la Universidad del Sur de California jugó en el Coliseo de Los Ángeles con su histórico rival, la universidad de Notre Dame. Fue uno de los juegos más excitantes en la historia, especialmente para los fanáticos de la USC. Yo estaba en la escuela de graduados de la USC y todavía me emocionan sus juegos de fútbol. Para mí hay pocos placeres tan gratos como derrotar a los de Notre Dame. (Que me perdonen los que apoyan a los irlandeses.)

Bueno, ese día de noviembre de 1974 tuvo lugar uno de los más grandes juegos de fútbol de todos los tiempos. En la primera mitad, Notre Dame arrasó con los Troyanos, llegando al descanso 24-6. Yo no sé qué le dijo el entrenador John McKay al equipo en los vestuarios, pero algo tuvo que haberles encendido ese gran entusiasmo. Jugaron completamente diferente en la segunda mitad. Un muchacho llamado Anthony (A.D.) Davis agarró el tiro de apertura y corrió ochenta y cinco yardas para anotar. Aquello dio origen a una de las más increíbles recuperaciones en la historia de las series. Para el tiro final, A.D. había marcado cuatro tantos, y el equipo de USC había acumulado cincuenta y cuatro puntos en el marcador.

Esa tarde yo estaba mirando el juego por televisión. Ahí estaba, en mi estudio, gritando y gesticulando como si hubiera estado rodeado de cien mil fanáticos en el Coliseo. Nunca me senté durante todo el segundo período. Fue un día muy emocionante.

Por supuesto, A.D. Davis fue el héroe del juego. Fue entrevistado por algunos programas de la televisión, y la siguiente mañana, su foto estaba en casi todas las páginas deportivas del país. Sin duda que aquel había sido su día. Dondequiera que estuvieran, los fanáticos del fútbol no hablaban de otra cosa sino de Anthony y sus cuatro explosivos puntos.

Pasaron los años, y la USC de nuevo estaba participando en un juego de fútbol decisivo. Esta vez su oponente era la UCLA, (la Universidad de California en Los Ángeles), y el equipo ganador iría al Rose Bowl el día primero de enero de 1990. Ese día yo me encontraba junto a la línea que marca el límite del campo de juego, mientras los Troyanos conseguían otro milagro anotando en el último minuto para ganar. El director atlético en

2. *Hollywood,* «Episode 12: Star Treatment» [Episodio 12: Tratamiento de estrellas], Thames Television Network, Londres, Inglaterra, 1980.

ese tiempo, Mike McGee, un amigo mío, me invitó a ir a los vestuarios después del juego. Fue otra hermosa victoria en la historia del fútbol de la USC. Los dos héroes de ese día, Rodney Peete y Eric Afhaulter, fueron llevados sobre los hombros de sus compañeros de equipo mientras todos cantaban el himno de guerra de los Troyanos. Fue una experiencia extraordinaria haber estado allí.

Pero mientras el juego se desarrollaba, por un momento me distraje y miré hacia mi izquierda. Allí, en la sombra, estaba A.D. Davis, la gran estrella de 1974. Estaba observando la batahola desde el límite del campo. No quiero parecer irrespetuoso hacia él porque nos pasa a todos nosotros, pero A.D. no se parecía en nada al maravilloso atleta del pasado que yo recordaba. Había ganado algunos kilos y una pequeña barriga que no tenía en los tiempos de su esplendor. Aquí estaba «Míster Ayer», observando a esos nuevos ágiles muchachos y recordando probablemente los años cuando él había sido como uno de ellos. Pero su tiempo de estar en el escenario central había llegado y se había ido. Y ahora, ¿qué tan importante es eso?

EL ÉXITO TAMBIÉN SE DESVANECERÁ

Esta es la forma en que vivimos y nos desenvolvemos. Tus éxitos también desaparecerán y serán olvidados por los demás. Esto no significa que no debes tratar de alcanzarlos. Pero debe hacerte pensar en estas preguntas: ¿Por qué son tan importantes para mí? ¿Los trofeos son para mí o para Él? Estas son preguntas clave que cada creyente está obligado a contestar.

Permíteme una ilustración más que no se relaciona con deportes sino con la búsqueda del poder político. Hemos visto que el deseo por tener influencias y control es básico en la personalidad humana, especialmente entre los hombres. Pero, ¿cuánta satisfacción producen en aquellos que lo alcanzan? No niego que para algunas personas gozar de autoridad es embriagante, y ansían el éxtasis que se experimenta. Sin embargo, el poder es, en el mejor de los casos, un fenómeno temporal que al final será derrotado. Esto me trae a la última ilustración.

Gary Bauer, presidente del *Family Research Council* [Consejo de Investigación de la Familia] en Washington, D.C., sirvió por ocho años en la Casa Blanca durante la Presidencia de Ronald Reagan. Durante la parte final de esa etapa fue jefe de los asesores en la política nacional y trabajó en una hermosa oficina cerca del presidente. Su jefe era un hombre llamado Donald Regan, jefe del personal de administración. ¡Regan era un hombre de modales rudos! Era un ejecutivo insensible que intimidaba a los que trabajaban para él. Todos tenían temor de ser llamados a su oficina para una reprimenda. Regan estaba en la cúspide del poder mundial, representando al presidente y compartiendo su tremenda autoridad.

> *Tus éxitos desaparecerán y serán olvidados por los demás.*

Un día, Gary se enfermó con gripe, así que se quedó en la casa en cama. Estaba mirando a la cadena CNN de televisión y entonces escuchó la noticia increíble de que Don Regan había sido despedido por el Presidente Reagan en forma sumaria. Como se supo más tarde, el señor Regan había cometido el error de irritar a Nancy Reagan, y ella se ocupó de que fuera despedido. Dándose cuenta de que todo se encontraba en un estado de gran confusión, Gary saltó de la cama y a pesar de sus más de 40 grados de temperatura subió al auto, y se dirigió a Washington. Se estacionó y entró a la Casa Blanca por la puerta principal. Allí se encontró con Don Regan que salía por esa misma puerta. Algo increíble, iba cargando sus propias cajas. Dos horas antes era uno de los hombres más poderosos del mundo; y ahora ni siquiera tenía quien le ayudara a limpiar su oficina. Regan había estado viendo el mismo programa de CNN que Gary. Así fue como él supo que había sido despedido. De repente, llegó el fin. Era alguien que había sido. ¡Tanto esfuerzo por permanecer y asegurarse en el poder! Esa es toda la seguridad y permanencia en el poder.

Estoy seguro de que tú ves la importancia de estos ejemplos en tu vida, pero permíteme no dejar ninguna duda. Si los triunfos de las grandes estrellas del mundo y los que ostentan el poder se vuelven polvo tan pronto, ¿cuánto más carecerán de importancia las modestas conquistas que tú y yo pudiéramos lograr? Si nuestros éxitos son simplemente un fin en sí mismos, ¿son acaso tan valiosos como para invertir en ellos nuestros años? ¿Justifican esos éxitos nuestra vida temporal? ¿Es esto todo lo que hay en el fuego? ¡Creo apasionadamente que no!

En las Escrituras se relata un incidente que pone este asunto en perspectiva. Aparece en 1 Crónicas 28, cuando el rey David había envejecido y sabía que iba a morir. Llamó a todos sus servidores, dirigentes militares, encargados de los negocios y a los «hombres poderosos» para que escucharan sus palabras finales. En la asamblea de ese día estaba su hijo Salomón, a quien Dios había elegido para que heredara el trono. Entre el monarca moribundo y su joven heredero tuvo lugar una conversación conmovedora.

UN BUEN CONSEJO DE UN REY MORIBUNDO

El consejo que David dio ese día fue de gran importancia, no sólo para Salomón sino que aún hoy lo es para ti y para mí. Una persona no malgasta palabras cuando el ángel de la muerte anda rondando cerca. Imagínate entonces la escena de un anciano que ofrece sus últimas palabras a su amado hijo quien tendrá que asumir el trono. Esto fue lo que dijo David, probablemente estaba muy emocionado y con voz temblorosa:

«Y tú, Salomón, hijo mío, reconoce al Dios de tu padre, y sírvele con corazón perfecto y con ánimo bien voluntario; porque Jehová escudriña los corazones de todos, y entiende todo intento de los pensamientos. Si tú, le buscares, lo hallarás; más si lo dejares, Él te desechará para siempre (1 Crónicas 28.9, Biblia Ediciones Paulinas).

Esa breve declaración abarcó toda una vida de sabiduría del piadoso rey. Nótese primero que David aconseja a Salomón a «conocer» a Dios. No le dice «conoce acerca de Dios». Yo sé acerca de Abraham Lincoln, pero nunca lo conocí. David quería que Salomón conociera personalmente el Dios de Israel, a quien él había tratado de servir con todo su corazón.

Luego, el rey expone ante su hijo el asunto fundamental, que sin excepción, todos tenemos que enfrentar algún día. Dijo: «Si tú lo buscas, Él se dejará encontrar; mas si lo abandonas, Él se retirará para siempre». Si dispusiera de mil años para pensar en la última amonestación para mi hijo, no podría decirlo con mejores palabras que esas de David.

Es también mi mejor consejo para ti al concluir este análisis de propósitos y metas. No importa lo que decidas hacer, pero empieza por conocer a Dios y buscar hacer su voluntad en tu vida. Si haces eso, lo encontrarás. Él te guiará. Él te bendecirá. ¡Qué promesa más hermosa! Pero es condicional. Si vuelves las espaldas al Señor, Él te desechará para siempre. También a ti te debo enfatizar la seriedad de esta sana advertencia.

Qué interesante es que el joven príncipe que oyó el consejo de su padre ese día llegó a ser el más rico, el más famoso, y el más encantador rey en la historia del mundo. Cada año recibía veinticinco toneladas de oro (de acuerdo con el valor de hoy serían unos trescientos ocho millones de dólares) y de otra forma de riqueza que le fue posible adquirir. La Biblia dice:

«El peso del oro que venía a Salomón cada año, era seiscientos sesenta y seis talentos de oro. Y excedió el rey Salomón a todos los reyes de la tierra en riqueza y en sabiduría. Y todos los reyes de la tierra procuraban ver el rostro de Salomón, para oír la sabiduría que Dios le había dado. Cada uno de estos traía su presente, alhajas de plata, alhajas de oro, vestidos, armas, perfumes, caballos y mulos, todos los años. Tuvo también Salomón cuatro mil caballerizas para sus caballos y carros, y doce mil jinetes, los cuales puso en las ciudades de los carros, y con el rey en Jerusalén. Y tuvo dominio sobre todos los reyes desde el Éufrates hasta la tierra de los filisteos, y hasta la frontera de

No importa lo que decidas hacer, pero empieza por conocer a Dios y buscar hacer su voluntad en tu vida.

Egipto. Y acumuló el rey plata en Jerusalén como piedras, y cedros como los cabrahigos de la Sefela en abundancia. Traían también caballos para Salomón, de Egipto y de todos los países» (2 Crónicas 9.13, 22-28).

¡ESO ES PODER!

¡Eso, damas y caballeros, es conocido como *poder*! Sin duda, Salomón pudo haber sido el hombre más poderoso y respetado de todos los siglos. Ninguna cosa buena le fue rehusada. Para reforzar los propósitos de nuestra reflexión, ¿no sería de ayuda saber cómo se sentía él acerca de la abundancia que disfrutaba? Bueno, afortunadamente, esa información está disponible hoy para nosotros. Salomón escribió sus más profundos pensamientos y los registró en un libro que hoy conocemos como Eclesiastés. Los siguientes extractos son extremadamente importantes para entender el punto que he tratado de exponer. ¡Por favor, léelos cuidadosamente!

> Engrandecí mis obras, edifiqué para mí casas, planté para mí viñas; me hice huertos y jardines, y planté en ellos árboles de todo fruto. Me hice estanques de aguas, para regar de ellos el bosque donde crecían los árboles. Compré siervos y siervas, y tuve siervos nacidos en casa; también tuve posesión grande de vacas y de ovejas, más que todos los que fueron antes de mí en Jerusalén. Me amontoné también plata y oro, y tesoros preciados de reyes y de provincias; me hice de cantores y cantoras, de los deleites de los hijos de los hombres, y de toda clase de instrumentos de música. Y fui engrandecido y aumentado más que todos los que fueron antes de mí en Jerusalén; a más de esto, conservé conmigo mi sabiduría. No negué a mis ojos ninguna cosa que desearan, ni aparté mi corazón de placer alguno, porque mi corazón gozó de todo mi trabajo; y esta fue mi parte de toda mi faena. Miré yo luego todas las obras que habían hecho mis manos, y el trabajo que tomé para hacerlas; y he aquí, todo era vanidad y aflicción de espíritu, y sin provecho debajo del sol[...]
>
> Aborrecí, por tanto, la vida, porque la obra que se hace debajo del sol me era fastidiosa; por cuanto todo es vanidad y aflicción de espíritu. Asimismo aborrecí todo mi trabajo que había hecho debajo del sol, el cual tendré que dejar a otro que vendrá después de mí. Y, ¿quién sabe si será sabio o necio el que se enseñoreará de todo mi trabajo en que me afané y ocupé debajo del sol? Esto también es vanidad (Eclesiastés 2.4-11; 17-19).

¡Qué increíble es este pasaje de la Biblia que viene directamente del corazón de un anciano desilusionado de la vida! Aquí, sin embargo, no está toda la historia. Salomón no menciona que él se extravió del consejo de su padre y cayó en grave pecado. Específicamente, Dios había advertido a los hijos de Israel que no contrajeran matrimonio con mujeres de otras naciones que adoraban ídolos y dioses falsos. Pero Salomón desobedeció a sabiendas este mandamiento y tomó cientos de mujeres de estos extranjeros para que fueran sus esposas y concubinas. Las Sagradas Escrituras entonces nos cuenta adonde esta desobediencia lo condujo.

> Y cuando Salomón era ya viejo, sus mujeres inclinaron su corazón tras dioses ajenos, y su corazón no era perfecto con Jehová su Dios, como el corazón de su padre David. Porque Salomón siguió a Astoret, diosa de los sidonios, y a Milcom, ídolo abominable de los amonitas. E hizo Salomón lo malo ante los ojos de Jehová, y no siguió cumplidamente a Jehová como David su padre» (1 Reyes 11.4-6).

Ahora sabemos por qué Salomón estaba tan deprimido en los últimos años de su vida. Tenía una mancha en su corazón que era como un cáncer que lo corroía por dentro. Había traicionado al Dios de su padre, David. ¿Podrías imaginarte al rey postrado sobre su rostro ante los dioses falsos de Astoret y Milcom? Estos ídolos eran usados por las naciones paganas para las maldades más inconcebibles, incluyendo orgías y el sacrificio de niños inocentes. Pero Salomón, que había conversado con Dios y había recibido todo buen don de su mano, persistía en adorar a estos símbolos de maldad. Y tentó al pueblo de Israel a hacer lo mismo. Por consiguiente, Salomón perdió todo sentido de la vida, lo que explica su aburrimiento con las riquezas, fama, mujeres, esclavos, logros, el oro y hasta la risa. La mano de Dios ya no estaba sobre él.

La lección para el resto de nosotros es clara. Si no le hacemos caso al Señor y violamos sus mandamientos, tampoco, la vida tendrá sentido para nosotros. ¡Las cosas temporales de este mundo, aun las más grandes riquezas y poder, no nos darán la satisfacción que ellas prometen! Debe haber algo más sustancial sobre lo cual basar nuestros valores, propósitos y metas. Y por supuesto que lo hay. Jesús lo dijo en forma breve: «Mas buscad *primeramente* el reino de Dios y su justicia, y todas estas cosas os serán añadidas» (Mateo 6.33, énfasis mío).

Y así termino.

CAPÍTULO 5

PREGUNTAS

Muchos de los temas presentados en este libro fueron tratados anteriormente con ciento setenta y cinco estudiantes cuyas edades se acercaban a los veinte años y que participaron en una conferencia muy personal en su estilo. Durante cuatro días hablé con estos jóvenes brillantes acerca de los desafíos asociados con la «década crítica». Nuestro propósito era considerar los asuntos importantes que se presentan durante esa época y ayudarles a retener su fe en un mundo pagano. Seis cámaras de video y más de veinte micrófonos registraron el acontecimiento en todos sus detalles. El resultado fue una conversación espontánea y estimulante que ahora se ha dado a conocer al público en un video de siete partes y una serie de estudios titulados (como este libro) *Frente a la vida.*[1]

Más adelante tenemos, ya editadas, algunas de las preguntas y respuestas que surgieron durante aquel intercambio de ideas que duró cuatro días. Se han agregado otras materias para clarificar y expandir los conceptos presentados en este libro. Por cierto, apreciaríamos recibir tus comentarios y preguntas, los que serían considerados para incluirlo en futuros trabajos sobre este asunto. Envíalos a: Dr. James Dobson, Focus on the Family, Colorado Springs, Colorado 80995. Expresamos nuestro agradecimiento para al *Summit Ministry* de Colorado Springs y a su presidente, David

1. Esta serie aún no está disponible en castellano. En inglés la encontrará en la librería cristiana más cercana de su localidad.

Nobel, por reunir a los estudiantes para el proyecto del video. Nuestra gratitud se extiende también al ministerio de los Navegantes en Colorado Springs por proveer el local adecuado para las sesiones de grabación.

Después de esta introducción, miremos algunas preguntas y comentarios que se relacionan con las ideas que hemos venido exponiendo.

1. Su descripción del «Tribunal de la mente» dio en el blanco. Durante toda mi vida he venido batallando con un bajo nivel de autoestima y realmente no sé por qué. Pienso que cualquiera tiene mucho más que ofrecer que yo. Envidio a los que lucen mejor que yo, o son más atléticos o más inteligentes. Nunca puedo llegar a la altura de mis expectativas. ¿Cómo puedo hacerle frente a mis propias inseguridades?

Alguien dijo: «La comparación es la raíz de toda inferioridad». Es verdad. Cuando tú miras las cualidades fuertes de otra persona y las comparas con tus debilidades, te será imposible tener un alto concepto de ti mismo. Eso es precisamente lo que estás haciendo cuando compites en contra de los «mejores y más brillantes» a tu alrededor. Este juego destructivo comienza en la escuela primaria cuando empezamos a evaluarnos críticamente. Aun en los primeros años de nuestra vida la autoestima es moldeada por el resultado que obtenemos cuando comparamos nuestras ventajas o desventajas con aquellos que son de muestra misma edad. Lo que importa no es cuán altos somos, sino quién es más alto. No es cuán rápido corremos, sino quién corre más rápido. No es cuán inteligentes somos, sino quién es más inteligente. No es cuán hermosos y apuestos somos, sino quién es más atractivo. Esto da origen a un complejo de inseguridad que a menudo, durante la adolescencia, llega a ser una pasión. Y continúa durante la vida adulta. Esto es el porqué millones de mujeres compran revistas de moda y luego envidian la belleza de las modelos. Por esta razón vemos el concurso de Miss Universo y por esto es que algunos hombres leen acerca de los comerciantes que han tenido éxito y poder. Cuando hacemos eso, consideramos nuestro valor en relación con los triunfos de los demás. Esta es una práctica que no nos da otra cosa sino dolor, pero aun así, continuamos involucrándonos en esa situación.

La salud mental y espiritual comienza cuando aceptamos la vida tal como es.

Tal parece que estás atrapado en un círculo vicioso y destructivo. Quizás un buen consejero o tu pastor te puedan ayudar a ver que tú eres una persona de alta estima, tal como eres, y que Dios te ha diseñado para un propósito específico. La salud mental y espiritual comienza cuando aceptamos la vida tal como es, y tenemos el deseo de hacer lo máximo de lo que se nos ha dado.

Cuando esto se logra, la comparación con otros deja de ser una cuestión importante.

2. Siempre he sido una buena estudiante, y quisiera proseguir leyes o medicina. Esto significa que me graduaré y estaré entrando de lleno en la vida cuando tenga alrededor de veinticinco o treinta años. Pero también quiero ser esposa y madre y estar en la casa con mis hijos. No me puedo imaginar cómo podría alcanzar ambas metas. ¿Cómo puedo ser una profesional y al mismo tiempo madre?

Tú has descrito un dilema que aflige a millones de mujeres jóvenes hoy día. Ante ellas hay tres elecciones que compiten: si tener una carrera, ser una esposa y madre, o intentar hacer ambas cosas. Es una decisión que tendrá implicaciones en todo lo que está por ocurrir en tu vida.

Ya que todavía no tienes planes de casarte, te recomendaría que pongas todo tu esfuerzo en tus metas académicas. Una vez que hayas completado tu educación, todavía tendrás ante ti las opciones. Si por ese tiempo ya te has casado y quieres llegar a ser una madre y quedarte en la casa para cuidar a tu hijo, posponer tu carrera por algunos años o dejarla del todo. Acuérdate que podrás continuar tus estudios cuando tus hijos hayan crecido. O puedes intentar equilibrar las dos carreras hasta que tus hijos estén mayorcitos.

Por supuesto, sólo tú puedes decidir lo que es mejor para ti. Te sugiero firmemente que hagas esto motivo de oración y busques cuál es la voluntad del Señor para tu vida.

3. Permítame hacerle la pregunta de otra manera. ¿Cree usted que una mujer con educación universitaria debe sentirse que ha desperdiciado su preparación si elige no usarla profesionalmente? Quiero decir, ¿por qué molestarme en ir a la universidad para ser una profesional si voy a terminar sólo criando niños y siendo una ama de casa?

Una persona no va a la universidad sólo para prepararse para un tipo de trabajo, o al menos esta no debe ser la razón para estar allí. El propósito para obtener una educación universitaria es para ampliar tu horizonte y enriquecer tu vida intelectual. El punto no es si te lleva o no a seguir una carrera. Lo que inviertas en el cultivo de tu mente nunca será algo desperdiciado. Si tú tienes el deseo de aprender y la oportunidad de ir a la universidad, debes tratar de alcanzarlo. Tus planes de seguir una carrera pueden completarse después.

4. ¿Cree que para una mujer que tenga una meta de carrera, está bien sólo ser una esposa y una madre? ¿O debería pensar en algo más?

¡Puedes dar por seguro que está bien! Ser madre es una profesión honorable que por miles de años no había sido necesario defenderla. Pero en las últimas décadas ridiculizan a las mujeres jóvenes con sólo mencionar que tienen como meta ser amas de casa.

Recuerdo a una estudiante universitaria que estaba terminando el último año, vino a verme porque quería hablarme de sus planes después que se graduara. Hablamos de varias oportunidades de trabajo y de la posibilidad de ir a una escuela de graduados. De pronto, se detuvo y miró hacia atrás. Entonces se inclinó hacia mí y casi en un susurro me dijo:

—¿Pudiera ser completamente sincera con usted?

—Por supuesto, Debbie —le dije—. Aquí no hay nadie más que tú y yo. Puedes decir lo que quieras.

—Bueno —continuó en un tono bajo—, no quiero seguir una carrera. Lo que realmente quiero ser es una esposa y una madre que pueda permanecer en la casa.

—¿Por qué lo dices como si fuera algún secreto? —le pregunté—. Es tu vida, ¿no? ¿Qué hay de malo en querer hacer lo que quieras con ella?

—Me está tomando el pelo, ¿verdad? —me dijo ella—. Si mis profesores y compañeros en la universidad supieran que esto es lo que quiero, se reirían de mí.

Es algo increíble, ha llegado a ser políticamente incorrecto tener bebés y dedicar algunos años a criarlos. Esto es tonto e insultante. No hay trabajo más importante en el universo que criar a un niño que ame a Dios, viva productivamente y sirva a la humanidad. ¡Qué ridículo es que una mujer tenga que disculparse por querer cumplir ese histórico papel!

No hay trabajo más importante en el universo que criar a un niño que ame a Dios.

Por supuesto, no todas las mujeres eligen ser una esposa y una madre. Muchas están interesadas sólo en una carrera. Otras no tienen planes de casarse. Eso también está bien. Pero para las que escogen ser madres y quieren estar en el hogar para cuidar a sus hijos, no deben sentir vergüenza al decirlo, ni siquiera en el campus universitario.

5. Usted ha hablado de ser madre y no trabajar fuera de la casa en lugar de tener una carrera y trabajar fuera de la casa. Dénos su

punto de vista acerca de una mujer que asume ambas responsabilidades simultáneamente. ¿Es posible hacerlo? ¿Es una buena idea?

Algunas mujeres son capaces de mantener una carrera y al mismo tiempo atender a una familia, y lo hacen maravillosamente bien. Las admiro por su disciplina y dedicación. Sin embargo, he visto que para otras, esta responsabilidad doble las pone exhaustas y las frustra. Para ellas, sobrevivir puede ser una lucha de nunca acabar. ¿Por qué? Porque en el cuerpo humano hay una limitada energía que cuando es invertida en un lugar no puede usarse en otro. Considere lo que es ser madre de niños pequeños a los que debe levantar temprano por la mañana, vestirlos, darles de comer e irlos a dejar donde permanecerán durante el día, luego viajar hasta el lugar de trabajo. Después de trabajar de nueve de la mañana hasta las cinco de la tarde, tiene que ir al supermercado y comprar algo para la cena, recoger a los niños en la guardería infantil, y luego regresar hasta la casa. A esas alturas se siente tan cansada que necesita poner los pies en alto por unos minutos. Pero no puede descansar. Los niños están hambrientos, y todo el día han estado esperando para ver a mamá.

«Léeme una historia, mamá», dice el más necesitado.

Esta mujer cansada inicia entonces otro período de cuatro a seis horas de urgentes demandas de su «maternidad» que se extenderá hasta la noche. Debe servir la comida, lavar la loza, bañar al bebé, ayudar con las tareas y dar a cada niño algo de «atención de calidad». Luego viene la tarea de meter a la tribu en la cama, decir las oraciones y traer seis vasos de agua a niños risueños que no quieren dormir. Solamente pensar en una agenda así me hace sentir cansado.

Quizás tú preguntes: «¿Y dónde está el esposo y padre en toda esta lucha? ¿Por qué no ayuda con parte del trabajo de la casa?» Bueno, posiblemente trabaja quince horas diarias en su nuevo trabajo. Cuando se comienza en un negocio o en una profesión, por lo general exige esta clase de compromiso. O a lo mejor simplemente no ve la necesidad de ayudar a su esposa. Esta es la queja más común entre las madres que trabajan.

«No es justo», dices tú.

Estoy de acuerdo, pero así es como sucede muy a menudo.

El aspecto más difícil de este estilo de vida es que es una carga constante. La mayoría de nosotros podemos mantener una obligación así por una semana o dos, pero la madre que trabaja debe hacerlo mes tras mes durante años. Durante los fines de semana hay que limpiar la casa, planchar la ropa y remendar los pantalones. Y este es el paso que mantiene cuando las cosas marchan bien. Ella entonces carecerá de tiempo y de energía cuando un miembro de la familia se enferma, o el automóvil se rompe o surgen algunas dificultades con el esposo. Si se le presenta otro problema, aunque fuera pequeño esto la pondría al borde de la locura.

Las familias sobrecargadas y rendidas de cansancio es algo común en nuestra sociedad.

Debo admitir que he pintado el cuadro de más tensión nerviosa que la mayoría de las familias tienen que enfrentar. Pero no he exagerado mucho. Las familias sobrecargadas y rendidas de cansancio son un caso común en nuestra sociedad. Esposos y esposas no tienen tiempo para ellos. La vida no es más que trabajar, trabajar y trabajar. Siempre andan frustrados, irritables y apurados. No caminan juntos, ni leen la Biblia juntos, ni participan en ninguna «recreación». Su vida sexual sufre porque las personas que están exhaustas no pueden alcanzar plena satisfacción sexual cuando hacen el amor. Empiezan a alejarse y finalmente llegan a tener «diferencias irreconciliables». Este es un círculo vicioso con el que me he encontrado durante los pasados veinticinco años.

Entonces podemos decir que el asunto no es si una mujer tiene el derecho de escoger una carrera y también ser madre. Por supuesto, tiene su derecho, y esto es sólo un asunto de ambos y nadie más. Te pido sencillamente que no permitas que tu familia sea una víctima del agotamiento, que luego será como un callejón sin salida. Como quiera que escojas dividir las responsabilidades de trabajar y de guiar a una familia, reserva algún tiempo y energía para ti, y para los demás de tu casa. Tus hijos también merecen lo mejor que puedas darle.

6. Mi esposa y yo hace sólo tres años que nos casamos, y ya sentimos la presión que usted describe. Estamos tratando de terminar la universidad, ganarnos la vida y cuidar de nuestro pequeño hijo. Es una carga demasiado pesada. ¿Dónde cometimos el error?

Creo que ustedes como muchas otras personas de su edad, quieren alcanzar mucho demasiado pronto. Muchas parejas recién casadas tratan de ir a la universidad, tener un hijo, comprar y remodelar una casa, y cada uno tener una carrera al mismo tiempo. Esto significa crearse problemas. El cuerpo humano no fue diseñado para llevar una carga tan pesada. Así que, ocurrirá un mal funcionamiento que causará alguna enfermedad o las relaciones entre el esposo y la esposa se deteriorarán. Les sugiero firmemente que desarrollen un estilo de vida más razonable, aunque eso signifique reducir sus expectativas.

7. ¿Cómo podemos determinar la voluntad de Dios para nuestras vidas? Él no nos habla en forma audible. ¿Tenemos que simplemente suponer lo que Él quiere?

Esta es una pregunta muy importante. Tú no puedes obedecer a Dios si estás confuso acerca de lo que Él quiere que hagas. Pero la mayoría de las personas carece de una idea clara de cómo discernir su voz. Dependen de las emociones para interpretar su voluntad, lo cual es inseguro y peligroso. Resultará en una decisión subjetiva. Es decir, estará influenciada por lo que quieren, por lo que está ocurriendo en sus vidas e incluso por cuántas horas durmieron la noche anterior. Hay creyentes que han cometido graves errores por creer que han escuchado la voz del Señor.

Conocí a un estudiante universitario que a medianoche despertó con la fuerte impresión que debía casarse con cierta señorita, después de haber soñado con ella. Habían salido juntos una o dos veces y casi no se conocían, pero «Dios» le había asegurado que «ella era la elegida». Al día siguiente por la mañana, la llamó y le dijo la impresión que había recibido. La señorita no se sintió muy convencida, pero no quería oponerse a un mensaje venido directamente del Señor. Poco después se casaron pero han tenido que sufrir el tormento de un matrimonio turbulento y fracasado.

Te podría contar muchas otras historias de personas que tuvieron un concepto erróneo acerca de lo que creían que era la voluntad del Señor. Recuerda que Satanás viene «como un ángel de luz» (véase 2 Corintios 11-14), lo cual quiere decir que imita la voz de Dios. Si él puede conseguir que tú aceptes sus sugerencias precipitadamente sin tomar en cuenta las consecuencias entonces logrará confundirte y desilusionarte.

8. Si usted no siempre puede confiar en lo que siente, ¿cómo puede saber lo que es correcto?

Hay por lo menos cinco maneras por las cuales tú puedes conocer la voluntad del Señor. Primero, el apóstol Pablo escribió en el libro de Efesios: «No ceso de dar gracias por vosotros, haciendo memoria de vosotros en mis oraciones, para que el Dios de nuestro Señor Jesucristo, el Padre de gloria, os dé espíritu de sabiduría y de revelación en el conocimiento de Él» (Efesios 1.16-17). Él no habría dicho eso si no fuera posible, mediante la oración, obtener sabiduría espiritual y agudeza. Por lo tanto, la búsqueda de la voluntad de Dios debe comenzar sobre tus rodillas. Allí Él se va a encontrar contigo. Recuerda que Jesús prometió: «Pedid, y se os dará; buscad, y hallaréis; llamad, y se os abrirá» (Mateo 7.7).

Segundo, debes examinar la Biblia para conocer los principios que se relacionan con el tema que estamos tratando. El Señor nunca te pedirá hacer algo que es inmoral errado o que contradiga su Palabra. Si lo que estás pensando hacer viola un concepto que encuentras en la Palabra, tendrás que olvidarlo.

Tercero, es útil buscar consejo de parte de aquellos que son espiritualmente maduros y sólidos en su fe. Un consejero piadoso o el pastor puede ayudarte a evitar los errores comunes que confunden a la mayoría de la juventud.

Cuarto, deberías prestar mucha atención a lo que se conoce como «circunstancias providenciales». A menudo, el Señor habla por medio de las puertas que Él abre o cierra. Cuando empiezas a ser bloqueado por todos los lados en determinada búsqueda, deberías considerar la posibilidad de que Dios tiene otros planes para ti. No estoy sugiriendo que te rindas al primer obstáculo, sino que trates de «leer» lo que ocurre en tu vida para encontrar evidencias de la influencia divina.

Quinto y último, no hagas *nada* impulsivamente. Dale a Dios una oportunidad de hablarte. Mientras esperas, detente y concéntrate en los primeros cuatro modos de enfocar esta cuestión.

A propósito, estos cinco pasos son útiles para encontrar la voluntad *específica* de Dios, la cual cada uno de nosotros debe discernir. Pero te puedo decir cuál es su voluntad *general*. La Biblia da a los creyentes el mismo cometido que el conocido como «la Gran Comisión». Lo encontramos en las palabras de Jesús, quien dijo: «Id por todo el mundo y predicad el evangelio a toda criatura» (Marcos 16.15). Tal responsabilidad se aplica a todos nosotros. Nuestra tarea como creyentes es decir a cuantas personas nos sea posible que Jesucristo murió por nuestros pecados y ofrece vida eterna a todos los que creen en su nombre. Así que cualquiera que fuera tu trabajo o profesión, sea dentista, chofer de camiones, artista, vendedor de automóviles, o amas de casa, se espera que lo uses para testificar acerca de tu Salvador.

9. Creo que Dios me está llamando para ser un ministro de los jóvenes cuando salga de la universidad, pero estoy preocupado acerca de cómo me las voy a arreglar con el aspecto financiero. Los pastores no ganan mucho dinero, y si tengo una familia, no estoy seguro de que pueda sostenerla con esa profesión.

Permíteme que te explique un importante principio espiritual que ha sido de una gran ayuda para mí. En Salmos 119.105 leemos que su Palabra es «lámpara a nuestros pies y lumbrera a nuestro camino». Piensa en las imágenes que sugiere este versículo. No se nos da un reflector de trescientos vatios para que nos ilumine todo el terreno. No tenemos una luz sobre la cabeza que nos permita alumbrar hacia el horizonte. En lugar de eso, el Señor provee sólo una lámpara de mano que ilumina el sendero por el cual caminamos. Él nos muestra dónde tenemos que dar el siguiente paso y eso es todo. Tenemos que confiar en Él para dirigirnos a través de la oscuridad que hay más allá del alcance de nuestra vista.

Aquí hay una aplicación para tu pregunta. Estás preguntando cómo el Señor te va a sostener a ti y a tu familia en los años por venir. Pero la luz que llevas sólo muestra lo que necesitas saber hoy. Eso es suficiente. Sólo continúa «caminando en la luz» que se te ha dado, y deja el futuro en las manos de Dios. Si Él te está llamando a hacer un trabajo, Él proveerá para el cuidado de tu familia y podrás superar cualquier barrera que se te presente.

10. Soy una persona como la que describió antes. Mi cohete está en la plataforma de lanzamiento, pero no va a ninguna parte. Francamente, me siento totalmente perdido y no tengo idea de lo que debo hacer. ¿Cómo puedo encender mis motores?

Hay millones de jóvenes que se sienten como te sientes tú. Esta fue, en realidad, la principal razón que tuve para escribir este libro. Como he dicho, es muy difícil comenzar a encaminarse en la vida adulta. No hay respuestas mágicas que te garanticen que todas las cosas van a salir tal como las planeas, pero puedo ofrecerte dos sugerencias que han ayudado a otros.

Primero, hoy en día los consejeros de carreras tienen a su disposición una serie de preguntas acerca de intereses personales, pruebas de aptitudes y escalas de temperamento que te ayudarán a conocerte mejor, y te mostrarán cuáles son tus mejores opciones. Vale la pena el costo de buscar a un especialista que te dirija en la dirección correcta. Hay profesiones y posiciones que tú probablemente ni siquiera sabes que existen. Habla con alguien capaz de darte esa información.

Segundo, busca a alguien que ya esté trabajando en la especialidad de tu interés. Llámalo o escríbele y pídele si te puede conceder una o dos horas. Una reunión cara a cara con un respetable miembro de una profesión o negocio puede decirte lo que necesitas saber.

Esto es precisamente lo que yo hice cuando estaba en mi tercer año de la universidad. Mi tía fue a escuchar a un sicólogo cristiano muy conocido. Se trataba del doctor Clyde Narramore, quien dijo: «Necesitamos jóvenes y señoritas cristianos en la esfera de la salud mental. Si ustedes saben de estudiantes prometedores que tengan interés, me agradará reunirme con ellos». Mi tía me habló de esa invitación, así es que llamé al doctor Narramore y le pedí una cita. Afablemente accedió a recibirme aunque estaba muy ocupado y nunca antes me había visto. Pasamos dos horas juntos en su casa durante las cuales me expuso un plan acerca de cómo yo podría llegar a ser sicólogo. Han pasado treinta y siete años desde aquella conversación, y aún recuerdo el consejo que me dio en aquel día. Moldeó los siguientes cinco años de mi vida y me ayudó a encauzarme en una profesión que he amado.

Quizá haya un Clyde Narramore en algún lugar por ahí que pueda guiarte en la dirección correcta. Espero que lo busques y que lo encuentres.

11. ¿Qué piensa usted sobre dejar a los hijos en una guardería infantil para que sus madres puedan trabajar?

Primero, déjame decirte que guarderías infantiles seguras, limpias y donde se ame a los niños son una necesidad en la cultura de hoy en día. Son especialmente necesarias para los millones de madres que están forzadas a trabajar por razones financieras. También son imprescindibles para los muchos padres solteros, ya que ellos son la única fuente de ingreso en sus familias. Por lo tanto, no es necesario preguntarnos acerca de la sabiduría de proveer centros (para el cuidado de niños) bien supervisados para niños cuyas madres y padres requieren de ayuda para criarlos. Ese debate ya terminó.

Lo que debemos analizar es si los niños están mejor en una guardería infantil que en su casa, con la madre. Personalmente (y algunos quizás no están de acuerdo) creo que, ninguna solución para el cuidado de los niños puede competir con una familia intacta, donde la madre cría a sus niños y el padre está también plenamente involucrado en sus vidas.

Primero, se desarrollan y aprenden mejor cuando disfrutan de relaciones individualmente con los adultos, que cuando son miembros de un grupo. Segundo, tú no puedes pagar a un empleado en una guardería infantil lo suficiente como para que cuide a tus hijos como la madre lo haría. Los niños son la pasión de una madre y se puede notar. Tercero, investigaciones confirman que los niños en casa son más saludables que los que regularmente están expuestos a enfermedades, resfríos y estornudos de otros niños.[2] Cuarto, es más fácil establecer el vínculo emocional entre padres e hijos cuando la etapa del desarrollo se experimenta directamente. La familia debe estar allí cuando da el primer paso, dice la primera palabra y cuando aparecen los primeros temores y ansiedades. Ciertamente, otros pueden sustituir a la mamá en esos momentos especiales, pero algo precioso se habrá perdido si el testigo de ello es un sustituto.

Finalmente, detalladas investigaciones del desarrollo del niño han dado resultados inequívocos. Uno de los estudios más grandiosos fue el llamado *Harvard University Preschool Project* [Proyecto preescolar de la Universidad de Harvard] que dirigió el doctor Burton L. White. Participó en él un equipo de quince investigadores. Estudiaron a niños durante un período de diez años en un esfuerzo por saber qué experiencias en los primeros años habían contribuido al desarrollo de la salud y de la inteligencia. A continuación aparecen sus conclusiones resumidas:

---

2. «Day Care Diseases: Exploring the Risks of Center-Based Care» [Enfermedades en las guarderías: explorando los riesgos del cuidado en los centros], *Family Research Council*, mayo-junio 1989.

1. Se hace cada vez más claro que los orígenes de la capacidad humana son encontrados en un período crítico de desarrollo entre los ocho y los dieciocho meses de edad. Las experiencias de los niños durante estos pocos meses influyen más en su futura competencia intelectual que en ningún otro tiempo antes o después de esa edad.
2. El único factor ambiental más importante en la vida de un niño es la madre. «Ella está siempre ahí», dijo el doctor White, y tiene la mayor influencia en las experiencias de su hijo que cualquier otra persona o circunstancia.

> ***Ninguna solución para el cuidado de los niños puede competir con una familia intacta.***

3. Las conversaciones dirigidas a un niño (no se deben confundir con la televisión, la radio o las conversaciones impersonales) es vital para el desarrollo de sus habilidades lingüísticas, intelectuales y sociales. Los investigadores dicen que «lo mejor que se puede hacer a un niño de doce a quince meses de edad para garantizar un buen desarrollo mental es darle una rica vida social».
4. Aquellos niños a quienes se les dio libre acceso a las diversas áreas de la casa progresaron mucho más rápidamente que aquellos cuyos movimientos fueron restringidos.
5. El núcleo familiar es el sistema educacional más importante. Si vamos a producir niños capaces y saludables, tendrá que ser por medio del fortalecimiento de las familias y mejorando la influencia mutua que ocurre dentro de la misma.
6. Los mejores padres fueron los que sobresalieron en tres funciones clave:
   - Fueron excelentes diseñadores y organizadores del ambiente de sus hijos.
   - Permitían a sus hijos interrumpirles brevemente, por
   - períodos de treinta segundos, durante los cuales se intercambiaban consultas personales, palabras de consuelo, información y entusiasmo.
   - «Disciplinaban con firmeza pero al mismo tiempo, siempre mostraban gran cariño por los niños».[3]

3. Doctores Stella Chess y Alexander Thomas, *Know Your Child: An Authoritative Guide for Today's Parents* [Conozca a su hijo: una guía autorizada para los padres de hoy], Basic Books, New York, 1987, pp. 123-4.

Ocasionalmente, encontramos cierta información que debe ser archivada para una referencia en el futuro. Los descubrimientos del Proyecto Preescolar de la Universidad de Harvard tienen esa importancia. Aquellos de mis lectores que esperan tener hijos algún día, y los que ya los tienen, seguramente no querrán olvidar estos seis puntos. Creo que estos principios tienen la clave para criar hijos saludables.

¿Pueden los padres, cuyos hijos son llevados a las guarderías infantiles, aplicar los descubrimientos del estudio del doctor White? Sí, y muchos de ellos lo hacen. Sólo que es más difícil y desafiante cuando un empleado sustituye a una madre o a un padre durante el tiempo de las primeras horas del día.

12. Si los padres tienen que recibir algún apoyo para el cuidado de los hijos, ¿qué clase de ayuda considera que es la mejor?

Los centros para el cuidado de los niños del gobierno ocupan el último lugar de mi lista porque la enseñanza cristiana no está permitida en los lugares públicos. Los niños no son guiados en oración antes de comer, y no se hace referencia a Dios como nuestro amigo y Señor. También me preocupa más la posibilidad de que los niños sean maltratados en los centros del estado, aunque esto es raro. Por estas y otras razones, prefiero las guarderías infantiles de las iglesias que son limpias y seguras. Mejor aún, si es posible, es dejar a los niños con familiares tales como abuelos o tías o bajo la supervisión de otras madres. Los niños necesitan desarrollar relaciones con aquellos que los cuidan. Si es posible, deben dejarse con personas que los conozcan y los amen; esto será mejor que tener que relacionarse con diferentes empleados que cambian de un día a otro en los centros infantiles públicos.

13. (Pregunta hecha con gran emoción) Es mi deseo... seguir a Jesucristo en todo lo que hago. Pero no tengo idea... qué quiere Él de mí o qué se supone que tengo que hacer. ¿Es suficiente que lo desee?

En la Biblia dice que Dios es infinitamente amoroso y compasivo hacia nosotros sus hijos. El Salmo 103.13 dice: «Como el padre se compadece de los hijos, se compadece Jehová de los que le temen». También Isaías 66.13 dice: «Como aquel a quien consuela su madre, así os consolaré yo». Dadas estas descripciones de Dios como el padre esencial, ¿acaso podrías imaginarlo pasando por alto tus ruegos por dirección y discernimiento en tu vida? ¿Habría aún alguna posibilidad de que Él diga: «A mí ella no me importa. Quiere hacer mi voluntad, pero se la voy a ocultar. La voy a dejar que forcejee»?

¡De ninguna manera! Él ve esas lágrimas en tus ojos. Él conoce el deseo de tu corazón. Y tú *vas* a oír de Él, en el momento preciso, cuando vayas a dar el siguiente paso.

CAPÍTULO 6

LA CLAVE DE UN AMOR PARA TODA LA VIDA

Ahora vamos a cambiar a un tema difícil y hablaremos brevemente sobre otra cuestión que producirá un impacto para toda la vida y con la cual probablemente lucharás en la década crítica. Tiene que ver con la elección del cónyuge y el establecimiento de una familia. No todos decidirán casarse, por supuesto, pero aproximadamente el setenta y siete por ciento de ustedes lo hará, tarde o temprano.[1] Algunos ya se han unido en matrimonio de modo que lo que digamos quizá sea menos apropiado para ellos. No obstante, creo que estos conceptos serán de ayuda para todos.

La tragedia en las familias modernas es cuán frecuentemente estas se disuelven. Nadie sabe con seguridad cuáles son las probabilidades de divorcio, pero son demasiado altas. (A menudo oímos que cincuenta por ciento de los matrimonios terminan en divorcio, pero tal estimación está basada en una información errada.) Lo que sí sabemos es que el matrimonio es una empresa riesgosa a la que se debe entrar con gran cuidado. Puede resultar tanto en una compañía para toda la vida como en la más amarga experiencia de la vida.

1. Oficina del Censo de Estados Unidos, *Statistical Abstract of the United States* [Abstracción estadística de los Estados Unidos], 1993, 113 edición, Washington D.C., 1993.

No nos equivoquemos en esto, el divorcio causa terrible dolor en sus víctimas. Cada miembro de la familia sufre cuando el matrimonio se desintegra. Una mujer rusa que fue mi invitada en la radio habló de sus años en un campo de concentración nazi. Había visto asesinatos en masa y toda forma de privaciones. Después de la guerra, vino a los Estados Unidos y se casó, sólo para tener un marido infiel que la abandonó a los pocos años. Increíblemente, ella dijo que esa experiencia de rechazo y pérdida fue realmente más dolorosa que los años que pasó en un campo de concentración alemán. Eso lo dice todo.[2]

La seguridad emocional en los niños depende de[...] continua interacción con ambos padres.

Si los esposos y las esposas sufren dramáticamente por la desintegración de sus familias, imagínate cuánto más doloroso será para los vulnerables hijos. Algunos de ustedes tienen motivos para entender precisamente lo que quiero decir porque ya han estado allí. No es un cuadro placentero. Investigaciones enfocadas en hijos de divorciados muestran que la seguridad emocional de esos niños depende de la presencia del calor, cuidado, sustento y continua interacción con *ambos* padres. Cuando esta relación se interrumpe, algunos niños jamás vuelven a recuperarse. De hecho, un estudio muy importante mostró que el noventa por ciento de los niños cuyos padres se habían divorciado, sufrieron un fuerte shock cuando ocurrió la separación incluyendo profunda angustia y temores irracionales. Cincuenta por ciento de ellos dijeron que se sentían rechazados y abandonados, y por supuesto tenían todo el derecho. La mitad de los padres nunca habían ido a ver a sus hijos tres años después del divorcio. Mucho más importante, treinta y siete por ciento de los niños se sintieron aun más infelices e insatisfechos cinco años después del divorcio de sus padres de lo que se habían sentido dieciocho meses después. En otras palabras, el tiempo no sanó sus heridas.[3]

LOS NIÑOS SON LOS QUE MÁS SUFREN

Estamos rodeados de estos niños heridos. Recuerdo que hace algunos años, mientras esperaba en el Aeropuerto Internacional de Los Ángeles para tomar un avión, me entretenía en mi actividad favorita de observar a la

2. Helen Richards, «God's Protection During War and Peace» [La protección de Dios durante la guerra y la paz], *Focus on the Family Magazine*, julio 20-22 de 1987.
3. Dr. Armand Nicholi, M.D., «Changes in the American Family» [Cambios en la familia americana], *Family Research Council*, 1986.

gente. Parado cerca de mí había un anciano que obviamente estaba esperando a alguien que debía venir en el avión que había aterrizado unos minutos antes. Él examinaba intensamente cada rostro a medida que los pasajeros pasaban. Se notaba preocupado mientras esperaba.

De pronto vi a una pequeña a su lado. Debe de haber tenido unos siete años y ella, también, buscaba intensamente un rostro entre la multitud. Pocas veces he visto a alguna niña más ansiosa que esta pequeña. Se asió del brazo del anciano, quien supuse era su abuelo. Luego, mientras los últimos pasajeros pasaban, uno a uno, la niña empezó a llorar en silencio. No sólo estaba desilusionada, sino que su pequeño corazón estaba roto. El abuelo también parecía estar luchando con las lágrimas. Realmente él se encontraba demasiado afligido como para confortar a la niña, quien en ese momento ocultó su rostro en la manga de su usado abrigo.

«¡Oh, Dios!», oré en silencio. «¿Qué agonía tan tremenda estarán experimentando en este momento? ¿Acaso fue la madre de la pequeña la que la había abandonado en ese día tan doloroso? ¿Le habría prometido su padre venir y luego cambió de parecer?»

Mi impulso fue abrazar a la pequeña y protegerla de lo desagradable de ese momento. Hubiera querido que en la protección de mis brazos desahogara su tristeza, pero temí que mi intervención fuera mal interpretada. Así es que los observé impotente. El anciano y la niña esperaron en silencio mientras los pasajeros salían de otros dos aviones. Luego, la ansiedad de sus rostros se transformó en desesperación. Finalmente, caminaron a paso lento por el pasillo, dirigiéndose a la puerta, mientras la niña luchaba por controlar las lágrimas.

¿Dónde estará esa niña ahora? Sólo Dios lo sabe. Quizás algún día lea este libro y me escriba unos renglones. Espero que así sea. Y oro porque las piezas de su mundo destrozado puedan unirse de nuevo. Pero hay millones de otros niños en otros lugares que han pasado por circunstancias similares. Permíteme una ilustración más. La siguiente carta fue publicada hace algunos años en la revista *American Girl* [La joven americana]. Una muchachita de catorce años de edad, llamada Vicki Kraushaar la envió para que fuera publicada en la sección de la revista titulada «Por ti». Esto fue lo que escribió:

A veces, la vida es así:

> Cuando tenía diez años, mis padres se divorciaron. Naturalmente, mi padre me habló acerca de eso, porque él era mi preferido. [Nótese que Vicki no dijo: «Yo era su preferida».]
>
> —Mi amor, sé que en los últimos días las cosas no han sido buenas para ti y no quiero hacerlas peor. Pero hay algo que tengo que decirte. Cariño, tu madre y yo nos divorciamos.

—Pero, papi...

—Sé que tú no quieres esto, pero tenemos que hacerlo. Tu madre y yo ya no nos llevamos bien como antes. Ya empaqué mis cosas y mi avión sale en media hora.

—Pero, papi, ¿por qué tienes que irte?

—Bueno, mi amor, tu madre y yo ya no podemos seguir viviendo juntos.

—Ya lo sé, pero lo que quiero decir es por qué tienes que irte de la ciudad.

—¡Ah! Bueno, es que alguien me está esperando en Nueva Jersey.

—Pero, papi, ¿te volveré a ver?

—Seguro que sí, mi amor. No te preocupes; yo lo resolveré.

—¿Pero cómo? Quiero decir, tú vivirás en Nueva Jersey y yo viviré aquí en Washington.

—Quizás tu madre acceda a que pases conmigo dos semanas en el verano y dos en el invierno.

—¿Y por qué no más a menudo?

—No creo que ella acceda a más de dos semanas en el verano y dos en el invierno.

—Bueno, no perdemos nada con intentarlo.

—Lo sé, querida, pero tendremos que resolverlo más tarde. Mi avión sale en veinte minutos y tengo que llegar hasta el aeropuerto. Ahora voy a recoger mis maletas y quiero que te vayas a tu cuarto, de modo que no me veas partir. Tampoco quiero largas despedidas.

—Está bien, papi. Adiós. No olvides escribirme.

—No lo olvidaré. Adiós. Ahora ve a tu cuarto.

—Está bien. Papi, ¡no quiero que te vayas!

—Lo sé, mi amor. Pero tengo que irme.

—¿Por qué?

—Tú no lo entenderías.

—Sí lo entendería.

—No, no lo entenderías.

—Está bien. Adiós.

—Adiós. Ahora vete a tu cuarto. Apúrate.

—Bueno. Supongo que a veces, la vida es así.

—Sí, mi amor. A veces, la vida es así.

Después que mi padre salió por aquella puerta, nunca más volví a saber de él.[4]

Siento tanto, Vicki, que hayas tenido que pasar por esta angustia a una edad tan joven. Gracias por contarnos tu dolor. Quizás ayudará a

---

4. Reimpreso con permiso de *American Girl*, una revista para todas las jóvenes, publicada por las *Girl Scout* de Estados Unidos.

otros a evitar los errores de tus padres. Si podemos evitar que por lo menos un matrimonio se desintegre, o que un solo niño sufra la pérdida de su familia, esto da motivo para nuestro esfuerzo.

PARA LOS QUE PLANEAN CASARSE

A mis lectores que planean casarse, les recomiendo encarecidamente que sean extremadamente cuidadosos en la elección de su pareja. Sometan el asunto a oración, y hagan uso de toda su inteligencia al hacer la decisión. Ustedes no quieren que esta tragedia de divorcio les ocurra. *No debe* ocurrirles a ustedes.

Lamentablemente, muchos jóvenes no son tan cautos. Atraviesan el noviazgo y llegan al matrimonio con una facilidad sospechosa, al parecer se dan cuenta de los riesgos que corren. Me hace recordar a un amante de los dulces que busca en una caja de deliciosos chocolates. Le han ofrecido solamente uno, y la elección lo está matando. Hay muchos para escoger. Algunos son de crema, algunos están rellenos de nueces, otros están rellenos de frutas, y también hay de turrón de almendras. La boca del joven se le hace agua por un chocolate en particular, pero, ¿dónde está? Frustrado, aplasta uno por uno en la parte de arriba tratando de identificar el relleno. Finalmente, le da una mordida al que ha escogido. Si comete un error, lo sabrá enseguida. Pero entonces será demasiado tarde. La caja ya habrá pasado a otra persona.

¿No has visto a jóvenes y señoritas buscando intensamente el chocolate «perfecto»? Saben lo que quieren, pero no están seguros de cómo encontrarlo. Además, el adorno exterior es a menudo engañoso. Su búsqueda les lleva a probar con varios candidatos potenciales. Al final, «muerden» con delicadeza sólo para darse cuenta muy pronto de que debieron haber pensado el asunto con más precaución.

> *Les recomiendo encarecidamente que sean extremadamente cuidadosos en la elección de su pareja.*

La pregunta importante es esta: ¿Cómo elegir el chocolate correcto entre tantas alternativas? ¿Cómo evitar una sorpresa desagradable cuando es demasiado tarde para reconsiderarlo? ¿Cómo vencer las fuerzas que están en contra del éxito de un matrimonio? ¿Cómo vas a evitar que la fiebre de un capricho se transforme en una dermatitis matrimonial? ¿Cuáles son los principios que sostienen una relación y le dan la mejor oportunidad de crecer, madurar y sobrevivir?

Estas preguntas las ha examinado cuidadosamente un investigador llamado Desmond Morris.[5] Sus hallazgos pueden ser muy útiles para ti. El doctor Morris quería entender por qué algunas parejas desarrollan un lazo místico de amistad que los mantienen unidos por toda una vida mientras otras se separan cuando vienen las presiones. Después que la investigación comenzó; pronto, el doctor Morris reconoció que a menudo la diferencia entre los matrimonios duraderos y los fracasados depende de cuán bien las parejas fueron capaces de «enlazarse» o «vincularse» emocionalmente en el período del noviazgo.

Él se refiere al proceso por el cual se llega a un pacto que une a un hombre y una mujer para toda la vida. Esa es la cualidad especial que aparta a esos dos enamorados de todas las demás personas y hace que sean tremendamente valiosos el uno para el otro. Les ayuda durante las tormentas de la vida y continúan comprometidos en enfermedad o en salud, en riqueza o en pobreza, en lo mejor o en lo peor, renunciando a los demás, hasta que la muerte los separe. Esta es una experiencia fenomenal que es casi difícil describirla.

ALGUIEN EN TU EQUIPO

En lugar de estar solo, las necesidades básicas de una persona como el amor, el sentido de pertenencia y de aceptación son satisfechas en esa preciosa relación. Si algo ocurriera, ahora mismo hay alguien en tu equipo que estaría preocupado por tu bienestar. Esta persona luchará por ti, te defenderá, y orará por ti. Es alguien que estará allí cuando las cosas caminen mal. Disfrutará tus esperanzas, sueños y alegrías. Y si tu unión fuera bendecida con hijos, esta persona te ayudará a criarlos en el temor y amonestación del Señor.

Este especial vínculo emocional es el regalo de compañerismo dado por Dios a aquellos que lo han experimentado. Todo comenzó en el huerto del Edén cuando el primer hombre, Adán, dio evidencias de una gran soledad. ¿Te lo imaginas allí, sentado en un tronco en medio del huerto, haciendo círculos en la arena con el dedo gordo del pie? Sus ojos lucen vidriosos y bosteza distraído. El Creador lo mira con compasión y dice: «No es bueno que el hombre esté solo» (Génesis 2.19). ¡Imagínate eso! Aun cuando Adán podía tener compañerismo con Dios mismo en la frescura del día, necesitaba a alguien más. Necesitaba compañía humana. Por eso el Padre dijo: «Le haré ayuda idónea para él» (Génesis 2.19).

La palabra *idónea* en este versículo es una de las profundas e incompletas declaraciones del Señor. Él hermosamente diseña los sexos el uno para el

---

5. Desmond Morris, *Intimate Behavior* [Conducta íntima], Random House, New York, 1971.

otro, dando a cada género la característica precisa para la necesidad del opuesto. Considera, por ejemplo, cómo los cuerpos de los hombres y las mujeres fueron hechos para «adecuarnos» sexualmente. Cualquiera, aun el más fanático evolucionista puede ver que fueron construidos anatómicamente el uno para el otro. En la misma forma, el aparato emocional de los hombres y de las mujeres es diseñado para entrelazarse. Se ajustan como la mano al guante. Habiéndonos preparado amorosamente el uno para el otro, el Señor reveló su plan para la familia: «Por esto dejará el hombre a su padre y a su madre, y se unirá a su mujer, y los dos serán una sola carne; así que no son ya más dos, sino uno. Por tanto, lo que Dios juntó, no lo separe el hombre» (Marcos 10.7-9).

Este fue el diseño de Dios para el matrimonio. Desafortunadamente, hay una falla que interfiere en su implementación. El pecado ha invadido la creación de Dios, y ahora vivimos en un mundo caído. La belleza del plan de Dios fue corrompida por el egoísmo, la lujuria, la codicia, los celos, la malicia, el adulterio, la inmadurez y otras distorsiones de la personalidad humana. Por consiguiente, el amor romántico a veces fracasa en la ejecución de sus promesas, aun entre las personas que temen a Dios. Alguien hizo la siguiente observación: «los matrimonios se hacen en el cielo, pero también los relámpagos y los truenos».

¿EXPERIMENTARÁS VERDADERA INTIMIDAD?

Estudios han mostrado que sólo diez por ciento de las parejas han experimentado verdadera intimidad en sus relaciones. Otras se mantienen juntas por el bien de los hijos o por un sentido del deber o porque genuinamente se preocupan el uno del otro. Pero nunca logran la compañía y afectos que desean y necesitan.

En esta clase de mundo imperfecto, permíteme preguntarte de nuevo sobre tu propio futuro. ¿Cómo te vas a asegurar el premio de la intimidad en tu matrimonio? ¿Cuál es la clave para un compromiso profundo y una relación que te satisfaga? ¿Cómo vas a sobrevivir cuando todos los días otros de tu misma edad están contemplando el divorcio? ¿Habrá una forma de mejorar tus probabilidades para tener una relación conyugal feliz?

En busca de estas respuestas, vamos a revisar los hallazgos del doctor Morris. Él dijo que el concepto del vínculo emocional producido durante el noviazgo es la clave de los matrimonios duraderos. Luego explicó cómo tiene lugar este proceso. El doctor Morris cree, y yo estoy totalmente de acuerdo, que es más probable que ese vínculo emocional se produzca entre las parejas que han

El amor romántico a veces fracasa en la ejecución de sus promesas.

avanzado lenta y sistemáticamente durante el noviazgo. El tiempo es el ingrediente crítico.

Esto me recuerda de mis esfuerzos por construir aeroplanos a escala cuando era niño. En aquellos días, era posible comprar juegos baratos para armar que incluían una hoja de madera de balsa en la cual se habían grabado las partes del modelo. Era una gran faena cortarlas con un cuchillo y luego ponerles pegamento y unirlas. Una vez que esto estaba terminado, se le pegaba papel de seda en los contornos. El resultado final era un hermoso aeroplano a escala colgando en tu dormitorio. Por todos los medios, yo quería armar uno de estos modelos, y nunca lo conseguí. Vez tras vez compré un juego y empecé a cortar las piezas. Pero no podía terminar el proyecto porque era demasiado impaciente para esperar que el pegamento se secara. No dejaba el fuselaje tranquilo, así es que se desarmaba en mis manos.

Esto es más o menos lo que el doctor Morris nos ha dicho acerca de las relaciones románticas. Se necesita tiempo para que el pegamento se seque. Si el proceso se acelera, se puede dañar seriamente un apropiado vínculo emocional entre dos personas. Específicamente, él dijo que hay doce etapas de intimidad a través de las cuales las parejas deben ir pasando si quieren desarrollar un compromiso permanente el uno para con el otro. Estas etapas empiezan con el encuentro casual y avanza hacia categorías de creciente familiaridad. Vamos a verlas una por una:

El concepto del vínculo emocional producido durante el noviazgo es la clave de los matrimonios duraderos.

La etapa uno es conocida como UNA MIRADA AL CUERPO. Este es el menos íntimo de los contactos entre dos personas. Todo lo que ha ocurrido hasta aquí es que una persona ha visto a otra. No se conocen y no han tenido ningún tipo de contacto. Pero cualquier riesgo que valga la pena tiene que partir de alguna parte. Si entre ellos hay atracción, podrán contar con ese momento de reconocimiento.

La etapa dos es conocida como UNA MIRADA A LOS OJOS. Y se refiere a la primera vez que se miran directamente el uno al otro. En alguna parte del cerebro salta una chispa electroquímica, y una pequeña voz dice: «¡Oye, oye! ¡Pon atención, mira que esto puede ser interesante!»

Recuerdo cuando ese momento tuvo lugar por primera vez entre la mujer que ahora es mi esposa y yo. Shirley y yo éramos estudiantes en la misma universidad pero nunca nos habíamos conocido. Finalmente, un día nuestros caminos se cruzaron mientras yo almorzaba con algunos amigos. De repente, vi a esa muchacha sentada en el otro extremo de la cafetería. *¡Oye!*, me dije. *¡Esa muchacha es preciosa!*

Seguí mirándola, y pronto se dio cuenta de que estaba siendo observada. Shirley me miró y sonrió seductoramente. Le devolví la sonrisa. Comí otro poco y volví a mirarla a ver si todavía me estaba mirando. Así era. En unos pocos minutos ella miró a ver si yo la estaba mirando. Así era. Y esto continuó a través del almuerzo. No recuerdo qué comí aquel día, pero fue una de las comidas más emocionantes del año.

Todavía no sabía nada acerca de la muchacha que vi en la cafetería. No podría decirte su nombre ni nada más sobre ella. Nunca habíamos hablado. Toda nuestra relación se reducía a una serie de miradas y sonrisas sugerentes. Luego nos fuimos cada uno para su lado. Este encuentro es algo típico en la relación de dos personas que se hallan en la etapa de UNA MIRADA A LOS OJOS. Para algunos, este es el final de la historia. Para Shirley y yo, fue el preludio de una vida de amor y amistad.

La etapa tres es conocida como EL CONTACTO DE LA VOZ Tiene que ver con la primera conversación entre dos potenciales compañeros de romance. En este punto, por lo general, sus palabras son de tanteo e incómodas, con preguntas tan brillantes como: «¿Cómo te llamas?» y «¿No te parece que este es un lindo día?» Para Shirley y para mí, sin embargo, el primer intercambio fue un poco más creativo.

Poco después de nuestras «miradas» en la cafetería, me encontraba cerca de las canchas de tenis donde pasaba mucho de mi tiempo. Cientos de estudiantes iban y venían entre clases, y entre ellos estaba esta linda damita que había venido admirando. La vi venir hacia mí y empecé a pensar qué decirle. Ella también venía pensando en lo mismo. Recuerdo que a menudo usaba pantalones de tenis blancos. Ella pasó a mi lado y con una sonrisa, me dijo: «¡Qué piernas!»

El breve piropo llamó mi atención. ¡Te lo aseguro! Nadie a quien le gusten mis piernas puede estar del todo mal. Sin embargo, quedé tan sorprendido por su comentario, que no pude decirle nada como respuesta. Estuve pensando en eso durante varios días. Esa fue nuestra primera «conversación» consistente en dos palabras de coqueteo pronunciadas en la etapa tres, EL CONTACTO DE LA VOZ.

Una semana más tarde, tuvo lugar otro interesante intercambio. Vi a Shirley con un grupo de amigas cerca de su dormitorio. Me dirigí hacia ella intentando conversar. Luego saqué una moneda de mi bolsillo y la lancé al aire.

—Tengo una habilidad especial que deberías conocer —le dije—. Puedo lanzar la moneda al aire y con una increíble seguridad saber si caerá cara o cruz. Nunca pierdo.

Shirley cayó en la trampa.

—Déjame ver cómo lo haces —dijo.

Ella pasó a mi lado y con una sonrisa, me dijo: «¡Qué piernas!»

—Está bien, pero esto te costará algo —repliqué—. Lanzaré esta moneda al aire y te apostaré una hamburguesa que puedo decir si caerá cara o cruz.

Era lo que se dice «pan comido». Si ganaba, tendría que llevar a Shirley a comer una hamburguesa. Si perdía, ella me compraría una a mí. De todos modos sería el ganador. Así es que lancé la moneda y acerté.

—Muy bien —le dije—. ¿Cuándo la vas a comprar?

—No tan rápido —replicó Shirley—. Vamos ahora a doble o nada.

—Me parece bien —le dije, y volví a lanzar la moneda. De nuevo, acerté.

—Doble o nada de nuevo —exigió ella.

La moneda se fue al aire e invariablemente había acertado tres de tres. Shirley ya me debía cuatro hamburguesas.

—No puedo detenerme ahora —dijo—. Lánzala de nuevo.

Estuvimos realizando ese ridículo juego varios minutos, durante los cuales no perdí ni una sola vez. Cuando finalizamos, Shirley me debía sesenta y cuatro hamburguesas, y desde entonces no ha parado de freír hamburguesas. Ese fue el comienzo de una vida de conversación que ha continuado hasta hoy.

La etapa cuatro es conocida como EL CONTACTO DE LAS MANOS y es un poco más personal e íntima que las otras tres. En este punto temprano, tomarle la mano a un compañero romántico potencial puede ser excitante. No representa familiaridad ni compromiso, pero indica que la amistad va progresando. Nadie se acercaría a una persona desconocida en la calle y le pediría permiso para tomarla de la mano. ¿Por qué no? Porque ese acto está reservado para aquellos que han desarrollado a lo menos cierto afecto el uno por el otro.

Quizás tú eres demasiado joven para recordar una grabación inmensamente popular de los Beatles. Fue uno de sus primeros éxitos y se titulaba: «Quiero tomarte la mano». Toda la canción estaba enfocada en la emoción de tomarse de la mano. Uno podría preguntarse cómo los Beatles estaban estupefactos sobre algo tan ordinario. Pero cualquiera que alguna vez haya estado enamorado entendería muy bien ese sentimiento.

La etapa cinco es conocida como LA MANO EN EL HOMBRO, lo que es ligeramente más personal que tomarse de las manos. Sugiere un tipo de «florecimiento» de la relación donde las personas están todavía lado a lado en lugar de frente a frente. En esta etapa de intimidad, una mano en el hombro es más una expresión de amistad que de compromiso.

La etapa seis es conocida como LA MANO EN LA CINTURA. Esta posición es claramente más romántica que cualquiera de las anteriores. Amigos informales no se abrazan el uno al otro en esa manera. Es sólo una parada más en el camino hacia una relación más profunda e íntima.

La etapa siete es conocida como CARA A CARA. Este nivel de contacto significa mirarse a los ojos, abrazarse y besarse. Si las etapas anteriores no han ido muy rápido, esta tiene más significado que cualquiera otra. Típicamente, es un reflejo del deseo sexual y sentimientos románticos entre dos personas.

Por supuesto, muchas personas entran en una actividad cara a cara que es estrictamente frívola. Una vez estuve contado entre estos. Conseguí dar mi primer beso cuando tenía trece años. Me encontraba con una «mujer mayor» de quince años que se aprovechó de mi inocencia. Así como usé la moneda para conseguir la atención de Shirley, esta niña usó una para hacerme un truco. Me apostó cinco centavos que me podía dar un beso sin tocarme.

—¡Eso es imposible! —le dije.

—Inténtalo —me dijo la muchacha.

—Está bien —respondí.

Entonces ella me dio un buen beso y luego me ofreció la moneda:

—Tú ganaste —me dijo.

¡Me gustó aquello! Quizás de allí me inspiré para la proposición de las hamburguesas a Shirley, ocho años después. Me gustaría poder decir que en ambas ocasiones fue usada la misma moneda. Esto haría una gran historia, pero no es verdad. Es más correcto decir que hay dos monedas de cinco centavos en alguna parte que dan buena suerte y que aportaron significativamente en mi desarrollo como un gran enamorado.

La etapa ocho es conocida como CARICIAS EN LA CABEZA. Sorprendentemente, tocarle el cabello a una persona en una forma romántica es más íntimo que besar y unir los rostros. En esta cultura los extraños y amigos informales no se tocan, simplemente, la cabeza.

Una mañana estaba en la iglesia y observaba frente a mí a un niño que era mecido en los brazos de su madre. Se chupaba el pulgar y con la otra mano suavemente acariciaba los rizos de su mamá. Ella no daba muestras de objetar la familiaridad que demostraba su bebé con su cabello. Mientras miraba ese cuadro cariñoso, pensé que sería chistoso la posibilidad de hacer la misma cosa. Por supuesto que no lo hubiera hecho, pero el caso era bueno para especular. Si me hubiera inclinado hacia adelante y enrollado uno de sus bucles en mi dedo, seguramente la mamá me habría pegado con el himnario. ¿Por qué? Porque habría intentado un contacto íntimo que nuestra relación no lo permitía. Por lo tanto, decidí no tocar a la dama.

Tocarle el cabello a una persona en una forma romántica es más íntimo que besar y unir los rostros.

Las etapas nueve a la doce son definitivamente sexuales y privadas. Son MANO A CUERPO, BOCA A BUSTO, TOCAR MÁS ABAJO DE LA

CINTURA Y RELACIONES SEXUALES. Obviamente, estos actos de intimidad física deberán ser reservados exclusivamente para el lecho matrimonial. Fueron dejados para que lo disfruten dos personas que han prometido amarse de por vida en un compromiso irrevocable.

EL VÍNCULO EMOCIONAL TOMA TIEMPO

Obtengamos ahora el mayor significado de estas etapas del vínculo emocional como lo bosqueja el doctor Desmond Morris. Como lo hemos señalado, él enfatizó que la intimidad debe avanzar lenta y metódicamente a través de los diferentes pasos. Además, dijo que es muy importante que estos pasos sean dados en orden de sucesión. El famoso cantante Frank Sinatra lo dice muy bien en una de sus canciones: «No te apresures, tómalo con calma, haciendo las paradas necesarias a lo largo del camino».[6] Esa es la idea fundamental.

El vínculo emocional se daña, cuando los novios llegan a las últimas etapas antes de su debido tiempo; como por ejemplo si se besan apasionadamente en la primera cita, y un mes después se están acariciando íntimamente, o tienen relaciones sexuales antes del matrimonio, algo precioso se pierde en su compromiso mutuo. No han dejado que el «pegamento» se seque. Desafortunadamente, así es como la industria del entretenimiento representa las relaciones románticas ideales. En una escena un joven y una joven que son presentados, y en la siguiente ya están haciendo el amor apasionadamente. Según el doctor Morris, esa explotación de placer momentáneo acarrea serias implicaciones para el futuro de las relaciones.

Cuando las distintas etapas de la intimidad se llevan a cabo lentamente y en orden, dos personas tienen una oportunidad de llegar a conocerse el uno al otro en un nivel emocional que es opuesto al conocimiento físico. Su noviazgo se nutre por medio de paseos tranquilos y conversaciones placenteras en las que los dos hablan de los «secretos de enamorados» que colocan el fundamento de la intimidad mutua. Conversan incesantemente de cualquier cosa y de todo. Y cuando se casan, hay muy poco que no haya sido ya revelado de ambos. Los compromisos románticos nacen en estas prolongadas conversaciones.

A riesgo de vulgarizar un bello concepto, permíteme decirte las palabras de una vieja canción folklórica que ilustra esta intimidad verbal. Aunque la letra fue aparentemente orientada hacia el humorismo, habla claramente de la etapa del contacto de la voz en el noviazgo, una de las etapas esenciales para el desarrollo de una relación donde existe el vínculo emocional. Aunque es algo simple, de todos modos me gusta.

---

6. «All the Way», Frank Sinatra, ©1957, Capitol Records.

Soy el historiador oficial de Shirley Jan Burrell.
La conozco desde[...] sólo el Señor sabe desde cuándo y no diré;
la agarré la primera vez que dio un traspié y cayó,
y Shirley, ella también me conoce muy bien.

Puedo decirte su cumpleaños, y el segundo nombre de su papá,
los tíos por el lado de su madre y otros que no reconocen;
qué recibió ella para Navidad desde mil novecientos cincuenta y dos
y este es sólo el comienzo de las cosas que te puedo decir.

Te puedo contar cuál es su canción favorita y dónde le gusta estacionar,
y por qué hasta el día de hoy ella tiene miedo de la oscuridad;
cómo consiguió su apodo y la cicatriz que tiene detrás de la rodilla, si hay
algo que necesitas saber de Shirley, pregúntamelo te lo diré.
Sé dónde tiene cosquillas y sus más pequeños caprichos,
los chistes que no lee y su número en el trabajo;
sé lo que ella soporta y lo que no permite,
lo único que no sé es dónde, dónde ella está ahora.
Olé Shirley, ella también me conoce muy bien.[7]

Tal parece que Shirley Jean Burrell y su amigo cantante van bien en su camino hacia una relación matrimonial afortunada. Espero que sigan siendo felices juntos.

Antes que guardemos este entendimiento del compromiso a la unidad, déjame enfatizar que el concepto se aplica no solamente al período de noviazgo. Los matrimonios de más éxito son aquellos en los cuales esposos y esposas transitan por los doce pasos en forma natural y cotidiana. Esa interacción no tiene por qué desaparecer con el paso de los años. Tocarse y hablar y tomarse de las manos y mirarse a los ojos, y crear memorias es tan importante a la pareja en sus años de media vida como lo es en la década crítica. ¡Sin duda, la mejor forma de fortalecer una vida sexual cansada es caminar a través de los doce pasos del noviazgo regularmente y con placer!

Aquí tenemos otro pequeño dato que espero que mis lectores hombres reserven para futuras referencias: A las mujeres no les gusta ser llevadas a toda carrera por las etapas diez, once y doce cuando sus esposos no se han tomado el tiempo para las nueve anteriores. Bajo esas circunstancias, a menudo se sienten «usadas».

---

7. Don Reid y Harold Heid, «The Official Historian on Shirley Jane Burrel» [El historiador oficial de Shirley Jane Burrell], grabado por los hermanos Statler, American Cowboy Music Company. All Nations Music Publishing, Ltd./Music of the World (BMI), 8857 W. Olympic Blvd., Suite 200, Beverly Hills, CA 90211. Usado con permiso.

Hace algunos años, Tina Turner grabó una canción de mucho éxito que hacía la pregunta: «¿Qué tiene que ver el amor con eso?»[8] Precisamente es lo que se comunica cuando se espera intimidad física con ausencia del factor romántico. Es como si el amor fuera irrelevante, y esta actitud reduce la unión mística de la relación sexual a un mero acto animal. Si quieres disfrutar de relaciones sexuales excitantes en tu matrimonio, intenta pequeñas ternuras durante las otras veintitrés horas del día. Recuérdalo, tú que lees esto.

SUGERENCIAS PARA AYUDARTE A ENCONTRAR UN AMOR QUE PERDURE

Bueno, antes de terminar con este tema veremos algunos otros «aspectos clave para un amor que perdure». Podría escribir un libro sobre esto; aunque, en realidad ya lo he hecho. Se llama *Amor para toda la vida,* y puede ser útil para quienes están pensando casarse o acaban de hacerlo. Como resumen, te voy a dar cinco sinceras recomendaciones:

1. Cuando tenía trece años de edad, un maestro de la Escuela Dominical me dio algunos consejos que jamás he olvidado. Me dijo: «No te cases con la persona con quien crees que podrás vivir. Cásate con aquella sin la cual no podrías vivir». Hay una gran verdad en este consejo. Casarse puede ser difícil aun cuando dos personas se aman apasionadamente. Es un crimen cuando ellos no tienen ese fundamento para construir encima.
2. No te cases con alguien que tiene características que piensas que no podrás tolerar. Quizás planeas que lo, (o la) vas a cambiar en el futuro, pero lo más probable es que no lo consigas. La conducta corre por canales profundos que se trazaron en los primeros años de la infancia, y es muy difícil lograr un cambio. Para cambiar un curso ya establecido tienes que construir una fuerte represa, cavar otro canal, y encauzar el río en una nueva dirección. Al final, encontrarás que ese esfuerzo raramente tiene éxito.

Por lo tanto, si no puedes vivir con una característica que se presentó durante el noviazgo, puede ser una calamidad por el resto de tu vida. Por ejemplo, una persona que bebe todas las noches se supone que no va a dejar el hábito después de la luna de miel. Si él o ella hace tonterías con el dinero, o es básicamente sucio, o tiende a ponerse violento cuando se irrita, o es extremadamente egoísta, estas son banderas rojas que no se pueden pasar por alto. Lo que ves es lo que tendrás.

---

8. Tina Turner, «What's Love Got to Do with It?» [¿Qué hacer con el amor?], Capitol Records, ©1984.

Por supuesto, todos tenemos defectos, y no estoy sugiriendo que una persona tiene que ser perfecta para ser un candidato al matrimonio. En lugar de eso, a lo que me refiero es que tienes que decidir si puedes tolerar una conducta caprichosa por el resto de tu vida, porque es muy probable que tendrás que hacerle frente por mucho tiempo. Si no puedes, no cuentes con reprogramar a tu compañero después que hayas dado el «¡sí!» en el altar. Te aconsejo que mantengas tus ojos bien abiertos antes de casarte y medio cerrados después.

3. ¡No te cases impulsivamente! No creo que haya una mejor manera para complicarse la vida que saltar a esta decisión crítica sin pensarlo cuidadosamente y en oración. Requiere tiempo conocerse y dar los primeros ocho pasos para que se produzca el proceso del vínculo emocional. Recuerda que el noviazgo está diseñado para esconder información, no para revelarla. Ambos muestran su mejor apariencia a la persona que buscan atraer. Guardan los secretos que podrían causar desinterés en el otro, para evitar ser rechazados. Por lo tanto, muchos recién casados experimentan grandes sorpresas durante el primer año de vida matrimonial. Te sugiero que te tomes a lo menos un año para ir más allá de la fachada y penetres al carácter íntimo de la persona.
4. Si verdaderamente eres una persona salvada, no aceptes unirte en «yugo desigual» con un incrédulo. Puedes tener la esperanza que vas a ganar a tu cónyuge para el Señor después que te hayas casado, y eso ocurre a veces, pero no sabes cuánto tiempo tardará. Y contar con eso es riesgoso en el mejor de los casos, y de obstinación, en el peor. De nuevo, esta es una pregunta a la cual debes dar respuesta: «¿Es realmente importante que mi cónyuge tenga mi misma fe?» Si es esencial, y no negociable como la Biblia nos dice que debe ser para los creyentes, entonces a este asunto debe dársele la más alta prioridad en la decisión de casarse.

No te cases con alguien que tiene características que piensas que no podrás tolerar.

5. No te vayas a vivir con tu novio antes de casarte. Por varias razones, hacer eso es una mala idea. Primero, es inmoral y una violación de la ley de Dios. Segundo, socava una relación matrimonial y a menudo lleva al divorcio. Estudios basados en cincuenta años de información muestran que las parejas que viven juntas antes de casarse tienen cincuenta por ciento más de posibilidades de divorciarse que las que

no lo hacen.[9] Ellos también tienen menos satisfacción y más inestabilidad en el matrimonio. ¿Por qué? Los investigadores encontraron que quienes han vivido juntos luego lamentaron haber «violado sus normas morales» y «sintieron una pérdida de libertad personal para escapar por la puerta de atrás». Además, y para seguir con el tema del vínculo emocional, han «robado» un nivel de intimidad que no se requería en esa etapa ni ha sido validada por el grado de compromiso del uno hacia el otro. Como sucede, el camino de Dios no es sólo el camino correcto, sino que es el más saludable para cada uno de los involucrados.

6. No te cases demasiado joven. Los que se casan entre los catorce y los diecisiete años tienen dos veces más probabilidades de divorciarse que los que esperan tener veinte años o más. Establecer una familia requiere algunas características que vienen con la madurez, tales como la generosidad, la estabilidad y el autocontrol. Es mejor esperar a que estas lleguen.
7. Finalmente, voy a concluir con el secreto que es de suma importancia para un amor para toda la vida. Diciéndolo en forma simple, la estabilidad del matrimonio es un resultado de una determinación férrea para hacerlo triunfar. Si tú decides casarte, entra en ese pacto con la resolución de cumplir la promesa de permanecer unidos para toda la vida. Nunca intentes dejar a tu cónyuge durante momentos de ira. No te permitas considerar aun la posibilidad de divorcio. ¡Abandonar no debe ser una opción para quienes quieren cubrir la distancia!

    Esa fue la actitud de mi padre cuando en 1935 se casó con mi madre. Cuarenta años después, él y yo andábamos caminando en un parque y hablando sobre el significado del compromiso entre un esposo y su esposa. De pronto, metió la mano en el bolsillo y sacó un viejo pedazo de papel. En él había escrito una promesa que hizo a mi madre cuando ella estuvo de acuerdo con ser su esposa. Esto es lo que le dijo:

Quiero que entiendas y estés completamente consciente de mis sentimientos acerca del pacto matrimonial que estamos a punto de hacer. Desde que era un niño pequeño y me sentaba al lado de mi madre, y en armonía con la Palabra de Dios, aprendí que los votos matrimoniales son inviolables, y que al hacerlos estoy siendo absolutamente unido para toda la vida. La idea de una separación

---

9. Larry L. Bumpass, James A. Sweet y Andrew Cherlin, «The Role of Cohabitation in Declining Rates of Marriage» [El rol de la cohabitación en el descenso en los índices de matrimonios], *Journal of Marriage and the Family*, N° 53, 1991, pp. 913-27.

de ti mediante el divorcio por la razón que sea (aunque Dios permite una: la infidelidad) nunca y en ningún momento permitiré que entre en mi pensamiento. No soy ingenuo en esto. Por el contrario, estoy plenamente consciente de la posibilidad, por poco probable que ahora parezca, que la incompatibilidad mutua u otras circunstancias imprevistas pudieran resultar en sufrimiento mental extremo. Si tal llega a ser el caso, estoy resuelto por mi parte a aceptarlo como una consecuencia del compromiso que ahora estoy haciendo y soportarlo, si es necesario, hasta el final de nuestra vida juntos.

Te he amado tiernamente como mi dulce amiga y continuaré amándote como mi esposa. Pero por encima de todo, te amo con un amor cristiano que exige que nunca reaccione en cualquier forma hacia ti que pudiera arriesgar nuestra perspectiva de entrar al cielo, lo cual es el objetivo supremo de nuestras vidas. Y oro que Dios mismo haga nuestro cariño del uno para el otro perfecto y eterno.

Si esa es la forma en que te comprometes en el matrimonio, tus probabilidades de vivir felizmente juntos aumentarán en gran manera. Otra vez, la Biblia aprueba la permanencia del matrimonio al decir: «Por tanto, lo que Dios juntó, no lo separe el hombre» (Marcos 10.9).

La estabilidad del matrimonio es un resultado de una determinación férrea para hacerlo triunfar.

CAPÍTULO 7

EL AMOR DEBE SER FIRME

Ahora quiero describir un principio que podría serte útil por el resto de tu vida. Se refiere a cómo las personas se relacionan y las fuerzas que las unen. También explica qué causa la separación. Aunque nuestro enfoque será sobre las relaciones románticas, este concepto se aplica dondequiera que haya una conexión entre las personas, incluyendo empleados y empleadores, amigos y vecinos, hijas y suegras.

Para explicar este principio, que describo más ampliamente en mi libro *El amor debe ser firme*, déjame pedirte que recuerdes una ocasión cuando creíste que te habías enamorado perdidamente de alguien en la escuela. Pensabas en esa persona día y noche y te creabas fantasías acerca de cuán hermosa y emocionante era ella o él. Maquinabas cómo ser más atractivo o atractiva e interesante.

Finalmente, tu deseo se cumplió y empezaste a gustarle a esa persona que era tu obsesión.

Esa persona no sólo correspondió a tu afecto, sino que a veces empezó a perseguirte y a exigir tu atención. En lugar de esperar y soñar que algún día serías correspondido, rápidamente te sentiste presionado, atrapado, encerrado, como si hubieras padecido claustrofobia. Mientras más quisiste alejarte de esa persona, más obsesiva se volvía. Quisiste salir huyendo, porque ya no podías resistir a aquella persona que una vez pensaste que no podrías vivir sin ella.

Esta es la forma en que somos creados, emocionalmente. La mayoría de nosotros queremos algo que es difícil de obtener; aquello que podríamos alcanzar sólo en nuestros sueños. Los retos nos emocionan, y lo que es misterioso y extraordinario. A esto se le llama «la tentación de lo inalcanzable», y es una fuerza poderosa en nuestras vidas. A la inversa, no queremos un felpudo del que no nos podemos deshacer.

El respeto mutuo es fundamental. La química emocionante que a veces se desarrolla entre un hombre y una mujer depende de la percepción, de que cada uno es afortunado de haber sido atraído por el otro. En el momento en que uno comienza a construir una jaula alrededor de la otra persona y a proclamar, «¡me perteneces!», el juego está terminado. Déjame explicártelo.

MIS DÍAS DE NOVIAZGO

Cuando conocí a mi esposa, Shirley, ella estaba en el humilde segundo año en la universidad, y yo estaba en el eminente último año. Me veía como un gran hombre en el campus y no me hacían mucha gracia los nuevos que llegaban. Pero ella se sentía muy diferente. Había tenido bastante éxito con los muchachos y era retada por la independencia que veía en mí. Quería ganarme porque no estaba segura de que lo pudiera conseguir. Yo entendí eso, así es que mantuve distancia en nuestra amistad.

Después de mi graduación, Shirley y yo tuvimos una de esas conversaciones llenas de tensión conocidas por todos los enamorados en el mundo entero. Le dije que quería que ella saliera con otros muchachos mientras que yo estuviera en el ejército, porque no tenía planes de casarme muy pronto. Que me gustaba mucho, pero que no estaba seguro de que la amaba. Que en el futuro podríamos seguir siendo amigos, pero que la relación estaba básicamente terminada.

El respeto mutuo es fundamental.

Esa fue una gran sorpresa para Shirley, para la cual no estaba preparada. Ni siquiera se lo había imaginado. Habíamos estado saliendo juntos por más de un año y teníamos muchos tiernos recuerdos. Esto fue lo que me hizo creer que ella quedaría desconsolada. Aunque no quise herirla, estaba convencido que se pondría a llorar y se agarraría de mí. En lugar de eso, me dijo tranquila y confiadamente: «He estado pensando lo mismo, y me gustaría salir con otros muchachos. ¿Qué te parece si nos separamos ahora mismo?»

La respuesta me dejó atónito. ¿Realmente me dejaría ir sin ninguna oposición? La acompañé hasta su dormitorio y le pregunté si me permitiría darle un beso de despedida. Me dijo: «No», y entró. ¿Quién lo habría creído?

Lo que no supe, sino hasta varios meses después, fue que Shirley se fue a su cuarto, cerró la puerta, y se pasó llorando toda la noche. Ella sabía por intuición que no permitiría que yo viera su sufrimiento. Me dejó ir con tal dignidad y respeto que inmediatamente empecé a preguntarme si había hecho lo correcto. Había pensado que podría salir de una manera distinguida, pero ahora me preguntaba si de veras yo quería separarme de ella. Al día siguiente le escribí una carta y me disculpé, pidiéndole que continuáramos nuestra relación. Shirley esperó dos semanas en contestar.

Me fui al ejército y más tarde regresé a la Universidad del Sur de California para empezar mis estudios de posgrado. Por ese tiempo, Shirley estaba en el último año y yo era un ex estudiante. Era reina de las festividades de vuelta a clases, presidenta del último año, miembro de «Quién es quién en las universidades de los Estados Unidos», y una de las muchachas más populares en su clase. Y, tengo que decirte que empezó a parecerme muy atractiva. Empecé a llamarla varias veces en el día, a quejarme por el tiempo que pasaba con otros y a encontrar formas de complacerla.

Lo que pasó luego era predecible. Cuando Shirley vio que yo estaba temeroso de perderla, empezó a aburrirse de mí. El reto que la había atraído dos años atrás se había ido. Ahora yo era un muchacho más que golpeaba a su puerta pidiéndole favores. Nuestra relación estaba arruinada.

Un día después de un encuentro poco inspirador, me senté y pasé dos horas completas pensando en lo que estaba sucediendo. Dos años atrás, yo podía hacer con ella lo que me daba la gana, y ahora se me estaba escabullendo rápidamente. ¿Dónde había estado mi error?

De pronto, me di cuenta. Me estaba faltando el respeto, porque en forma humillante estaba esperando una limosna. Tomé un lápiz y escribí diez cambios que iba a hacer en nuestra relación. Primero, decidí demostrar autorrespeto y dignidad, aun cuando perdiera a la muchacha de la cual ahora me sentía tan profundamente enamorado. Segundo, decidí comunicar esta actitud cada vez que tuviera la oportunidad: «Yo voy a llegar a ser algo en la vida, y estoy ansioso de alcanzarlo. Te amo y espero que decidas ir conmigo. Si lo haces, me consagraré a ti y trataré de hacerte feliz. Sin embargo, si no quieres hacer este viaje conmigo, ya encontraré a otra persona. Tuya es la decisión, yo la aceptaré». Había otros elementos en mi plan, pero todos estaban centrados en la autoestima e independencia.

EL «NUEVO MÉTODO DIO BUEN RESULTADO»

La primera noche que puse en práctica el nuevo método tuve una de las más emocionantes experiencias de mi vida. La muchacha que es ahora mi esposa vio que me perdía, así es que reaccionó alarmada. Íbamos en mi automóvil sin hablar. Shirley me pidió que nos detuviéramos. Cuando lo hice, puso sus brazos alrededor de mi cuello y dijo: «Me temo que te estoy perdiendo, y no sé por qué. ¿Aún me amas?» Por el reflejo de la luz de la luna vi que había lágrimas en sus ojos.

Obviamente ella no oyó cómo retumbaba mi corazón, así es que hice un pequeño discurso acerca de mi viaje solitario por la vida. Esa noche nuestra relación quedó sellada, y poco después nos casamos. Como ves, había restablecido en Shirley el reto, y ella respondió como lo suponía.

La fuerza sicológica que hizo bambolear nuestra relación es muy importante, porque puede decirse que es casi general en la naturaleza humana. Perdóname la redundancia, pero debo reafirmar el principio: Anhelamos lo que no podemos conseguir, pero le faltamos el respeto a aquello de lo cual no podemos escapar. Esta verdad es particularmente relevante en asuntos románticos, por lo tanto de seguro influirá también tu vida amorosa.

Permíteme darte otra ilustración para que puedas tener una idea más concreta de este principio. Nos la provee Jack London, el novelista clásico de los Estados Unidos que escribió algunas historias de aventuras sobre la vida en el Yukón. La más conocida de sus muchas historias breves se titula *To Build a Fire* [Encender una hoguera], y es una historia increíble acerca de un hombre atrapado en una terrible ventisca. La temperatura había bajado a setenta grados bajo cero y el hombre se dio cuenta de que se estaba helando y que moriría. Trató de aplazar lo inevitable y decidió matar a su perro y calentarse las manos en sus entrañas. Pero el perro intuyó el peligro y se mantuvo fuera de su alcance.

Anhelamos lo que no podemos conseguir, pero le faltamos el respeto a aquello de lo cual no podemos escapar.

La única esperanza que le quedaba era encender algunas ramas y hojas cubiertas de nieve esparcidas debajo de un árbol. El hombre tenía tres fósforos, ¿pero serían suficientes? El viento fuerte y la vegetación helada harían muy difícil encender un fuego.

Los primeros dos fósforos parpadearon brevemente movidos por el viento y se apagaron. El hombre no podía fallar otra vez. Así es que dio la espalda al viento, formó bocina con las manos y encendió el último fósforo. Lentamente, una pequeña llama empezó a arder. La protegió cuidadosamente y comenzó a agregar más hojas. Su corazón latía con fuerza. ¡Lo había conseguido! Pronto, un fuego salvador le daría el calor necesario para vivir. ¡Viviría!

Pero repentinamente, el viento sopló contra una rama con nieve que estaba precisamente sobre su cabeza. La nieve cayó sobre el pequeño fuego y lo apagó. Con un leve chisporroteo se había ido su última oportunidad de sobrevivir. Desesperado, el hombre se acostó de espaldas sobre la nieve y así, se dejó helar hasta morir.[1]

Si no has leído esta dramática historia de Jack London, espero que tengas la oportunidad de hacerlo. Lleva al lector a pensar no solamente en la desesperación de la persona, sino que también pone un énfasis destacado en nuestros propósitos. El amor romántico es como aquella pequeña llamita. Al comienzo es muy tenue. Aun cuando tiene el potencial de llegar a ser una verdadera hoguera, debe ser protegida del viento. Los que se ponen demasiado agresivos y demasiado desesperados están tirando nieve sobre el fuego que se inicia. Es la forma más rápida para destruir lo que pudo haber llegado a ser una hermosa relación.

ANTES QUE NADA, RESPETO

Algo cambia en el momento en que uno de los románticos enamorados empieza a temer que el otro se está queriendo ir. Se queja porque hubo una persona que estuvo con ella la noche anterior y lloriquea porque no está recibiendo suficiente atención. Por las noches estaciona el auto cerca de su casa y la espía para ver con quién viene y con quién se va. Explota con frecuencia y hace exigencias imposibles. Pronto, estas señales de desesperación empiezan a destruir una chispa romántica antes que pueda transformarse en una llama de amor. El factor clave que hay que entender aquí es la importancia del respeto en el asunto romántico. Este es el combustible que alimenta el fuego.

Oí de un joven que pasó por alto este principio tan sencillo. Se propuso ganarse el afecto de una muchacha que había rehusado incluso verlo. Creyó que el camino a su corazón estaba por medio de la correspondencia, de modo que empezó a escribirle cartas de amor todos los días. Al ver que ella no le respondía, aumentó sus envíos a tres notas cada veinticuatro horas. Por todo, le escribió más de setecientas cartas. Ella terminó casándose con el cartero.

> *El factor clave que hay que entender aquí es la importancia del respeto en el asunto romántico.*

El amor romántico es una de esas raras aspiraciones humanas que tienen mejor éxito cuando demanda el menor esfuerzo. Aquellos que ponen el mayor brío para alcanzarlo, son los que están más expuestos a fracasar. Y hablando de las personas

1. Jack London, «To Build a Fire», de *To Build a Fire and Other Short Stories* [Encender una hoguera y otras historias breves], Creative Education, Mankato, MI.

que lo buscan arduamente, nadie le gana a un tipo llamado Keith Ruff, cuyo caso de amor dio origen a un artículo publicado por *Los Angeles Times.* El título era: «El hombre que gastó veinte mil dólares tratando de conseguir la mano de una muchacha que puede decir no». Esta es la historia:

> Un hombre enfermo de mal de amores, escondido en un hotel de doscientos dólares diarios en Washington, ha gastado, en un cálculo reciente, cerca de veinte mil dólares demostrando a su amada que no tomará el «no» como una respuesta definitiva a su proposición de matrimonio.
>
> De rodillas, en un día de Navidad, Keith Ruff, de 35 años de edad, ex corredor de propiedades en Beverly Hills, le propuso matrimonio a Karina Bolstein, de 20 años, servidora de cocteles en un restaurante de Washington. La había conocido el verano anterior, en una tienda de zapatos. La pareja había salido unas pocas veces durante los dos meses anteriores a la proposición de matrimonio.
>
> Cuando escuchó la proposición, ella miró al suelo y dijo: «No».
>
> Desde entonces, Ruff ha permanecido en Washington y ha expresado su deseo de que ella reconsidere su respuesta, para lo cual le ha enviado todo, menos una perdiz en un peral. Quizás eso sea el próximo regalo.
>
> Él está, según cree, «a punto de gastar todo mi dinero. Yo no soy un jeque árabe». Las expresiones de su amor incluyen:
>
> Un avión, esperando permanentemente en el aeropuerto, «en caso que ella quiera salir a dar una vuelta».
>
> Entre tres mil a cinco mil flores.
>
> Una limusina equipada con bar y televisión, estacionada junto a su puerta.
>
> Un anillo de oro.
>
> Champán por valor de doscientos dólares.
>
> Servicios de cenas de langostas.
>
> Músicos para ofrecerle una serenata.
>
> Un payaso para entretener a su hermano menor.
>
> Un hombre vestido como príncipe encantado, usando una pantufla de cristal.
>
> Galletas, confites y perfumes.
>
> Hombres llevando cartelones que caminan alrededor de su casa y del restaurante donde Karina trabaja, en los que se lee: «El señor Dennis Keith Ruff AMA a la señorita Karina Bolstein».
>
> Globos que ella no tardó en reventarlos. «¿Qué más hará ella?» dijo el impávido Ruff. «La casa estaba tan llena de flores que no había espacio por donde caminar».
>
> Para el padre, un canasto con nueces y cigarros por un valor de trescientos dólares «para disfrutar con sus amigos del Departamento del Trabajo. Quizá suene disparatado, pero aprecio al caballero».

Para la madre, flores en la Embajada de Francia, donde trabaja. «No creo que su madre me quiera. Llamó a la policía», dijo Ruff. «Pero seguiré mandándole presentes. ¿Cómo alguien podría enojarse tanto?»

Para ambos padres, una escalera de mano, «así ellos podrían mirar a la relación desde un ángulo diferente».

Como para no sorprenderse, Ruff dijo que tiene «una muy singular situación económica». Desde hace algún tiempo no trabaja, se describe como de medios independientes. «No me interesa la cantidad de ofertas de trabajo que reciba, no estoy interesado en ninguna de ellas», dijo Ruff: «Prefiero pensar en ella, que estar sentado en un trabajo». Dijo que gastaría sus últimos diez centavos, y que pediría prestado si tuviera que hacerlo, y que se mantendría intentándolo por diez tal vez veinte años. «Le pediré cincuenta mil veces que se case conmigo.

»No importa cuántas veces diga no. Haré todo lo que esté a mi alcance, siempre que no sea algo absurdo y que esté contra una ley razonable. No dejaré de hacerlo aunque ella decida hacerse monja. ¡Esta es la primera vez que se me ocurre esto!»

Mientras tanto, Karina dijo que se sentía adulada, pero que era demasiado joven para casarse. También dijo que su casa lucía como un salón funerario.

Ruff dijo: «No quiero forzarla a que me ame, pero tengo que continuar haciéndolo. Quizás esto la ponga nerviosa, pero al menos puede sonreír en medio de sus nervios. Cualquiera querría poder hacerlo».

Ruff dijo que muchas personas con quienes comenta el caso son escépticos. «La gente comenta que mi amor es extraño», dice, «pero nuestra sociedad se está derrumbando por la forma en que la gente ama. ¿Qué es una cita de amor? ¿Alguien que te pone el pie encima?

»Mis amigos en Los Ángeles saben con cuántas mujeres he salido. No quiero ser un mujeriego. Creo en los valores antiguos. Encontré a la mujer que amo». Ruff dijo que había pasado mucho tiempo en su cuarto del hotel planeando su próximo paso y llorando ocasionalmente. Bolstein, mientras tanto, ha estado firmando autógrafos en su lugar de trabajo, y ha tenido un trago allí que es una combinación de gin, vodka y ron que le llaman: «Ella no quiere». Le pusieron este nombre pensando en ella.

Ruff dijo que Bolstein lo llamó una vez. «Pero le colgué. No me gustó lo que dijo. La realidad para mí es perturbadora. Prefiero cerrar los ojos y ver su rostro.

»Estoy viviendo en una fantasía. Estoy viviendo con esperanza». Y con cuentas muy grandes.[2]

2. Betty Cuniberti, «Man Spends $20,000 Trying to Win Hand of Girl Who Can Say No» [Hombre gasta $20,000 tratando de ganar la mano de una muchacha que puede decir no], *Los Angeles Times*, reimpreso con permiso.

Hay varias cosas que el amigo Ruff necesita saber acerca de las mujeres, suponiendo que la señorita Bolstein aún no se lo haya hecho saber. Ruff podrá seguir llorando en su cuarto de hotel durante los próximos cincuenta años sin generar la más mínima simpatía en ella. Y ese avión *jet* tampoco significa gran cosa para ella. Muy pocas mujeres son atraídas a hombres que se arrastran, que sobornan, que lloriquean y que son vistas de todos como un tonto delante de todos. Dime, ¿quién querría casarse con un extravagante sin ambiciones que se arrastra en la mugre como un perrito castigado? ¡Adiós, romance! Hola, desaire.

El amor romántico es una de esas raras aspiraciones humana que tiene mejor éxito cuando demanda el menor esfuerzo.

En otros lugares, otros solteros cometen el mismo error. Por supuesto, en una escala mucho menor revelan sus esperanzas y sueños demasiado temprano en el juego y asustan hasta el tuétano a sus posible amores. Los divorciados caen en la misma trampa, especialmente las mujeres solas porque necesitan un hombre que las sostengan sobre todo cuando tienen hijos. Los hombres que aparecen como candidatos a cumplir tal responsabilidad son escasos y, a veces son contratados como los atletas destacados de los Estados Unidos. No he visto mejor ilustración que el siguiente anuncio, también este apareció en *Los Angeles Times.*

> Q. Soy un profesional, recientemente me divorcié, y tengo un problema poco común. Espero que me pueda ayudar. Una mujer con la que salí una vez, me llamó antes que tuviera la oportunidad de invitarla de nuevo a salir, queriendo saber por qué no la había vuelto a llamar. Después de nuestra segunda cita empezó a llamarme casi todos los días con invitaciones para comer, para decirme algo chistoso que había leído y que pensaba que me gustaría, etc. Pero lo que me está volviendo loco es que lo mismo me ha ocurrido con otra mujer a quien he empezado a pedirle que salgamos. Si tal conducta es típica, ¡quizás debí de haber permanecido casado! ¿Cómo podría librarme de estas citas frenéticas y tener una vida social quieta y placentera?[3]

¿No le parece obvio lo que está ocurriendo aquí? Las mujeres que están siendo invitadas a salir por este «hombre profesional» lo están

3. Virginia Doody Klein, «Living with divorce» [Vivir divorciado], columna publicada en *Los Angeles Times*, 12 de abril de 1982, ©1982 *Sun Features, Inc.* Usado con permiso.

persiguiendo como un perro de caza detrás de un conejo. Y como se podría predecir, su impulso natural es salir corriendo. Si ellas están interesadas en atraerlo, simplemente no pueden invadir su territorio. En lugar de eso, deberían mantener un sentido del decoro y dejar que las cosas sean como deben ser.

Permíteme ilustrar gráficamente lo que está ocurriendo en situaciones de esta naturaleza. Se trata de una simple demostración con las manos con las cuales podemos representar a la Persona A y a la Persona B. Lo llamo «la trampa tierna».

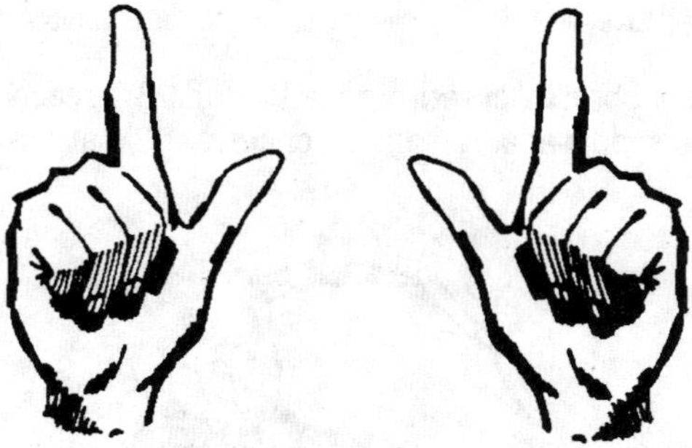

PERSONA A PERSONA B

Las Personas A y B deciden casarse y a partir de ahí, vivir felices. Sin embargo, en algún punto del camino, la Persona B empieza a sentirse atrapada en la relación. Su cónyuge la ofende y la aburre en numerosas formas, también resiente estas seis palabras que la presionan: «hasta que la muerte nos separe».

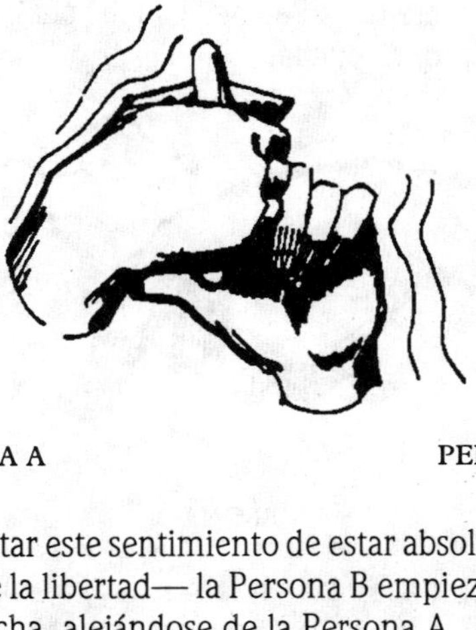

PERSONA A PERSONA B

Para contrarrestar este sentimiento de estar absolutamente controlada —esta restricción de la libertad— la Persona B empieza a moverse gradualmente hacia la derecha, alejándose de la Persona A.

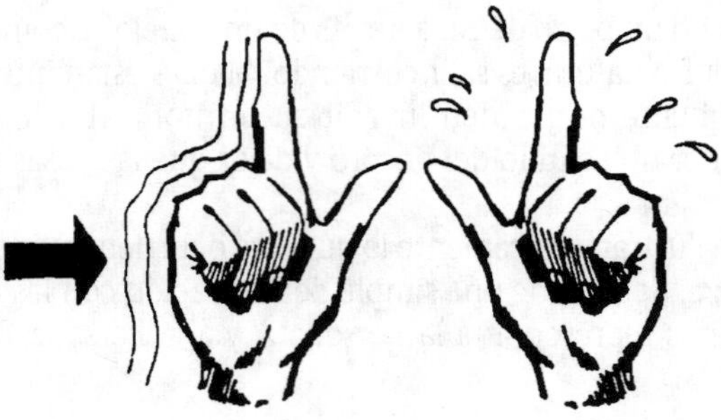

PERSONA A PERSONA B

La Persona A observa el retiro de la Persona B y reacciona alarmada. Su impulso es persuadir a la Persona B, encerrándola aun más que antes.

PERSONAS A y B

La Persona B hace un obvio esfuerzo por liberarse, pero en un momento de desesperación, la Persona A salta sobre la Persona B y la retiene con todas sus fuerzas. La Persona B lucha por escapar y seguramente saldrá corriendo tan pronto pueda.

PERSONA A

La Persona A entonces cae en la soledad, admirándose de cómo las cosas tan hermosas pueden llegar a ser tan agrias.

EN CAMBIO...

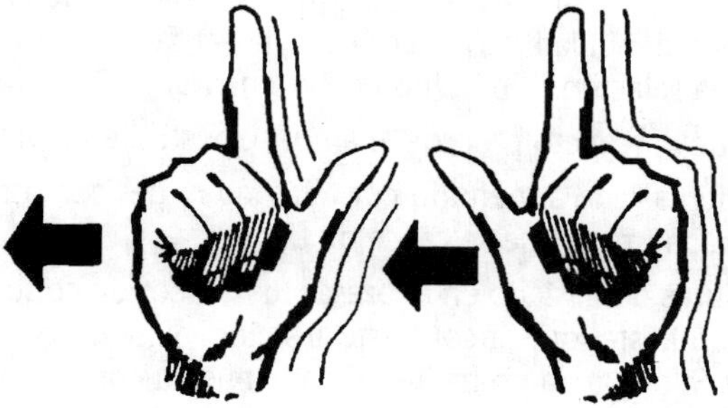

PERSONA A PERSONA B

A pesar de que el sentido común nos diga lo contrario, la mejor manera que tiene la Persona A para atraer y mantener el amor casi ahogado de la persona b es retirarse un poco de ella, comunicándole de esta manera libertad, también debe mostrar respeto por sí misma durante el proceso. Curiosamente cuando esto ocurre, la Persona B a menudo empieza a acercarse a la Persona A. Hemos observado esta necesidad de «espacio» en las relaciones humanas, pero el concepto sigue siendo difícil de comprender cuando tiene que ver con nosotros y nuestros seres amados.

SUGERENCIAS PARA AYUDARTE EN «UN AMOR FIRME»

Bien, creo que ya hemos establecido el punto. Déjenme ser muy específico con todos ustedes que están solteros pero que desean casarse algún día. (No se trata de faltarle el respeto a los que son solteros por designio o que desean quedarse solteros. Esta es una elección legítima que debería ser respetada por amigos y familiares.) Seguidamente hay una lista de diecisiete sugerencias que te ayudarán a poner en práctica los principios de amar con firmeza en asuntos del corazón.

> *¿Quién querría casarse con un extravagante sin ambiciones que se arrastra como un perrito castigado?*

1. No permitan que las relaciones se muevan demasiado rápido en su comienzo. La frase «ni tan caliente que se queme, ni tan frío que se hiele» tiene validez. Las relaciones que comienzan en un frenesí frecuentemente terminan quemándose. Da un paso a la vez.
2. Cuando la relación es reciente, no expongas con lujo de detalles tus

deficiencias y debilidades. No importa cuán afectuoso y complaciente tu enamorado o enamorada sea, cualquier revelación de baja autoestima o de una debilidad vergonzosa puede ser fatal en un momento de crisis en la relación. Y muchas crisis ocurrirán.

3. Recuerda que el respeto precede al amor. Construye piedra a piedra.
4. No llames demasiado a menudo por teléfono ni des a la otra persona una oportunidad para que se canse de ti.
5. No te apresures demasiado en expresar tus deseos de contraer matrimonio ni manifiestes que encontraste al señor Maravilla o a la señorita Hermosura. Si tu pareja no ha llegado a la misma conclusión, puedes hacerle sentir pánico.
6. Importantísimo: Personas cautelosas que primero quieren picar la carnada antes de tragarse el anzuelo prueban constantemente las relaciones. Este proceso adquiere diversas formas, pero por lo general la otra persona tiende a alejarse, para ver qué ocurre. Es posible que se inicie una pelea tonta. Quizás pasen dos semanas antes que haya una llamada telefónica. O quizá haya algún coqueteo con un rival. En cualquier caso, la pregunta que hay que hacerse es: «¿Cuán importante soy para ti, y qué harías si me perdieras?» Debajo de esa cuestión yace otra que es aun más fundamental. Es querer saber, «cuán libre me siento de irme si quisiera hacerlo». Es increíblemente importante en estas instancias mostrarse sensato, confiado en sí mismo e igualmente independiente. No agarres a tu pareja por el cuello para pedirle misericordia. Algunas personas se quedan solteras por toda la vida, debido a que no pueden resistir la tentación de arrastrarse cuando viene la prueba.
7. Ampliando el mismo concepto, recuerda que generalmente todos los noviazgos que continúan por un año o más y muestran, que tarde o temprano van a culminar en matrimonio, tendrán su prueba final. Se producirá alguna ruptura, motivada por uno de los dos. La persona rechazada sabrá que la probabilidad de un futuro juntos depende de la destreza con que maneje tal crisis. Si el que está sufriendo conserva la calma, como Shirley lo hizo conmigo, los siguientes dos pasos pueden ser la reconciliación y luego el matrimonio. Con frecuencia ocurre así. De lo contrario, ninguna cantidad de súplicas cambiaría nada.
8. No dependas solamente del otro para la satisfacción de cada necesidad emocional. Mantén el interés y actividades fuera de la relación romántica, incluso después del matrimonio.
9. Cuidado con el egoísmo en tus relaciones amorosas. Ni el hombre ni la mujer lo darán todo. En una ocasión terminé mi relación con una

muchacha porque me hacía llevarla a lugares bonitos, traerle flores, comprarle su almuerzo, etc. Yo quería hacer esas cosas, pero esperaba que ella hiciera otro tanto. Y no lo hizo.

10. Ten cuidado abre tus ojos cuando veas señales obvias que te dicen que el que posiblemente va a ser tu esposo o esposa es desleal, iracundo, no se ha comprometido con Dios, está dominado por las drogas o el alcohol, es dado al egoísmo, etc. Créeme, un mal matrimonio es mucho peor que muchas de las soledades de los solteros.
11. Desde el comienzo de tu relación, trata a tu pareja con respeto y espera lo mismo de ella. Un hombre debe abrir las puertas a una mujer cuando, por ejemplo, van a un restaurante; y una mujer debe hablar respetuosamente de él cuando están en público, etc. Si no se mantiene esta actitud respetuosa cuando se están echando las bases del matrimonio, será prácticamente imposible construirlas más tarde.
12. ¡No compares el valor de una mujer con la belleza perfecta o el de un hombre con su bien parecido! Si tú exiges perfección física en tu pareja, esta puede exigir lo mismo de ti. No dejes que se te escape el amor por valores falsos de tu cultura.
13. Si hasta ahora el amor genuino no ha llegado, no empieces a pensar que «nunca nadie me va a querer». ¡Esa es una trampa mortal que puede destruirte emocionalmente! Millones de personas andan buscando a alguien a quien amar. ¡La cuestión es encontrarse el uno al otro!
14. No importa cuán maravillosa haya sido tu relación amorosa, antes de comprometerte en matrimonio dedica tiempo a «hacer planes» con tu pareja. Es sorprendente cuán a menudo hombres y mujeres llegan al día de la boda sin nunca antes haberse dado cuenta de la más importantes diferencias en cuanto a las expectativas de cada uno de ellos. Por ejemplo:
    a. ¿Quieren tener hijos? ¿Cuán pronto? ¿Cuántos?
    b. ¿Dónde van a vivir?
    c. ¿Trabajará la esposa? ¿Cuán pronto? ¿Y qué pasará después que nazcan los niños?
    d. ¿Quién será el líder del hogar? ¿Qué significa eso realmente?
    e. ¿Cómo será la relación con los suegros?
    f. ¿Cómo se va a administrar el dinero?
    g. ¿Qué importancia tendrán en el matrimonio los asuntos espirituales?

    Estos y docenas de otros «planes» deberían discutirse uno por uno con la ayuda de un consejero prematrimonial. Se evitarán muchos problemas futuros si se ponen de acuerdo en áreas potenciales de conflictos. Si las diferencias son muy grandes, aun es posible que el matrimonio nunca deba realizarse.

15. La familiaridad sexual puede ser mortal en una relación amorosa. Además de razones morales, espirituales y físicas para mantenerse virgen hasta el matrimonio, también hay numerosas ventajas sicológicas y en conexión con las demás personas. Aunque posiblemente esta es una noción anticuada, sigue siendo verdad que los hombres no respetan a las mujeres «fáciles», y con frecuencia se cansan de aquellas que no se reservan nada. De igual modo, a menudo las mujeres no respetan a los hombres que sólo tienen una cosa en la mente. Ambos sexos necesitan recordar cómo hacer uso de una vieja palabra. Se pronuncia «¡NO!»
16. El cantante de música campesina Tom T. Hall escribió una canción en la cual se refiere al concepto que hemos venido describiendo. La letra dice: «Si dejas al amor demasiado suelto, se te va a ir; si lo aprietas demasiado, se te va a morir. Este es uno de los misterios de la vida».[4] La observación de Hall es correcta. Si un hombre y una mujer dan a su compromiso muy poca importancia en sus vidas, será como una planta sin agua, se marchitará. Todo el mundo sabe esto muy bien. Pero pocas personas parecen darse cuenta de que la exagerada dependencia puede ser igualmente mortal en una relación amorosa. Se ha dicho que la persona que menos necesita de la otra, estará en control de la relación. Creo que eso es verdad.
17. No hay nada en el matrimonio que elimine la necesidad básica de libertad y respeto en las interacciones románticas. Guarda el misterio y la dignidad en tus relaciones. Si tu cónyuge empieza a sentirse atrapado y quiere alejarse por algún tiempo, déjale espacio y retráete. No construyas una jaula alrededor de ella. En lugar de eso, con confianza deja de presionarla cuidando de no dar lugar a la inmoralidad o a la conducta destructiva. Si necesitas más información lee mi libro *El amor debe ser firme.*

Por supuesto que estas sugerencias no te garantizan que vas a conseguir la mano de un enamorado, pero ciertamente es una estrategia mejor que la de Keith Ruff. Y en el proceso, te ahorrarás veinte mil dólares.

---

4. Tom T. Hall, *I Left You Some Kisses on the Door* [Te dejo algunos besos en la puerta], ©1979 Hallnote Music. Usado con permiso.

CAPÍTULO 8

PREGUNTAS

Quisiera estar seguro de que entiendo el concepto de que «el amor debe ser firme». Si tuviera que reducir la idea a su mínimo común denominador, ¿qué quedaría?

La esencia del asunto es la demostración de respeto por ti mismo y por la otra persona, lo cual es el fundamento sobre el cual se construye un amor romántico. Es decir, rehusar rogar, suplicar y gemir si tu pareja no siente por ti lo que tú sientes por ella. Construir una jaula alrededor de alguien con el fin de poseerlo en contra de su voluntad sólo hace que el «cautivo» se sienta más desesperado por escapar.

La idea que sugiere «el amor debe ser firme» es que debemos estar dispuestos a ver a la otra persona libre, aun cuando llegue a causarnos un gran dolor dejarla ir. Cuando hacemos esto, estamos aumentando las posibilidades de que la persona amada no se vaya, ya que la puerta de la jaula ha sido abierta y se ha reafirmado el autorrespeto.

2. Usted dijo que el concepto tiene otras aplicaciones aparte de esta limitada definición. Hable de ellas en el contexto del matrimonio.

Como lo indiqué, «el amor debe ser firme» se aplica dondequiera que hay interacción entre dos o más personas. Déjame ilustrar esto. Uno de los secretos de mi hermoso matrimonio con Shirley, que ahora ya llega a los treinta y cuatro años, es que hemos sido cuidadosos en defender lo que mi esposa y yo llamamos «la línea de respeto» entre los dos.

Por ejemplo, supongamos que yo trabajo en mi oficina dos horas más que lo usual en una noche determinada, sabiendo que Shirley está preparando una cena especial para mí. El teléfono está allí, sobre mi escritorio, pero yo soy demasiado egoísta como para llamarla y darle una explicación. Cuando la noche ha transcurrido bastante, Shirley envuelve la comida en papel de aluminio y la guarda en el refrigerador.

Entonces, imagínate que cuando finalmente llego a casa, no pido disculpas. En vez de eso, me siento a leer un periódico y abruptamente le digo que me sirva la comida. ¡Puedes apostar que dentro de poco habrá fuegos artificiales en la casa de los Dobson! Con toda razón, Shirley interpretará mi conducta como insultante y defenderá la «línea de respeto» entre nosotros. En ese momento hablaremos para que el asunto quede aclarado y la próxima vez tendré más consideración.

Ahora, supongamos que Shirley sabe que yo necesito el automóvil a las dos de la tarde para un asunto importante, pero ella, en forma deliberada, me deja esperando. Quizás esté en un restaurante con una amiga, tomando café y charlando. Mientras tanto, yo me paseo por la sala de mi casa, preguntándome dónde estará. Es muy posible que mi esposa oiga de mi insatisfacción cuando llegue a casa. Ha violado la «línea de respeto», y tendremos que hacer algo para restablecerla.

En estos ejemplos estamos tratando dos cuestiones muy insignificantes, pero que son la base de una mutua consideración. Cuando se trata de vivir con alguien toda una vida, ambas personas deben establecer algunas reglas que les ayuden a mantener la armonía y el orden. El respeto mutuo es el ingrediente más importante. Cuando las reglas son violadas, espera una confrontación, aunque sea pequeña será inevitable.

Lo que estoy tratando de decir es que si no generan demasiado enojo, los pequeños conflictos desempeñan un papel positivo, para que una relación se mantenga saludable. En familias donde uno de los cónyuges permite que el otro hiera y falte el respeto, y no se hace nada al respecto, con el paso del tiempo las cosas se agravarán. En casos extremos, una esposa puede incluso decidirse a ignorar las infidelidades sexuales de su marido, por temor a que él lo pueda dejar. De esta manera, ella está demostrando falta de respeto por sí misma y está tentando a su marido a hacer cosas aun más escandalosas. Su ira se acumula en vez de desahogarse y finalmente hará erupción como un volcán. Los divorcios son las consecuencias de tales cosas.

Aprender cómo pelear apropiadamente y decidir acerca de qué cosa es digna de una pelea, es uno de los secretos para un matrimonio de éxito. Usualmente, una forma u otra tiene que ver con la «línea de respeto».

3. ¿Cómo sabe una persona cuando está rebajándose y tratándose en forma irrespetuosa? No estoy seguro si me encuentro en esa situación.

Sólo pregúntate si te sientes contento acerca de esa relación. ¿Eres tú quien hace todas las llamadas telefónicas? ¿Te ha dicho siempre la verdad? ¿Te han «dejado plantado» sin una excusa razonable? ¿Temes que tu pareja se esté yendo y eso quizás sea lo que esté haciendo que tú «la agarres y trates de retenerla»? ¿Estás tolerando insultos que otros no aceptarían? ¿Muestra tu pareja evidencias de «cariño» y de querer hacerte feliz? ¿Cuenta a otros tus secretos y hace comentarios en público acerca de ti que te hacen sentir mal? ¿Es a veces abusivo físicamente? ¿Te busca él alguna vez en lugar de tú buscarlo a él siempre? ¿Te han dicho alguna vez tus amigos: «¿Por qué soportas las cosas que él te hace?»

Si no generan demasiado enojo, los pequeños conflictos desempeñan un papel positivo para que una relación se mantenga saludable.

Estas son preguntas que sólo tú puedes contestar. Pero si eres honesto, no te va a ser difícil identificar la presencia de características de falta de respeto en tus relaciones. Si obtiene como resultado las respuestas que no son buenas, la solución no es rogarle a tu pareja que se porte mejor. Debes hacer lo contrario que has estado haciendo y ver cuál es su reacción. Si reacciona indiferentemente será mejor que vayas buscando a otra persona.

4. Usted dijo antes que los hombres deben abrirle la puerta a las mujeres, cederles el asiento en el autobús, y cosas por el estilo. ¿Podría ser más claro? Parecen cosas pasadas de moda.

Normalmente, un hombre se enamora de una mujer que hace las preguntas que él puede contestar en forma brillante.

Lamentablemente estas expresiones de cortesía han llegado a ser menos frecuentes en nuestra cultura. El asunto aquí es una cuestión de respeto entre los sexos, lo que hace que todo se desarrolle mejor. Muchachas y mujeres siempre insistirán que se las trate con dignidad, especialmente cuando están saliendo con alguien o en situaciones más formales.

Pero ambos tienen la misma responsabilidad. También una muchacha tiene muchas oportunidades para mostrar su respeto hacia el muchacho. Le puede servir café o plancharle su camisa o peinarlo en la forma que a él le gusta. Puede encontrar formas sutiles para hacer que él se sienta bien. Como alguien dijo, normalmente un hombre se enamora de una mujer que hace las preguntas que él puede contestar en forma brillante.

Por alguna razón, personas que predican la corrección política se enfurecen sobre este tema de cómo los sexos se relacionan los unos a los otros. Preferirían una atmósfera de competencia en la cual uno trataría de prevalecer en una posición superior sobre el otro. Ellos creen que los hombres y las mujeres son idénticos, excepto por las diferencias reproductivas obvias. Esto no es verdad.

En incontables formas, somos únicos. Y nos relacionamos mejor unos con otros cuando mostramos consideración y honor hacia el sexo opuesto en nuestras relaciones informales. Este asunto del respeto es fundamental en toda relación humana. Cuando una pareja no se toma el tiempo para demostrarlo, están pisando tierras movedizas.

5. Mi enamorado y yo siempre estamos peleando y discutiendo. Aunque creo que nos queremos, sin embargo, no nos podemos llevar bien sino por unos pocos días. ¿Podríamos aprender a ser más compatibles si decidiéramos casarnos?

Creo que podría ser muy peligroso insistir en el matrimonio con las señales de peligro que están viendo. Al menos, deberían buscar asesoramiento prematrimonial de alguien capacitado en el tema. Hay disponibles algunas pruebas excelentes que indican probable incompatibilidad y las áreas de conflicto potencial. Estas pruebas no sólo les ayudarán a tomar la decisión más sabia acerca del matrimonio, sino que les pueden enseñar cómo relacionarse mejor el uno con el otro si eligieran vivir juntos.

Nos relacionamos mejor unos con otros cuando mostramos consideración y honra.

Por ejemplo, el siguiente diagrama puede serte de alguna ayuda. Señala las palabras que caracterizan cómo se llevan ustedes dos y entonces decide si tienen o no una relación saludable.

6. La nota que su papá le escribió a su mamá antes que se casaran fue conmovedora, pero no creo que haya sido realista. ¡Él le prometió permanecer con ella pase lo que pase! Eso fue un gran riesgo. Nosotros no podemos prever el futuro, y no creo que es sabio decir lo que una persona hará en una crisis.

Estoy en total desacuerdo. Cuando tú consideras las muchas presiones que una pareja confronta hoy día, sólo una determinación férrea los mantendrá juntos por toda la vida. Cuando llegan los tiempos difíciles, los que entran al matrimonio con un compromiso que no es firme se derrumban. Y como bien sabemos, los tiempos difíciles vendrán.

Pienso en mis amigos Keith y Mary Korstjens que llevan casados más de cuarenta años. Poco después de la luna de miel, Mary fue atacada por la polio y quedó impedida. Los médicos le informaron que por el resto de su vida estaría limitada a una silla de ruedas.

No obstante, Keith nunca vaciló en su compromiso hacia Mary. Por todos estos años, la ha bañado y vestido, la ha levantado y acostado, la ha llevado al baño, lavado los dientes, peinado. En 1957 Keith pudo haberse divorciado y buscado a otra esposa saludable. Pero nunca consideró esa posibilidad. Admiro a Keith no sólo por mantenerse firme, sino por continuar amando y cuidando a su esposa. Esta pareja ha sido una inspiración para miles durante las últimas cuatro décadas.[1]

Sin la clase de promesa que mi papá hizo a mi mamá, su matrimonio nunca hubiera sobrevivido.

7. ¿Es posible amar a alguien y no sentirlo?

Ya lo creo que sí, sin duda porque el amor es más que un sentimiento. Básicamente es una decisión. Parejas que se casan y no entienden esto tendrán serios problemas cuando por algún tiempo el sentimiento de amor desaparezca. Como lo veremos más adelante, las parejas que se aman de una manera genuina experimentarán períodos de acercamiento, períodos cuando se sentirán indiferentes, y períodos cuando cualquier cosa les irritará y les hará gruñir. Esta es la forma en que manipula las emociones. ¿Qué, entonces, les mantendrá firmes cuando los sentimientos los lleven por todas partes? La fuente de la constancia es un compromiso de la voluntad. Tú simplemente decides a no ser abatido por emociones fluctuantes e inseguras.

8. ¿Cree usted en el amor a primera vista?

¡Definitivamente, no! Amor a primera vista es una imposibilidad física y emocional. ¿Por qué? Porque, como lo he indicado, el amor es mucho más que un sentimiento romántico. Es más que una atracción sexual, o la emoción de conquistar o un deseo de casarse con alguien. Estas son reacciones que pueden ocurrir «a primera vista», y, claro, con el tiempo pueden llegar a algo genuino. Pero estos sentimientos son por lo general muy temporales, y no significan que la persona que los experimenta esté enamorada. ¡Quisiera que todos entendieran esto!

La diferencia fundamental entre emoción romántica y amor real está en dónde se ha puesto el énfasis. El apasionamiento tiende a ser muy egoísta en su naturaleza. Una persona puede decir: «No puedo creer lo que me está pasando. ¡Esta es la cosa más fantástica que he experimentado jamás!

---

1. Keith y Mary Korstjens, «Not a Sometimes Love» [No un amor de vez en cuando], *Focus on the Family Magazine*, 14 de febrero de 1983.

Debo de estar enamorado». Nótese que no habla para nada de la otra persona. Está emocionado por su propia gratificación. Una persona así no se ha enamorado de otro; ¡se ha enamorado del amor!

Pero vemos un gran contraste en el amor genuino, el cual es una expresión del más profundo aprecio por otro ser humano. Es estar consciente de cuáles son sus necesidades, su fortaleza y su carácter. Tiene el mismo anhelo, la misma esperanzas y los mismos sueños de la otra persona. No es egoísta, sino que es generoso y tiene gran interés en la otra persona. Y créeme, estas actitudes no suceden inesperadamente como cuando alguien da un traspié y cae al suelo.

El amor genuino[...] es una expresión del más profundo aprecio por otro ser humano.

Yo he desarrollado esa clase de amor duradero hacia mi esposa, pero no fue algo que me sucedió inesperadamente. Esta clase de amor creció a través de los años. He tenido que conocerla bien y reconocer la profundidad de su carácter y los matices de su personalidad, lo cual ahora aprecio. Esta familiaridad que tenemos, de dónde surgió el amor que ahora disfrutamos, simplemente no pudo haber ocurrido en «una noche encantadora, en medio de un cuarto lleno de gente».

Repito, tú no puedes «enamorarte» de alguien que no conoces, no importa si es lo más hermoso, muy simpático y de gran atractivo sexual.

9. Usted dijo que ha estado felizmente casado por más de treinta años. ¿Ha sido alguna vez tentado a serle infiel a su esposa? ¿Cuáles son los puntos peligrosos de los que tenemos que cuidarnos?

Sinceramente, nunca he considerado engañar a Shirley. Sólo el pensamiento de hacerla sufrir y atraer sobre mí la ira de Dios es más que suficiente para mantenerme en el camino derecho y angosto. Además, nunca destruiría aquello tan especial que hemos edificado por todos estos años. Pero aun Satanás tratará de socavar matrimonios que están basados en este tipo de compromiso. Él me tendió una trampa durante un tiempo de particular vulnerabilidad. Shirley y yo hacía sólo algunos años que nos habíamos casado cuando tuvimos una pequeña pelea. No fue gran cosa, pero ambos estábamos bastante afectados. Yo me subí al auto y manejé por ahí, más o menos una hora para calmarme. Cuando volvía a la casa, una linda muchacha condujo su automóvil junto al mío. Me sonreía, lo que hacía evidente que estaba coqueteando. Bajó la velocidad, miró hacia atrás, y dobló en la siguiente calle. Me di cuenta que me estaba invitando a seguirla.

No mordí la carnada. Simplemente me fui a casa y me reconcilié con Shirley. Más tarde pensé cuán maligno había sido Satanás al querer aprovecharse de un conflicto momentáneo entre nosotros. La Biblia se refiere al diablo como un «león rugiente[...] buscando a quien devorar» (1 Pedro 5.8). Puedo ver cuán exacta es realmente esa descripción. Él sabía que su mejor oportunidad para dañar nuestro matrimonio era durante esa hora o dos cuando estábamos irritados el uno con el otro. Esto es típico de una estrategia diabólica. Satanás te pondrá una trampa, también, y probablemente ocurrirá durante un momento de vulnerabilidad. Cuando tu «hambre» sea mayor, se te ofrecerá el fruto prohibido hermoso y tentador. Si eres lo suficientemente tonto como para tomarlo, tus dedos se hundirán en la masa podrida de atrás. Esta es la forma en que el pecado obra en nuestras vidas. Te promete cualquier cosa. Pero no da sino disgusto y aflicción.

En este sentido, alguien dijo: «Todo lo que necesitas para tener la mejor cosecha de cizaña es una pequeña rotura en tu acera».

10. Me asusta pensar que algún día tenga que divorciarme. Lo he visto en mis padres y en varios de mis tíos y tías. En cada caso, ha sido algo muy difícil. Prefiero no casarme a correr el riesgo. ¿Será posible protegerse del divorcio en el día de hoy?

Tú no eres el único de entre los de tu misma edad que le preocupan las probabilidades en contra de los matrimonios duraderos. Esa preocupación se muestra en una canción popular que hace algunos años cantaba Carly Simon. La letra es desoladora. En efecto, dice: «Es imposible lograr intimidad en el matrimonio, y nuestras vidas juntos serán solitarias, sin sentido, y estériles. Pero, si es eso lo que quieres[...] nos casaremos». Léelas tú mismo:

> Mi padre se sienta por las noches en lo oscuro:
> Su cigarrillo brilla en la oscuridad
> domina el silencio la sala
> yo camino por ahí, sin un murmullo.
> De puntillas paso por el dormitorio
> donde mi madre lee sus revistas.
> Escucho que me desea dulces sueños,
> pero yo ya no recuerdo cómo se sueña.
>
> Pero tú dices que ya es tiempo que vivamos juntos
> y formemos nuestra familia tú y yo.
> Bien, esta es la forma en que siempre he oído que se hace:
> Si quieres casarte, vamos a casarnos.
>
> Todos mis amigos de la universidad ya lo están.
> Tienen sus casas y sus jardines.

Tienen sus silenciosos mediodías,
sus llorosas noches, sus irritantes amaneceres.
Sus hijos los odian por las cosas que no son:
Y se odian a sí mismos por lo que son.
Y beben, y se ríen.
Cubren las heridas, esconden las cicatrices.
Pero tú dices que ya es tiempo que vivamos juntos
y formemos nuestra propia familia, tú y yo.
Bien, esta es la forma en que siempre he oído que se hace:
Si quieres casarte, vamos a casarnos.

Tú dices que podemos mantener nuestro amor vivo;
mi amor, todo lo que sé es lo que veo.
Las parejas se unen y se desgarran
y se ahogan en escombros de amor.
Dices que nos elevaremos, como dos aves por entre las nubes,
pero pronto me aprisionarás en tu concha.
Nunca aprenderé por mí mismo a ser yo primero.

Bien, está bien, ya es tiempo de que vivamos juntos
y formemos nuestra familia tú y yo.
Pues, esta es la forma en que siempre he oído que se hace:
Quieres casarte conmigo, nos casaremos.
Nos casaremos.[2]

Al mismo tiempo que entiendo el pesimismo expresado en esta canción, estoy muy en desacuerdo con su mensaje. La familia fue idea de Dios, no de nosotros, y sigue siendo una institución maravillosa.

Además, es un mito que los matrimonios están destinados al fracaso. Sesenta y uno por ciento de las personas que viven en los Estados Unidos están casadas, veintitrés por ciento nunca se han casado, ocho por ciento son viudos, y sólo el ocho por ciento están divorciados. Setenta y cinco por ciento de las familias con hijos son dirigidas por los dos padres, casados.[3] A pesar de lo que se oye sobre la desintegración de las familias, la mayor parte de nosotros vivimos en familias estables, y somos felices.

Tenemos que reconocer, sin embargo, que los matrimonios son frágiles. Deben nutrirse y protegerse si quieren sobrevivir durante toda una

2. Carly Simon y Jacob Brackman, *That's the Way I've Always Heard It Should Be* [Esta es la forma en que siempre he oído que se hace], ©Warner Brothers Music, Inc. Todos los derechos reservados. Usado con permiso.
3. Oficina del Censo de Estados Unidos, *Statistical Abstract of the United States 1993* [Abstracción estadística de los Estados Unidos: 1993], 113 edición, Washington, D.C., p. 53.

La familia fue idea de Dios, no de nosotros, y sigue siendo una institución maravillosa.

vida. Si no lo hacen, se marchitarán como plantas sin agua. La tendencia natural de todo en el universo es ir del orden al desorden. Si te compras hoy un automóvil, empezará a deteriorarse desde el mismo día que lo conduzcas hasta tu casa. Tu cuerpo comienza a morir el día que naces. Una casa debe pintarse cada cierto tiempo. Si dejas un ladrillo a la intemperie suficiente tiempo, se volverá polvo. Incluso el sol se está apagando, lentamente.

Nada en el mundo físico se mueve del desorden hacia el orden sin que se aplique en el proceso inteligencia y energía. Esto es lo que está mal en la teoría de la evolución, que es la única creencia que afirma que las cosas se mueven hacia la perfección por sí mismas y sin el beneficio de un diseño inteligente. Esto contradice todo lo que observamos y examinamos.

Los matrimonios son frágiles.

La Biblia describe esta fuerza descendente en el universo y sus habitantes. El rey David lo dijo de esta forma: «Desde el principio, tú fundaste la tierra, y los cielos son obra de tus manos. Ellos perecerán, mas tú permanecerás; y todos ellos como una vestidura se envejecerán; como un vestido los mudarás, y serán mudados; pero tú eres el mismo, y tus años no se acabarán» (Salmo 102.25-27).

Otros versículos hablan de una maldición que pesa sobre la tierra y sus habitantes. A eso podemos llamarlo «la ley de la desintegración». Los teólogos se refieren a la maldición como las consecuencia del pecado que tuvo su origen en la desobediencia de Adán y Eva en el huerto del Edén. Dios había advertido a Adán que ciertamente moriría si comía del árbol de la ciencia del bien y del mal. Después que Adán cedió a la tentación, el Creador pronunció su sentencia de muerte: «Maldita será la tierra por tu causa; con dolor comerás de ella todos los días de tu vida. Espinos y cardos te producirá, y comerás plantas del campo. Con el sudor de tu rostro comerás el pan hasta que vuelvas a la tierra, porque de ella fuiste tomado; pues polvo eres, y al polvo volverás» (Génesis 3.17-19).

Mi punto de vista es que esta «ley de la desintegración» también se aplica al matrimonio. Las relaciones humanas son gobernadas por el mismo principio. La tendencia natural es que las personas se alejen las unas de las otras. Esto es exactamente lo que ocurre cuando los esposos y las esposas están tan ocupados o distraídos que no tienen tiempo para mantener su amor. Si no planean tener ocasiones para actividades y experiencias románticas que los mantengan juntos, algo precioso empezará a irse.

Sin embargo, no tiene por qué ser así, pero no olvidemos la fuerza descendente que nos rodea, que causará daño si no nos esforzamos para contrarrestarla.

11. ¿Qué puede entonces hacer una persona para evitar que su matrimonio vaya a la deriva?

Los matrimonios necesitan volver regularmente a esa clase de actividades románticas que los mantuvo unidos desde el principio. Necesitan poner algo de humor y risa en sus vidas, pues de otra manera se volverán monótonas y agobiantes

Hace algunos años, Shirley y yo nos encontrábamos en esa clase de situación cuando casi nos habíamos olvidado cómo jugar. Finalmente, nos sentimos hartos de nuestra situación y decidimos hacer algo al respecto. Cargamos el automóvil con nuestro equipaje y nos fuimos a un lugar invernal fantástico en Mammoth, California. Allí pasamos un fin de semana esquiando, comiendo y riendo juntos. En la noche hicimos fuego en la chimenea y hablamos por horas, mientras oíamos nuestra música favorita. Nos sentimos de nuevo como adolescentes.

Para mantener un matrimonio vibrante y saludable, simplemente tienes que darle algo de atención. Riega la planta, deja que le dé la luz del sol, y crecerá. Ponla en la oscuridad, en una esquina sin agua, y de seguro morirá.

12. Mi enamorado no me habla mucho. Es una persona muy callada y tímida. ¿Será siempre así? Me gustaría que me dijera lo que piensa y siente.

Tu pregunta me hace recordar a aquel muchacho de doce años que nunca había dicho una palabra. Sus padres y hermanos creían que no podía hablar porque nunca habían escuchado su voz. Entonces un día su madre le puso enfrente un plato de sopa y él probó una cucharada. Luego empujó el plato y dijo: «¡Esto es horrible es bazofia! ¡No quiero comer más!»

Los matrimonios necesitan volver regularmente a esa clase de actividades románticas.

La familia estaba impresionadísima. ¡El muchacho había pronunciado una frase completa! Todos se pusieron a saltar alrededor suyo, y el padre le preguntó: «¿Por qué no nos habías dicho algo antes?» Y el muchacho respondió: «Porque hasta ahora todo había estado bien».

Quizá tu enamorado también te sorprenda un día de estos con un torrente de palabras, pero lo dudo. La timidez es el resultado de un temperamento innato que tiende a persistir durante toda la vida. Investigaciones muestran que aproximadamente quince por ciento de los niños están genéticamente programados para ser en alguna manera introvertidos como tu amigo, y que la mayoría será así por toda la vida.[4] Pareciera que algunas personas han nacido para ser «ruidosas», en tanto que otros prefieren no decir lo que piensan. Tu enamorado pudiera ser de estos últimos.

Si decides casarte con él, espero que lo hagas con los ojos bien abiertos. Es probable que no puedas cambiarlo. Muchas mujeres se enamoran de los fuertes, del tipo callado, y luego resienten a sus esposos por el resto de sus vidas porque no les hablan.

Deberías saber también que por naturaleza los hombres son menos locuaces que las mujeres. Típicamente les cuesta trabajo manifestar sus sentimientos y expresar sus ideas. Comúnmente un hombre puede usar en el día veinticinco mil palabras, en tanto que su esposa usa cincuenta mil. Así, cuando llega a su casa, viene con su cuota ya gastada, y a ella todavía le quedan treinta y siete mil por usar. Con frecuencia, esto es para las mujeres un motivo de constantes frustraciones. Pero así son las cosas.

13. Yo soy el enamorado que no habla mucho. Así he sido siempre. Parte del problema es que no me gusta revelar lo que siento. Pero, además, no sé cómo hablarle a la gente. Me siento realmente muy mal cuando estoy con otras personas y trato de decirles algo. ¿Podría usted darme algunos consejos sobre cómo expresarme?

Quizá te ayude grandemente entender las bases de una buena conversación. Imagínate que tú y yo nos encontramos frente a frente, a una distancia de unos tres metros el uno del otro. Tú tienes cuatro pelotas de tenis en las manos, y me lanzas una. En lugar de devolvértela, la retengo y espero que me lances otra. Llegará el momento en que las cuatro pelotas las tendré yo. Nos quedamos mirando el uno al otro incómodos y deseando saber qué hacer ahora. El juego habrá terminado.

La buena conversación es como el juego de lanzar y agarrar la pelota. Una persona lanza una idea o un comentario al otro, y este responde. Pero si la segunda persona no lo hace, el juego se termina. Ambos jugadores se sentirán incómodos y desearán estar en cualquier otra parte. Permíteme ilustrarlo mejor.

Vamos a suponer que yo le digo a mi hijo cuando llega a la casa por la tarde: «¿Cómo anduvieron las cosas por la escuela hoy?» Si él responde: «¡Bien!», es como si hubiera agarrado la pelota y se queda con ella. No tenemos más que decirnos, a menos que le vuelva a decir algo que sería como lanzarle otra pelota.

---

4. Chess y Thomas, *Know Your Child* [Conozca a su hijo], p. 33.

Pero si mi hijo dice: «Tuve un buen día. Recibí una nota sobresaliente en la prueba de historia», él habrá agarrado la pelota y me la habrá devuelto. Entonces yo le puedo preguntar: «¿Fue muy difícil la prueba?», o, «¿Tuviste que estudiar mucho?», o «Te apuesto a que te sientes orgulloso».

Si mi hijo solo contesta: «Sí», de nuevo el juego se habrá arruinado. Para mantener la conversación activa, él necesita decirme algo de importancia, tal como: «Fue un examen difícil, pero justo». Así, nuestro «juego» podrá continuar.

Espero que veas que el arte de hablar a la gente es realmente simple. Es cuestión de mantener la pelota conversacional yendo y viniendo. Lamentablemente, los niños y los adolescentes son expertos en retener lo que se les ha lanzado, especialmente cuando se trata de responder a los adultos.

Ellos recurren a nueve palabras o frases, que matan cualquier conversación: «Yo no sé», «A lo mejor», «Se me olvidó», «¡Huy!», «No», «Sí», «Supongo», «¿Quién, yo?» y «Él lo hizo». Fin de la conversación.

Respecto a tus relaciones con una futura esposa, quizás no sea suficiente sólo devolverle la pelota. Ella va a querer algo más íntimo que eso. Va a necesitar saber cómo te sientes acerca de ella, cuáles son tus sueños para el futuro, las cosas que te desagradan, qué te gustaría que hiciera ella, cómo te sientes acerca de Dios, etc. Es posible aprender a poner estos pensamientos en palabras, aun cuando quizá nunca llegues a ser un gran conversador. Te sugiero que camines en esta dirección en lugar de decir: «Es que así soy yo». Tu esposa probablemente también tendrá que hacer algunos cambios para acomodarse a ti.

Esto es lo que hace un buen matrimonio.

CAPÍTULO 9

LLÉVENSE BIEN CON SUS PADRES

Centraremos ahora nuestra atención en las relaciones entre tú y tus padres. Este es otro asunto de vital importancia para aquellos que se están abriendo paso por la década crítica. Como estoy seguro de que habrás observado, los años de la adolescencia pueden llevar a una familia al borde de una guerra civil. ¡Puede llegar a ser muy terrible! A menudo, las batallas comienzan alrededor de los trece años de edad y alcanzan su máxima intensidad cerca de los dieciocho. En algunos casos, todavía a los veinte se está peleando, lo que inflige un dolor horripilante tanto en los padres como en los hijos. Sea que los conflictos lleguen temprano o tarde, nada en la vida puede compararse a esta etapa por su habilidad en alejar a las personas que se aman sinceramente y que se necesitan los unos de los otros.

A lo menos, esta es la forma en que a menudo se desenvuelve la vida de las familias de hoy. Estoy seguro de que siempre ha habido fricciones entre los padres y los hijos, pero la naturaleza de esas fricciones ha cambiado radicalmente. La cultura, que una vez respaldó y respetó a los padres, ha llegado a ser la peor enemiga de la familia. Permítame presentarles la siguiente ilustración.

Las creaciones artísticas producidas por una sociedad en cierta era no surgen del vacío. Reflejan las opiniones y creencias de aquellas personas que la componen. Al aceptar esto como verdad, podemos medir los cambios en las actitudes observando la evolución que ha ocurrido en la música de los últimos años. Volvamos a 1953, cuando la canción más popular en los Estados Unidos era cantada por Eddie Fisher, y se titulaba: *Oh, My Papa* [Oh, mi papá]. A continuación tenemos una parte de la letra:

> Oh, mi papá, para mí fue tan maravilloso
> oh, mi papá, para mí fue tan bueno.
> Nadie pudo ser tan gentil y amoroso,
> oh, mi papá, siempre entendió.
> Se fueron los días cuando me ponía en sus rodillas
> y con una sonrisa, cambiaba mis lágrimas en risas.
>
> Oh, mi papá, tan chistoso y adorable,
> siempre payaso, tan chistoso en su manera de ser,
> oh, mi papá, para mí fue tan maravilloso
> en lo profundo de mi corazón, lo echo de menos hoy,
> oh, mi papá. Oh, mi papá.[1]

Esa canción sentimental reflejaba certeramente la forma en que muchas personas se sentían acerca de sus padres en aquellos tiempos de nuestra historia. Por supuesto que había conflictos y desacuerdos, pero la familia era la familia. Cuando todo estaba dicho y hecho, a los padres se les daba el derecho de respeto y lealtad, y normalmente los recibían de parte de sus hijos.

ESO FUE ANTES... ESTO ES AHORA

Cuando alcancé la edad de ir a la universidad, las cosas empezaron a cambiar. El conflicto entre los padres y los adolescentes empezó a aparecer como un tema común en las creaciones artísticas. La película «Rebelde sin causa» presentó al ídolo de la pantalla James Dean, quien hervía de ira hacia su «viejo». Marlon Brando protagonizó *The Wild One* [El salvaje], otra película con la rebeldía como tema. Encontramos esta insubordinación descrita en la música rock.

Algunas de las primeras letras de música rock mezclaban mensajes de rebeldía con humor, tal como el éxito número uno de 1958 llamado:

---

1. Eddie Fisher, «Oh, My Papa», ©1953 RCA-Victor Records, palabras en inglés de John Turner y Geoffrey Parsons; música y letra original de Paul Burkhard; copyright ©1948, 1950 Musikverlag und Buhnenvertrieb Zurich A.G., Zurich, Switzerland; copyright ©1953 Shapiro, Bernstein & Co., Inc., Nueva York. Copyrights renovados. Copyright internacional asegurado. Todos los derechos reservados. Usado con permiso.

«Yakkety-Yak (Don't Talk Back)» [No me contestes].[2] Pero lo que empezó como humor musical se volvió definitivamente amargo a finales de los años sesenta. Todo el mundo en aquellos días hablaba de la «brecha generacional» que había surgido entre la gente joven y sus padres. Los adolescentes y estudiantes universitarios juraban que nunca más confiarían en alguien que tuviera más de treinta años, y la rabia contra los padres empezó a filtrarse. El conjunto «The Doors» lanzó en 1968 una canción titulada «The End» [El fin], en la cual Jim Morrison se fanatiza por matar a su padre. La canción concluye con disparos seguidos por horribles gruñidos y gemidos.[3]

¡ESPÉRATE! ¡SE PONE PEOR!

En 1984, Twisted Sister sacó a la venta «We're not gonna take it» [No lo vamos a tomar], que hace referencia a un padre como un «individuo repugnante» que era un «inútil y cobarde».[4] Luego era lanzado por una ventana del segundo piso de un apartamento. Este tema de matar a los padres se repitió regularmente en la década que siguió. Un grupo llamado *Suicidal Tendencies* [Tendencias suicidas], sacó en 1983 una canción titulada: «I Saw Your Mommy» [Yo vi a tu mami]. He aquí parte de sus sangrientas palabras:

> Yo vi a tu mami, a tu mami muerta.
> La vi como se desangraba,
> dedos mordidos en sus pies mutilados.
> Tomé una foto porque creí que era fabuloso.
> Yo vi a tu mami, a tu mami muerta.
> La vi en una piscina teñida de rojo;
> Creo que es la cosa más grande que jamás vi:
> Tu mami muerta, allí, frente a mí.[5]

Hablando de absoluta vulgaridad, nada de lo producido hasta ahora puede compararse a «Momma's Gotta Die Tonight» [Mamá, vas a morir esta noche], de Ice-T y Body Count.[6] Se vendieron quinientas mil copias y dio a conocer su detestable letra en la cubierta del disco compacto. La mayor parte de ella no es apropiada para citarla aquí, pero contiene descripciones gráficas de la madre del cantante cuando era quemada en su cama, luego

---

2. The Coasters, «Yakkety-Yak Don't Talk Back», ©1953 Atco Records.
3. The Doors, «The End», ©1968 Viva Records.
4. Twisted Sister, «We're not Gonna Take It», ©1984 Atlantic Records.
5. Suicidal Tendencies, «I Saw Your Mommy», escrita por Michael Muir, ©1984. You'll Be Sorry Music (BMI); American Lesion Music (BMI)/administrado por BUG. Todos los derechos reservados. Usado con permiso.
6. Ice-T and Body Count, «Momma's Gonna Die Tonight», ©1992 Sire Records.

golpeada hasta la muerte con un bate de béisbol que ella le había regalado, y finalmente la mutilación del cadáver en «pequeños pedacitos». ¡Qué violencia más increíble! No hay ni una pizca de sentimiento de culpa o remordimiento expresado por el cantante cuando relata su homicidio. Él llama a su madre una «perra racista» y se ríe mientras canta: «Quémate, mamá, quémate».

Lo que quiero señalar es que en apenas poco más de una generación, la música más popular de nuestra cultura pasó de la inspiración de «Oh, mi papá» a los horrores de «Mamá, vas a morir esta noche». Y tenemos que preguntarnos: De aquí ¿adónde vamos?

BOMBARDEADOS POR UNA RETÓRICA ANTIFAMILIA

Una cosa es cierta: Tu generación ha sido bombardeada con más propaganda en contra de la familia que ninguna otra que la haya precedido. Si le agregamos mensajes igualmente perturbadores acerca del uso de drogas, las relaciones sexuales y la violencia contra la mujer, el impacto tiene que considerarse tremendo. Recuerda que los adolescentes (y los preadolescentes) no sólo escuchan tales letras una o dos veces. Las palabras quedan grabadas en sus mentes. Las memorizan, las cantan, y las citan. Y para muchos adolescentes impresionables, las estrellas de rock que las popularizan se transforman en sus ídolos.

Tu generación ha sido bombardeada con más retórica antifamilia que ninguna que la haya precedido.

El canal MTV (Música en Televisión) que promueve la peor música disponible, es visto en doscientos treinta y un millones de hogares en setenta y cinco países, más que cualquier otro programa.[7] Aunque no me dará popularidad decir esto, creo que muchos de los problemas que plagan tu generación es el resultado de este veneno inyectado en sus venas por la industria del entretenimiento en general.

Aunque nunca me he identificado con los que odian a sus padres, hubo tiempos cuando yo creía que mis padres estaban hablando todo el tiempo de cosas sin importancia. Recuerdo que un día estaba trabajando con mi padre cuando tenía quince años. Estábamos cortando el césped y limpiando el garaje en un día realmente caluroso. Por alguna razón, esa tarde papá estaba particularmente malhumorado. Me regañaba por todo lo

7. Jill Brookes, «Its Empire Stretches Worlwide» [Su imperio se extiende por el mundo], *New York Post*, 22 de abril de 1993, p. 21.

que hacía, aun cuando me esforzaba para hacerlo bien. Finalmente, me gritó por una insignificancia, y eso colmó el vaso. Dejé mi rastrillo y me fui.

Desafiante, caminé por el patio y salí a la calle mientras mi papá me gritaba exigiendo que volviera. ¡Fue una de las pocas veces que lo enfrenté! Vagué un rato por ahí, preguntándome qué ocurriría cuando finalmente regresara a casa. Entonces me dirigí a la casa de mi primo, al otro lado de la ciudad. Esa noche, confesé a su padre que había tenido un problema con mi papá y que él no sabía dónde estaba yo. Mi tío me convenció de que llamara a casa y asegurara a mis padres que estaba bien. Mientras mis rodillas temblaban, llamé a mi papá.

«Quédate ahí», me dijo. «Voy para allá».

Decir que estaba asustado es poco. En pocos minutos llegó mi papá y dijo que quería verme a solas.

«Hijo», empezó diciendo. «Esta tarde no te traté debidamente. Sin ninguna razón te estuve irritando con mis incesantes regaños, y quiero que sepas que lo siento. Tu mamá y yo queremos que vuelvas a casa ahora».

A partir de ahí fue mi amigo para toda la vida.

Por supuesto, no todas las peleas familiares terminan tan amorosamente. En efecto, te apuesto a que tú también has pasado por momentos difíciles. ¿No es así? ¿Te has enfrentado a gritos con tu mamá y tu papá? ¿Abrigas profundo resentimiento por cosas que ellos han dicho o hecho? ¿Los has herido por tu actitud de desafío e independencia? ¿Tienes cicatrices en tus relaciones que habrías deseado no tener? ¿Por qué las cosas tienen que ser de esa manera?

Definitivamente, algunas de las personas para quienes estoy escribiendo han sido maltratados por sus padres y su enojo tiene sus raíces en ese dolor. Pero vamos a asumir que tú no eres uno de ellos. Tu madre y tu padre te aman con todo el corazón y soportarían cualquier sacrificio para darte lo que necesitas. ¿Por qué, entonces, existen esos sentimientos tan negativos entre ustedes? Vamos a tomar un momento para examinar las causas de esas contiendas familiares y ofrecer algunas sugerencias para mejorar la situación en las relaciones.

AHÍ ESTÁ OTRA VEZ... ¡EL PODER!

A riesgo de volver a tratar asuntos a los que ya nos hemos referido, tenemos que decir que la fuente básica de los conflictos entre padres e hijos es ese antiguo espantajo del poder. Es definido como control: control de otros, control de nuestras circunstancias y especialmente control de nosotros mismos. La ambición por obtenerlo yace profundamente en el espíritu humano. Todos queremos ser el jefe, y ese impulso comienza muy temprano en la vida. Estudios muestran que los bebés de un día de nacidos realmente «alcanzan» el control de los adultos que los rodean. Aun a esa tierna edad se comportan de tal manera para lograr que sus tutores satisfagan sus necesidades.

El deseo por el poder se hace manifiesto cuando un niño que comienza a caminar se aleja de su madre en el supermercado, o cuando a los diez años se niega a hacer sus tareas, o cuando un marido y su mujer discuten por el dinero.

La fuente básica de los conflictos entre padres e hijos es ese antiguo espantajo del poder.

Lo vemos cuando una persona de edad se niega a irse a un hogar de ancianos. La amenaza más común entre estos ejemplos es la pasión de vivir independientemente, y con todos los privilegios, si tenemos la oportunidad. La gente varía en intensidad respecto a este impulso, pero parece motivarnos a todos, ya sea en un mayor o menor grado.

Como aparece implícito en un capítulo anterior, lo que produce la mayoría de los conflictos entre padres y adolescentes es la lucha por arrebatar el control. Muchos adolescentes no están dispuestos a esperar por una transferencia gradual del poder a medida que se desarrollan en madurez, responsabilidad y experiencia. Quieren manejar las cosas ahora. Y a menudo, insisten en probar los vicios de los adultos que les han sido negados a ellos.

Cuando esto ocurre, madres y padres enfrentan un terrible dilema. Deben continuar dirigiendo a sus hijos menores de edad. Esa es la responsabilidad que como padres les dio Dios, y, es la ley de la nación. Pero los padres están limitados en lo que pueden obligar a hacer a sus hijos. Además, los adolescentes varían tremendamente en su grado de madurez. Algunos a los dieciséis años de edad pueden manejar la independencia y la libertad. Otros, por falta de supervisión, pueden destruir sus vidas en cuestión de semanas. Esto crea un conflicto terrible que deja a todos exhaustos, heridos, y enojados.

Hay algunos procedimientos que han dado buenos resultados en cuanto a disminuir este conflicto. Ciertos grupos religiosos como los Amish han desarrollado una tradición única que ha sido de mucho éxito para ellos. Sus hijos son criados bajo un control muy estricto cuando son pequeños. Desde la infancia se les impone una severa disciplina y rígidas normas de conducta. Entonces cuando los niños alcanzan los dieciséis años de edad, entran en un período en el que de repente, se levantan todas las restricciones. Son libres para beber, fumar, enamorarse, casarse, o vivir incluso en una forma que horroriza a sus padres. Algunos lo hacen. Pero no la mayoría. Incluso se les concede el derecho de dejar la comunidad de los Amish si así lo desean. Pero si se quedan, debe ser para vivir según el orden social.

La mayoría acepta la herencia de sus familias, no porque deban, sino porque quieren.

Aunque admiro a los Amish y muchos de sus métodos para criar a sus hijos, creo que el concepto de levantar las restricciones es implementado demasiado rápido para los niños criados en una sociedad donde no hay tanta restricción. De la noche a la mañana, tomar a un adolescente de un control rígido y darle una emancipación completa es una invitación a la anarquía. Da un resultado positivo en el ambiente controlado de los Amish, pero por lo general es desastroso para el resto de nosotros. He visto a familias lamentarse por haber concedido muy rápido a sus adolescentes los privilegios de adultos. El resultado ha sido similar a lo que ocurrió en las colonias de África cuando de repente fue quitado el liderazgo europeo. A menudo se llevaron a cabo revoluciones sangrientas motivadas por el vacío de poder que se creó.

LA TRANSFERENCIA DEL PODER

Si el transferir el poder de repente a los jóvenes no da buenos resultados, ¿cómo pueden ellos establecerse como adultos hechos y derechos sin crear una guerra civil durante el proceso? He recomendado a tus padres que empiecen a conceder una independencia gradual a partir de la infancia. Cuando un niño puede amarrarse los zapatos, se le debe permitir —sí, exigir—, que lo haga. Cuando ella puede escoger sus vestidos, hará sus propia selección dentro de lo razonable. Cuando él puede irse caminando hasta la escuela sin temor al peligro, se le dejará hacerlo. Cada año, debe darse mayor responsabilidad y libertad (las dos cosas deben ir juntas) a los hijos para que finalmente, al comienzo de la edad adulta, esta pueda ser más pequeña. Al menos, esta es la teoría. Hacerla realidad, ya es otra cosa.

Para aquellos que son críticos acerca de cómo mamá y papá han manejado la transferencia de poder, les sugiero que sean compasivos con ellos. En la actualidad es extremadamente difícil ser buen padre. A menudo, incluso aquellos que están muy motivados para hacerlo bien lo complican todo y cometen sus errores.

¿Por qué? Porque los hijos son infinitamente complejos. No hay una fórmula que se pueda aplicar en todos los casos. En efecto, yo creo que es más difícil criar hijos ahora que nunca antes. Te aseguro que tú tampoco harás un trabajo perfecto. Algún día, si eres bendecido con hijos, alguno de ellos te echará en cara tus errores, de la misma manera que quizás tú has criticado a tus padres.

Si hay tensiones en tu familia hoy, puedes hacer algunas cosas para aliviarlas. La primera cosa es irte de la casa antes que permanecer allí se haga demasiado asfixiante. Muchos adultos jóvenes que pasan de los veinte años de edad se quedan viviendo en casa demasiado tiempo porque no saben cómo dar el siguiente paso. Esta es una situación que te causará muchas dificultades. Tu madre y tu padre no pueden evitar desempeñar el papel de padres si sigues viviendo bajo sus narices. Para ellos, tú seguirás siendo un niño. Les es difícil pensar en ti como un adulto.

Es posible que también les moleste la forma de vida que llevas. No les gusta ver las cosas revueltas en tu cuarto, quizás piensen que es necesario tener una inyección contra el tétano sólo para entrar por la puerta. No les gusta la música que a ti te gusta. Ellos se acuestan temprano y se levantan con el sol; tú sigues el horario de los ratones. Conduces el automóvil de la familia como un loco. Ellos quieren que empieces a trabajar, vayas a la universidad o hagas *algo*. Cada día trae consigo una nueva disputa, una nueva batalla. Cuando las cosas se deterioran a ese punto, ha llegado el momento de empacar.

¿CUÁNDO ES EL TIEMPO DE SALIR?

Hace algunos años visité un hogar donde esta batalla estaba en su apogeo. Los padres habían puesto un aviso en el refrigerador que resumía su frustración. Decía:

Sus hijos ni se habían dado por entendidos. Seguían allí, viendo televisión todo el día y discutiendo acerca de a quién le correspondía sacar la basura.

El asunto de cuándo irte de la casa es de gran importancia para tu futuro. Quedarse demasiado tiempo bajo el techo paterno no es como un bebé que rehúsa abandonar el vientre de su madre. Él tiene importantes razones para no querer salir. Allí está protegido y cómodo. Todas sus necesidades son suplidas en ese ambiente libre de preocupaciones. No tiene que trabajar o estudiar o someterse a disciplina.

Pero sería tonto permanecer allí más allá de los nueve meses establecidos por Dios. No puede crecer ni aprender sin abandonar la seguridad de ese lugar. Su desarrollo se detendrá si no entra en la frialdad del mundo y recibe algunos golpes en el trasero. Será de beneficio para todos, especialmente para el bienestar de su madre que salga del vientre materno y continúe con su vida.

Así es el comienzo de la vida adulta. Mientras no cortes el cordón umbilical y empieces a valerte por ti mismo, tu desarrollo estará estancado. Para usar una antigua analogía, este es otro de los «lodazales» que pueden atrapar a una persona y mantenerla en un estado de inmadurez.

> ***En la actualidad es extremadamente difícil ser buen padre.***

La Biblia alude a esta necesidad de proseguir adelante. El apóstol Pablo escribió: «Cuando yo era niño, hablaba como niño, pensaba como niño, juzgaba como niño; mas cuando ya fui hombre, dejé lo que era de niño» (1 Corintios 13.11). Permanecer en la casa con mamá y papá es hacer perpetua la niñez. Hay un tiempo para dejar eso atrás.

Hay una variación sobre este tema que es aun más problemática. Ocurre cuando tú has estado lejos de la casa, estudiando o trabajando, y regresas a vivir a tu casa de nuevo, esto podría ser un desastre. ¿Por qué? Porque has estado arreglándotelas solo, has tomado tus decisiones y has controlado tu vida independientemente. Has cambiado en una forma drástica durante ese tiempo que has estado lejos, pero al regresar encuentras que tus padres siguen siendo los mismos. Tal como eran cuando te fuiste. Quieren decirte cómo manejar tu vida, qué comer, cómo vestirte, qué amistades cultivar, etc. Es una fórmula segura para que ocurra el combate.

Entiendo esa situación porque pasé por ella. Mis padres manejaron sabiamente la situación conmigo en los últimos años antes que cumpliera los veinte y era algo raro que ellos tropezaran en los errores comunes que los padres cometen. Sin embargo, eso fue lo que exactamente sucedió cuando tenía diecinueve años de edad. Habíamos sido una familia muy

Mientras no[...] empieces a valerte por ti mismo, tu desarrollo estará estancado.

unida, y para mi madre fue muy difícil contentarse cuando me gradué de la escuela secundaria.

Durante ese verano, viajé casi dos mil quinientos kilómetros lejos de casa para estudiar en una universidad en California. Nunca olvidaré la emoción que experimenté al sentirme libre en ese otoño. No era que yo quisiera hacer algo malo o prohibido. Simplemente me sentía responsable de mí mismo, sin tener que explicar a nadie lo que hacía. Era como si hubiera experimentado una fresca y suave brisa de una mañana primaveral. A veces los adultos jóvenes que no han sido preparados adecuadamente para ese momento pierden la cabeza, eso no me sucedió a mí. Sin embargo, en mi caso, me acostumbré muy rápido a esa libertad y no estaba dispuesto a perderla.

El verano siguiente, regresé a casa para visitar a mi familia. Inmediatamente comencé a tener conflicto con mi mamá. No era la intención de ella ofenderme. Sólo quería hacer lo mismo que había hecho en los años anteriores cuando yo todavía estaba en la escuela secundaria. Pero entonces, yo había entrado a recorrer el camino hacia la independencia. Quería saber a qué hora iba a regresar por la noche, quería que condujera con mucho cuidado y me advertía sobre lo que debía comer. No había maldad en su actitud. Mi madre simplemente no se había dado cuenta de que yo había cambiado y ella necesitaba ajustarse al nuevo programa de mi vida.

Finalmente, hubo una confusión de palabras entre nosotros, y salí bufando. Un amigo vino a recogerme, y mientras conducía el automóvil, le expliqué lo que me pasaba. «¡Qué cosa, Bill!», le dije. «Ya no necesito una madre».

Pero de pronto, me inundó un sentimiento de culpa. Era como si hubiera dicho: «Ya no amo a mi madre». No quise decir tal cosa. Lo que estaba sintiendo era un deseo de ser amigo de mis padres, en lugar de aceptar su autoridad sobre mí. A partir de allí, rápidamente tuve mi libertad garantizada.

Espero que tú seas un poco más paciente con tus padres que lo que yo fui con los míos. Tenía apenas diecinueve años, y lo quería todo muy pronto. Debí de haberles dado otro año de ajuste. Tu mamá y tu papá también cambiarán de actitud si les das un poco de tiempo. Mientras tanto, si tú tienes veintidós o más y has estado lejos de la casa, te sugiero que no planees volver, excepto por un período específico o a menos que mantengas una relación de armonía con tus padres lo cual no es muy usual. Para la mayoría de los jóvenes regresar a la casa de los padres es crearse dificultades.

LA CRIANZA DE LOS HIJOS ES COMO...

Para darte una mejor perspectiva de lo que tus padres pueden estar sintiendo hoy, considera esta analogía: La tarea de criar hijos es como tratar de elevar un barrilete en un día sin viento. Mamá y papá corren camino abajo halando el pequeño instrumento al extremo de un hilo. Cae una y otra vez sobre el césped y no da muestras de querer volar.

Finalmente, y después de mucho esfuerzo, logran elevarlo unos cinco metros, pero de repente se presenta un gran peligro. El barrilete se dirige a los alambres eléctricos y da vueltas cerca de los árboles. Es un momento difícil. ¿Lograrán mantenerlo a salvo? Entonces, en forma inesperada, una ráfaga de viento sopla contra el barrilete, sacándolo del peligro mientras, tan rápido como pueden, papá y mamá le dan más hilo.

El barrilete ahora empieza a tensar la cuerda, haciendo difícil controlarlo. Inevitablemente, han llegado al final del hilo. ¿Qué podrán hacer ahora? El barrilete está exigiendo más libertad. Quiere ir más alto. Papá se para en la punta de los pies y levanta sus manos para controlarlo mejor. Tiene el hilo tomado suavemente entre su dedo índice y el pulgar mientras el barrilete asciende al cielo. Entonces, llega el momento de liberarlo. El hilo se desliza por entre sus dedos, y el barrilete se eleva majestuoso hacia el hermoso cielo creado por Dios.

Mamá y papá contemplan a su precioso «bebé» que ahora destella por el sol y es un pequeño punto de color en el horizonte. Ellos están orgullosos de lo que han podido hacer, pero tristes al darse cuenta de que su trabajo ha terminado. Fue una labor de amor. ¿Pero adónde se fueron los años?

> *La tarea de criar hijos es como tratar de elevar un barrilete en un día sin viento.*

No sólo es saludable entender lo que tus padres están pensando durante este período de «dejarte ir», sino que creo que también deberías saber qué depara el futuro entre tú y ellos. El desarrollo natural durante una vida comienza con la autoridad en la infancia, cambiando a la amistad durante los años de adulto y finalmente a la dependencia de tus padres de ti cuando ya son ancianos. ¿Puedes creer eso? Esas personas tan fuertes en las cuales te has apoyado te buscarán a ti —si viven lo suficiente—, para que les des apoyo y los guíes. Esta es una de las más dramáticas vueltas que tiene la vida y que ocurren en la experiencia humana.

FINALMENTE, LOS PAPELES CAMBIARÁN

La escritora y humorista Erma Bombeck describió esa transformación en su libro *If Life Is a Bowl of Cherries, What Am I Doing in the Pits?* Dentro de esa colección de escritos estaba esta corta creación titulada: «¿Cuándo la madre llega a ser la hija y la hija llega a ser la madre?» Erma empieza diciendo que su madre siempre fue muy fuerte, independiente y segura. Ella había intentado ser como esta mujer quien la había traído al mundo. Pero en los últimos años, mamá empezó a cambiar. No había duda que estaba volviéndose como niña otra vez.

Erma se dio cuenta por primera vez del cambio cuando un día iban juntas en el auto. Ella manejaba y su mamá estaba sentada a su lado. En forma inesperada ocurrió una emergencia, haciendo que Erma frenara de pronto. Instintivamente, extendió su brazo para evitar que su madre se golpeara contra el parabrisas. Cuando la crisis había pasado, las dos mujeres se miraron la una a la otra. Cada una se dio cuenta de que algo había cambiado en su relación[...] porque en años anteriores la mamá hubiera sido la que hubiera intentado proteger a Erma.

Luego, en la próxima cena del día de Acción de Gracias, Erma cocinó el pavo y su madre puso la mesa. Claramente, la madre estaba volviendo a ser la hija, y la hija estaba volviendo a ser la madre. A medida que el tiempo pasaba, la transformación se hacía más drástica. Cuando las dos mujeres iban de compra, era Erma la que decía: «¡Oye! ¡ese vestido te queda precioso! y «No olvides de ponerte un suéter para no pasar frío en la tienda». Resonando en su mente estaban los consejos de su preocupada madre: «Abotónate el abrigo, Erma. Usa tus botas impermeables. No te mojes. Cuídate».

La señora Bombeck comprendió el nuevo papel que tenía que desempeñar, pero se resistió enérgicamente. No quería ver a esa fuerte y noble mujer llegar a ser dependiente e insegura como una niña. No obstante, no pudo detener la inexorable marcha del tiempo. Tuvo que levantar a su madre por la noche para llevarla al baño y atender la mayoría de sus necesidades físicas. ¡Cuán diferente se volvió la relación! Cuando Erma fue al kindergarten, hizo una «mano» de yeso que se usó como un adorno en la pared de la cocina. Cuarenta años después, la mamá asistió a una clase de artes decorativas para ancianos donde hizo un macramé que colgó en su cuarto en la casa de la familia Bombeck.

A medida que la senilidad en la madre se aumentaba, Erma se dio cuenta de que su frustración aumentaba también. En cierta ocasión le dijo: «Mamá, ¡por favor, no digas más que viste a papá anoche! Tú sabes que hace diez años que se fue». Pero mamá no pudo dejar de hacerlo porque ya no era capaz mentalmente. Esto completó la transformación. La madre había llegado a ser la hija y esta había llegado a ser la madre.

Poco después, Erma y su hija iban juntas en el automóvil cuando de pronto el tránsito se congestionó y al ver las luces de los frenos de los otros vehículos, ella también frenó. Instintivamente, la hija extendió su brazo para evitar que Erma se golpeara contra el parabrisas. Por un momento ambas se miraron y Erma dijo: «¡Ah, no! ¡Qué rápido!»[8]

¡Claro que sí! ¡muy rápido! Para mí, una de las experiencias más tremendas de los cuarenta fue ver a mi madre llegar a ser una hija y empezar a mirarme como si yo fuera su padre. Luego, se le presentó el mal de Parkinson y lentamente fue declinando haciéndose más dependiente hasta que murió. Al final, había llegado a ser una niña en una forma como yo jamás me habría imaginado algunas décadas atrás.

PREPÁRATE PARA EL CAMBIO INEVITABLE

¿Por qué he escogido analizar este aspecto de la vida con ustedes que son jóvenes y que todavía tienen padres que gozan de buena salud? Porque te puede hacer más tolerante y entenderás que el poder que ellos ostentan ahora es pasajero. Tú no vas a tener que estar siempre luchando para deshacerte de su autoridad. Esta pasará a tus manos. En cinco años más verás importantes cambios en tu relación con ellos.

Antes que te des cuenta, de acuerdo con la ley de probabilidades llegará la hora en que ellos partirán de este mundo. Y por el resto de tu vida tendrás que acostumbrarte a su ausencia. Entonces, ¿lo creerías? Un día tú llegarás a ser el «hijo» o la «hija» de tus hijos, y ellos llegarán a ser tus «padres».

Permítanme hablar sinceramente a aquellos que más enojados han estado con sus padres. Dada la brevedad de la vida y lo temporal de la naturaleza de las relaciones humanas, ¿no podrían hacer un esfuerzo y perdonarlos? Quizá mi experiencia personal les hable directamente. Mi madre cerró sus ojos por última vez el 26 de junio de 1988, y fue para estar con el Señor. ¡Tan vibrante e importante que había sido para cada uno de los miembros de nuestra familia! Sólo unos pocos años atrás no me podía imaginar la vida sin ella. Pero el tiempo pasa tan rápido, y antes de que nos diéramos cuenta, había llegado a ser anciana, enferma, e incapacitada. Esta es la realidad de la experiencia humana, me pareció que en un momento, nuestros breves días se habían ido, y, como lo dijo el rey David: «Su lugar no le conocerá más».

Sentado allí, en el servicio fúnebre para mi buena madre, me inundé de recuerdos y de una profunda sensación de pérdida. Pero no había la menor señal de queja, remordimiento o culpa. No había palabras injuriosas que pude haber deseado recoger. No había contiendas, ningún problema prolongado, que hubiera quedado sin resolver entre mis padres y yo.

---

8. Erma Bombeck, *If Life Is a Bowl of Cherries, What Am I Doing in the Pits?*, Random-Fawcett, Nueva York, 1979.

¿Por qué no? ¿Acaso fui un hijo perfecto, nacido de padres sin tacha? Por supuesto que no. Pero en 1962, cuando hacía dos años que Shirley y yo nos habíamos casado y yo tenía veintiséis años de edad, recuerdo haberle dicho: «Nuestros padres no estarán siempre con nosotros. Ahora veo la increíble brevedad de la vida que un día nos los va a llevar. *Debemos* recordar eso todos los días mientras vivamos. Quiero responder tanto a tus padres como a los míos en una manera que *no* haya de qué arrepentirse después que se hayan ido. Creo que esto es lo que el Señor quiere de nosotros».

Un día tú llegarás a ser el «hijo» o la «hija» de tus hijos.

De nuevo, para aquellos de ustedes que necesitan esta advertencia, les insto a no desperdiciar estos tiempos buenos y saludables. Sus padres no estarán con ustedes siempre allí. Por favor, piensen en lo que he escrito y sean cuidadosos para no crear recuerdos amargos que pesen sobre ustedes después que ellos partan de este mundo. Ningún conflicto es tan importante como para dejar que eso ocurra.

Voy a terminar con una impresionante historia por Sue Kidd que hablará por sí sola. Espero que la leas cuidadosamente. Tiene un mensaje para todos nosotros:

NO PERMITAS QUE TERMINE DE ESTA MANERA

El hospital estaba extraordinariamente silencioso aquella helada noche de enero. Y quieto como el aire antes de la tormenta. Me paré en la estación de enfermeras en el séptimo piso y miré al reloj y noté que eran las nueve de la noche.

Me puse un estetoscopio alrededor del cuello y me dirigí al cuarto 712, el último de la sala. El cuarto 712 tenía a un nuevo paciente. El señor Williams. Un hombre solo. Un hombre extrañamente reservado con respecto a su familia.

Cuando entré al cuarto, me miró ansioso, pero bajó los ojos cuando se dio cuenta de que era sólo yo, su enfermera. Puse el estetoscopio en su pecho y escuché. Fuerte, lento, latiendo normalmente. Eso era lo que quería oír. No había casi evidencias de que pocas horas antes había sufrido un ligero ataque al corazón.

Me miró desde su almidonada cama blanca.

—Enfermera, ¿podría usted...? —preguntó y se detuvo, mientras lágrimas corrían por sus mejillas. Una vez antes había empezado a hacerme una pregunta, pero había cambiado de idea.

Le tomé la mano mientras esperaba.

Se limpió una lágrima.

—¿Podría llamar a mi hija? Dígale que tuve un ligero ataque al corazón. Vea usted. Vivo solo, y ella es el único familiar que tengo.

De repente, su respiración se aceleró. Aumenté la cantidad de oxígeno por vía nasal a ocho litros por minuto.

—Por supuesto que la llamaré —le dije, estudiando su rostro.

Agarró las sábanas y se echó hacia adelante. Su rostro ansioso demostraba urgencia.

—¿La va a llamar ahora mismo... tan pronto como pueda?

Estaba respirando muy rápido. Demasiado rápido.

—Será lo primero que haga al salir de aquí —le dije, palmeándole un hombro.

Bajé la intensidad de la luz. Él cerró sus ojos, jóvenes ojos azules en un rostro de cincuenta años de edad.

El cuarto 712 estaba oscuro, excepto por la tenue luz de noche abajo del lavabo. Sobre la cama el oxígeno soltaba burbujas por el tubo verde. Rehusando irme, me dirigí hacia la ventana en medio de aquel silencio misterioso. Los paneles estaban fríos. Abajo, una llovizna con neblina cubría el estacionamiento del hospital.

—Enfermera —llamó—. ¿Me podría dar un lápiz y papel?

Extraje de mi bolsillo un pedazo de papel amarillo y un lápiz y los puse en la mesita junto a la cama.

Me dirigí a la estación de enfermeras y me senté en una ruidosa silla giratoria cerca del teléfono. La hija del señor Williams aparecía en su expediente como la pariente más cercana. Conseguí el número y por medio del servicio de información la llamé. Una suave voz contestó. Le dije:

—Janie, le habla Sue Kidd, soy una enfermera del hospital. Te estoy llamando para informarte acerca de tu padre. Él ingresó esta noche debido a un ligero ataque al corazón y...

—¡No! —gritó en el teléfono, asustándome—. ¿No se está muriendo verdad?

—Su condición en este momento es estable —le dije, tratando de parecer convincente.

Silencio. Me mordí el labio.

—¡No deben dejarlo morir! —dijo.

Su voz se oía tan apremiante que mi mano que sostenía el teléfono temblaba.

—Está recibiendo el mejor cuidado.

—Pero usted no entiende —arguyó—. Mi papá y yo hace casi un año que no nos hablamos. Cuando cumplí veintiún años, tuvimos una horrible pelea relacionada con mi enamorado. Me fui de la casa y nunca más regresé. Todos estos meses he querido volver para pedirle que me perdone. La última cosa que le dije fue: «Te odio».

Su voz se quedó ahogada y oí su sollozo agonizante. Sentada, escuchaba, mientras las lágrimas me quemaban los ojos. ¡Un padre y su hija, totalmente descarriados, cada uno por su camino! Entonces pensaba en mi padre, a muchos kilómetros de distancia. Ha pasado mucho tiempo desde la última vez que le dije: «Te amo».

Mientras Janie luchaba por controlar las lágrimas, yo musité una oración: «Por favor, ¡Dios mío! permite que esta hija encuentre el perdón».

—Salgo para allá, ¡ahora! Estaré allí en treinta minutos —dijo ella—.

Clic. Había colgado.

Traté de ocuparme con un montón de expedientes en el escritorio. No pude. Cuarto 712. Sabía que tenía que volver al 712. Atravesé el salón casi corriendo. Abrí la puerta.

El señor Williams yacía inmóvil. Le tomé el pulso. No había pulso. «Código 99, cuarto 712. Código 99». La alarma se disparó por todo el hospital en cuestión de segundos después que llamé al tablero central por el sistema de intercomunicación del cuarto.

El señor Williams había tenido un paro cardíaco.

Con la velocidad del rayo nivelé la cama y me incliné sobre su boca, exhalando aire en sus pulmones. Puse mis manos sobre su pecho y presioné. Uno, dos, tres. Traté de contar. A los quince volví a su boca y traté de exhalar lo más profundo que pude. ¿Dónde estaba la ayuda? De nuevo presioné y exhalé. Comprimí y exhalé. ¡No podía morir!

—¡Ay, Dios mío! — clamé—. Su hija está en camino. No dejes que se vaya así.

La puerta se abrió de golpe. Médicos y enfermeras invadieron el cuarto empujando el equipo de emergencia. Un médico tomó el compresor manual para el corazón. Se le insertó un tubo a través de la boca como una vía de aire. Enfermeras aplicaban jeringas de medicina en la tubería intravenosa.

Conecté el monitor del corazón. Nada. Ningún latido. Podía sentir mi corazón golpeando fuertemente.

—Dios mío, no permitas que termine su vida así. No en amargura y odio. Su hija pronto llegará. Ella necesita encontrar la paz.

—¡Retrocedan! —gritó un doctor.

Le pasé las almohadillas para la descarga eléctrica al corazón. Los puso sobre el pecho del señor Williams. Tratamos una y otra vez. Pero nada. Ninguna reacción. El señor Williams estaba muerto.

Una enfermera desconectó el oxígeno. El burbujeo se detuvo. Uno a uno se empezaron a ir, ceñudos y callados.

¿Cómo pudo ocurrir? ¿Cómo? Permanecí junto a su cama, atontada. Un viento frío daba contra la ventana, golpeando los paneles con nieve.

Afuera, parecía un lecho de negrura, frío y oscuro. ¿Cómo podría enfrentarme con su hija?

Cuando dejé el cuarto, la vi recostada contra la pared, cerca de una fuente de agua. Un médico que había estado en el cuarto 712 sólo momentos antes, estaba a su lado, hablándole y tomándola por el codo. Luego se fue, dejándola desplomada contra la pared.

Un profundo dolor se reflejaba en su rostro. Sus ojos heridos. Ya lo sabía. El médico le había dicho que su padre había muerto.

La tomé de la mano y la llevé hasta la estación de enfermeras. Nos sentamos en pequeños taburetes verdes sin decir una palabra. Miraba fijamente hacia la pared, donde había un calendario farmacéutico, con el rostro vidrioso que parecía que se iba a romper.

—¡Janie, lo siento tanto! —le dije.

La frase resultó casi inadecuada.

—Nunca lo odié. Lo amaba —respondió.

Dios, por favor ayúdale, pensé.

De repente, se volvió a mí y me dijo:

—Quiero verlo.

Mi primer pensamiento fue: *¿Para qué provocarte más dolor? Verlo sólo hará que las cosas sean aun peores.* Pero me levanté y puse mi brazo sobre ella. Caminamos lentamente por el corredor hasta el cuarto 712. Cuando llegamos frente a la puerta, apreté su mano, deseando que cambiara de opinión acerca de entrar, pero ella empujó y la abrió.

Nos dirigimos a la cama, juntas la una a la otra, caminando a pasos cortos y acompasados. Janie se echó sobre la cama y se cubrió el rostro con las sábanas.

Traté de no mirarla en este triste, muy triste adiós. Me recliné contra la mesa junto a la cama. Mi mano cayó sobre un pedazo de papel amarillo. Lo tomé. Decía:

Mi querida Janie,

Te perdono. Oro para que tú también me perdones. Sé que me amas. Yo también te amo.

Papá

La nota se sacudía en mis manos mientras se la tendía a Janie. Ella la leyó una vez. Luego dos veces. Su atormentado rostro se puso radiante. La paz empezó a brillar en sus ojos. Apretó el pedazo de papel contra su pecho.

«Gracias, Dios mío», musité, mirando por la ventana. Unas pocas estrellas de cristal brillaban a través de la oscuridad. Un copo de nieve cayó en la ventana y se derritió, yéndose para siempre.

La vida parece tan frágil como un copo de nieve en la ventana. Pero gracias a ti, Señor, que las relaciones, a veces tan frágiles como copos de nieve, pueden restaurarse y llegar a ser mejores que antes. Debemos darnos cuenta de que no hay tiempo que perder.

Salí silenciosamente del cuarto y corrí al teléfono. Quería llamar a mi padre para decirle: «Te quiero».[9]

PREGUNTAS DESAFIANTES

1. Mi papá está pasando por una gran crisis de «mediana edad». A lo menos eso es lo que dice mi mamá. ¿Puede explicarme esto? ¿Por qué, tal parece que a esta altura de su vida se está volviendo loco?

Bueno, te voy a describir una típica crisis de *«mediana edad»*, aunque cada persona es única y cada caso es diferente. El hombre que se encuentra en este lío pareciera estar en los cuarenta, pero pudiera tener menos, o quizá más. Ha trabajado muy duro durante toda su vida y se ha aburrido de su trabajo. Está profundamente consciente de que no puede darse el lujo de abandonar o buscar un trabajo de menor paga. Muchas personas dependen de él, no sólo su esposa, su hijo adolescente y su hija, sino también sus ancianos padres. Hace años que, su matrimonio ha perdido todo atractivo, y ha empezado a desear cómo librarse de él.

Otra influencia muy importante en este hombre ha sido su edad. Por primera vez en su vida, se ha dado cuenta de que le queda poco tiempo. Ahora sabe que sus mejores años han quedado atrás y que se pondrá viejo muy pronto. Empieza a sentir una especie de pánico. Quizás la mejor palabra para describir lo que este hombre siente sea: *atrapado*. La vida está pasando por él, y él está atascado en una existencia monótona sin salida.

En ese mismo momento crítico, puede presentarse una mujer joven y sensual. Posiblemente esté divorciada y se siente sola y con sus propias necesidades. Se da cuenta del desasosiego de este hombre y lo encuentra atractivo. Él se siente adulado por la atención que le brinda ella. Se siente joven y viril cuando está con ella, y empieza a tener pensamientos inconcebibles. *Quizá, solo quizá...* Un mundo totalmente nuevo le hace señas, un mundo lleno de lujuria, libertad y escape.

Yo aconsejé a un hombre así que dejó a su esposa y cuatro hijos y renunció a un excelente trabajo. Cuando le pregunté por qué lo había hecho, me dijo: «He dado mi vida entera a los demás, y para serle sincero, creo que necesito un poco de diversión y juego».

---

9. Sue Kidd, «Don't Let It End This Way» [No dejes que se vaya así], Focus on the Family Magazine, enero de 1985, pp. 6-7,11.

Esta descripción de la confusión detrás de una crisis de «mediana edad» es escrita desde el punto de vista de un hombre, pero no quiero que me entiendas mal. No hay una excusa para su conducta, además, es un desastre para todos los afectados. Causa daño a sus hijos, destroza el corazón de su esposa, y por lo general destruye también su vida. Debido a que Dios no tolerará que se practique el pecado con frecuencia el hombre en esta situación abandona su fe y traza un nuevo curso. Ha cometido el error más grande de su vida aunque quizá todavía no lo sepa.

De verdad espero que tu padre no esté yendo por este camino. Tú y los demás miembros de la familia necesitan orar para que abra los ojos antes que sea demasiado tarde. Y tu madre debería leer el libro titulado *El amor debe ser firme.*

2. Mi amiga tiene dieciséis años de edad y es muy rebelde. Este año tuvo una pelea tan grande con sus padres que se fue de su casa. Recibí una carta de ella, y me dice que está viviendo en las calles en Hollywood. Pareciera que está pasándolo bien, pero yo desearía que pudiera volver a su casa. Ni siquiera sé cómo ponerme en contacto con ella para hablarle y tratar de ayudarla a que se reconcilie con sus padres. Ellos realmente son bellas personas.

Tu amiga probablemente no se ha dado cuenta del enorme riesgo en que está viviendo. Recientemente vi un reportaje que indicaba lo peligroso que es esa forma de vida. Mostraba que sesenta y dos por ciento de las niñas menores de edad que viven en las calles mueren antes de cumplir los dieciocho años.[10] ¿No es trágico? Han sido asesinadas, se han suicidado, han muerto por enfermedad o por una sobredosis de drogas. Quisiera que cada adolescente, y especialmente las jovencitas, supieran del peligro que significa vagar por la ciudad. Es preferible permanecer en la casa y tratar de arreglar las cosas en vez de someterse a los horrores de una muerte prematura.

3. Usted habló sobre la música y su influencia en mi generación. A mí me ha causado un problema diferente. He tenido dificultades con uno de mis oídos, y fui al médico para saber la causa. Me sometió a una serie de pruebas y entonces me dijo que me había dañado el sistema auditivo por escuchar música demasiado fuerte, especialmente a través de los audífonos. Lo he hecho desde que era un niño en kindergarten, pero nunca nadie me dijo que eso me podría causar daño. ¿Podría darme su opinión sobre esto?

---

10. International Catholic Bureau, Lausanne, Suiza, 24 de marzo de 1994, p. 15.

Has aprendido un poco tarde lo que se te debió de haber dicho cuando eras más joven. El conjunto de órganos de la audición funcionan mecánicamente y dependen de una cadena de tres pequeños huecesillos en el oído medio. Estas partes son muy delicadas y trasmiten vibraciones al tímpano donde son percibidas como sonido. Sin embargo, como cualquier instrumento mecánico, se puede desgastar. Por lo tanto, las personas que viven en un ambiente donde hay mucho ruido incluyendo aquellos que usan equipos de audífonos a todo volumen, están operando continuamente estas partes delicadas y gradualmente van disminuyendo su capacidad de oír.

Se llevó a cabo un estudio entre nativos que viven en una apacible aldea en la selva del Amazonas. Ellos raras veces escuchan ruidos más altos que el chillido de un loro, o el sonido de niños riendo y jugando. No es sorprendente que sus oídos fueran casi perfectos aun en las personas de edad. Que se sepa, no hay sordos en la tribu.

Por lo contrario, la gente que vive en las modernas sociedades industriales está expuesta a un bombardeo continuo de ruidos. Motocicletas, camiones de la basura, la televisión, radios y maquinarias pesadas retumban en sus oídos desde la mañana hasta la noche. Los jóvenes particularmente están en peligro a causa de la música que escuchan. Escuchar un concierto de los Rolling Stones equivale a estar atado a la parte inferior de un avión *jet* que está despegando, o estar atado a la cubierta del motor de un camión Mack que va a noventa kilómetros por hora.

El cantante Pete Townshend, solista del legendario grupo de rock *The Who* está casi totalmente sordo de un oído a causa de haber tocado por años cerca de los amplificadores. Él hizo una advertencia a aquellos que les gusta la música ruidosa. Algún día, la gente se lamentará por el desgaste innecesario y la destrucción del sentido del oído. Tenemos un solo cuerpo, y debemos ayudarlo para que nos sirva durante toda la vida.

Como un hombre de noventa años de edad dijo recientemente: «Si hubiera sabido que iba a vivir tanto, me hubiera cuidado mejor».

4. ¿Permitiría usted, bajo cualquiera circunstancia, que su hijo lleve a su casa a un amigo del sexo opuesto para vivir juntos?

No. Deshonraría a Dios y violaría los principios morales en los cuales Shirley y yo hemos afirmado nuestras vidas. Estoy dispuesto a hacer cualquier cosa por mis hijos, pero no hasta ese punto.

CAPÍTULO 10

LAS EMOCIONES: ¿AMIGAS O ENEMIGAS?

En el otoño de 1969, un hombre malvado llamado Charles Manson y sus jóvenes seguidores, conocidos como «la familia», desataron su sangrienta furia en la ciudad de Los Ángeles. Mataron a la actriz Sharon Tate, quien tenía nueve meses de embarazo, y a otras cuatro o cinco personas inocentes. Unas pocas noches después, irrumpieron en la casa de Leno y Rosemary LaBianca y también los asesinaron a sangre fría.

Millones de personas en esa área leyeron sobre esos crímenes y se quedaron paralizados de miedo. Los vecinos temían ser ellos las próximas víctimas. Mi madre estaba convencida de que ella era la candidata principal.

En efecto, mamá y papá fueron confrontados por el delincuente una noche que estaban en cama. Escucharon un estruendo que venía del otro lado de la casa.

«¿Oíste eso?», susurró mi madre.

«Sí, cállate», le dijo mi padre.

Permanecieron acostados, mirando fijamente al oscuro cielorraso, respirando quedamente y escuchando cualquier ruido que les confirmara que allí había alguien. Un segundo ruido sordo los hizo levantarse. A tientas se dirigieron a la puerta del dormitorio que estaba cerrada. En este punto, vemos una notable diferencia en la forma en que mi madre y mi padre enfrentaron la crisis. La inclinación de ella fue mantener la puerta cerrada para evitar que el malhechor entrara a su dormitorio. Así, apoyó su pie en la parte baja de la puerta y se recostó sobre la parte alta. La forma de mi padre fue confrontar al agresor de frente. En la oscuridad llegó hasta la puerta y quiso abrirla, pero se encontró con la resistencia que ponía mi madre.

Mi padre creyó que alguien, desde el otro lado, estaba sujetando la puerta, en tanto que a mi madre le pareció que el asesino estaba tratando de forzarla para abrirla. Así permanecieron, en la oscuridad de la medianoche, luchando uno contra otro e imaginándose estar en una lucha de la cuerda con un asesino. De pronto, mamá se llenó de pánico. Corrió hasta la ventana a pedir auxilio. En el momento que llenaba sus pulmones de tal manera como para hacer un llamado a toda la ciudad de Los Ángeles, se dio cuenta de que había una luz detrás de ella. Se dio vuelta y vio a mi papá que había ido a la otra parte de la casa en busca del atacante. Obviamente, pudo abrir la puerta cuando ella dejó de empujarla. Como descubrieron, no había ningún ladrón en su casa. Nunca se supo el origen del ruido, y Charles Manson pronto fue capturado en Los Ángeles y condenado a cadena perpetua.

LAS EMOCIONES PUEDEN ENGAÑARNOS

Esta historia ilustra la forma en que a veces las emociones nos engañan. Las emociones son mentirosas empedernidas que a menudo confirmarán nuestros peores temores sin evidencia que los respalde. Aun los jóvenes y los valientes pueden ser engañados por los embustes de las emociones que están fuera de control.

Mi amigo Steve Smith estará de acuerdo. Ganó la Estrella de Bronce, por valor en combate en Vietnam, pero la primera noche que su unidad estuvo en el campo de batalla no será recordada precisamente por su valor. Su compañía nunca había visto un combate real, y los hombres estaban muy inquietos. En un cerro cavaron trincheras individuales y nerviosamente vieron el sol desaparecer en el horizonte. Aproximadamente a medianoche, atacó el enemigo con violencia. Las armas empezaron a resplandecer en uno de los lados de la montaña, y antes que pasara mucho tiempo, todos los soldados estaban disparando frenéticamente y lanzando granadas de mano en la oscuridad.

La batalla fue furiosa durante toda la noche, y la infantería parecía que iba a vencerlos. Por fin, el sol que esperaban ansiosamente salió, y comenzaron a hacer un recuento de los muertos. Pero ni un solo soldado del Vietcong yacía en el perímetro de la montaña. En realidad, el enemigo nunca había participado en el ataque. Su presencia había sido imaginada por las nerviosas tropas. Se habían trabado solos en un mortal combate durante la noche[...] ¡y habían ganado!

¿Qué causa que una persona normal e inteligente actúe en forma irracional cuando enfrenta un peligro o una amenaza? ¿Por qué muchos de nosotros nos «sentimos destrozados» a la hora de la verdad? Esta tendencia a tener pánico es el resultado del mal funcionamiento de un sistema conocido como el mecanismo de «enfrentar o escapar». Este es un proceso neuroquímico diseñado para prepararnos para actuar cada vez que enfrentamos una crisis. Cuando tenemos temor o estamos sufriendo tensión nerviosa se produce una segregación de adrenalina y otras hormonas que preparan a nuestros cuerpos para hacerle frente a una situación alarmante. La presión sanguínea se eleva, nos ponemos más fuertes y más alerta, las pupilas de los ojos se dilatan para captar más luz, etc.

Aun los jóvenes y los valientes pueden ser engañados por los embustes de las emociones que están fuera de control.

Este es un mecanismo de mucha ayuda cuando funciona apropiadamente. Pero cuando se descontrola, una persona puede conducirse en formas verdaderamente extrañas. A eso se le llama «perder el control». Nosotros lo llamamos «histeria», y le puede ocurrir a un gran número de personas simultáneamente.

En 1973 se presentó una extraña enfermedad en la escuela de la comunidad de Berry, Alabama. En un período de unas tres horas, más de un centenar de alumnos y profesores experimentaron intensa picazón, desmayos, dolor de estómago, hormigueo en las extremidades y otros síntomas. Setenta personas fueron tratadas en la sala de emergencia del hospital de la localidad. Los funcionarios del departamento de salud se apresuraron a investigar la misteriosa epidemia. Consideraron la posibilidad de venenos, infecciones e incluso alergias que pudieran explicar la enfermedad. Investigaron los informes acerca de los insecticidas que se habían usado en las siembras cercanas a la escuela y rumores de que de la armería de la Guardia Nacional se habían robado productos químicos. No les quedó piedra por mover en los esfuerzos para identificar la fuente del problema.

Pronto, el doctor Frederick Wolf, epidemiólogo del estado de Alabama anunció que no se había hallado la causa de la enfermedad. «Sencillamente no se encontró nada», dijo él.

«Comprobamos todo», dijo un funcionario del departamento de inteligencia epidémica del Departamento de Salud del estado de Alabama.

UNA MISTERIOSA ENFERMEDAD... CON DETERMINADOS SÍNTOMAS

¿Entonces qué causó los síntomas que afectaron a tantas personas al mismo tiempo? Los investigadores llegaron a la conclusión de que era sencillamente una plaga de histeria. Estudiantes y profesores fueron víctimas de su propia imaginación, la que los hizo pensar que estaban enfermos cuando no lo estaban. Este es un fenómeno bastante común.[1]

Mi preocupación no es sólo acerca de la histeria y otros tipos de temores irracionales. El problema tiene que ver con nuestras emociones en sí. La mayoría de las veces no se les puede creer. No niego la importancia de las emociones y el papel que ellas desempeñan para humanizarnos. Sin duda, aquellos que han dejado endurecer sus corazones son insensibles a las necesidades de los demás, por lo tanto, son personas pocos saludables.

En la película de 1993 *Shadowlands* [Tierra de sombras], el escritor C.S. Lewis amaba a una mujer que murió prematuramente. Para él su muerte fue tan dolorosa, que lo hizo cuestionarse si debió haberse permitido interesarse en ella. Él concluye en la última escena diciendo que en la vida se nos dan dos opciones. Podemos permitirnos amar y cuidar de otros, lo que nos hace vulnerables a sus enfermedades, muerte o rechazo. O podemos protegernos rehusando amarlos. Lewis decidió que es mejor sentir y sufrir que pasar por la vida aislados y solos. Estoy ciento por ciento de acuerdo.

Por esta razón, no estoy recomendando que construyamos muros para protegernos del dolor. Debemos entender que no podemos confiar del todo en las emociones, que a veces son hasta tiránicas. Nunca deberíamos permitir que nos dominen. Durante siglos este principio fue generalmente aceptado en nuestra cultura. Sin embargo, durante los días revolucionarios a fines de los años sesenta, tuvo lugar un cambio importante en las actitudes, especialmente entre los jóvenes. Una de las ideas populares de esos días era: «Si te hace sentir bien, hazlo». Esa frase lo dice todo. Significa que los impulsos caprichosos de una persona deben ser permitidos anulando cualquier otra consideración, incluyendo las necesidades de los hijos, los principios de lo bueno y de lo malo, las metas para el futuro, el peligro oculto, y el sentido común. «No pienses, sólo sigue los impulsos de tu corazón» era la actitud dominante.

> ***Debemos entender que no podemos confiar del todo en las emociones, que a veces son hasta tiránicas.***

Ese es un consejo condenable. Ha arruinado muchas vidas inocentes. La conducta tiene sus consecuencias, y a menudo una conducta estúpida tiene consecuencias terribles. Si tú sigues ciegamente lo que te dicta la emoción en lugar de controlarla con tu voluntad e intelecto, te estás lanzando a la deriva en el camino de una vida tormentosa.

1. «Alabama Incident Is Classic Case of Hysteria» [El incidente de Alabama es un clásico caso de histeria], *Medical Tribune*, 19 de septiembre de 1973, pp. 1,7.

Una vez escribí un libro en cuyo título hacía la pregunta: *Emociones: ¿Puede confiar en ellas?* Necesité doscientas páginas para decir: «¡No!» Las emociones son prejuiciosas, no podemos confiar en ellas. Mienten tanto como dicen la verdad. Son manipuladas por las hormonas, especialmente en la adolescencia y varían desde temprano en la mañana, cuando estamos descansados; a por la noche, cuando estamos cansados.

Una de las evidencias de la madurez emocional es la habilidad (y la voluntad) de rechazar efímeras emociones y gobernar nuestra conducta con la razón. Esto te puede ayudar a tener resistencia cuando te sientas con deseos de escapar, y a cuidar tu voz cuando te sientas que debes gritar, y a ahorrar tu dinero cuando te sientas que quieres gastarlo, y mantenerte fiel cuando sientas el deseo de coquetear con el pecado y poner el bienestar de otros por encima del tuyo. Estos son actos de madurez que no ocurren cuando las que mandan son las emociones.

DEBEMOS CONTROLAR NUESTRAS EMOCIONES

La Biblia nos instruye para que dominemos nuestras emociones y las hagamos bailar a nuestro ritmo. Bueno, dicen más o menos eso. En 2 Corintios 10.5 leemos: «Llevando cautivo todo pensamiento a la obediencia a Cristo». ¿No es esto claro? Veamos Gálatas 5.22: «Mas el fruto del Espíritu es amor, gozo, paz, paciencia, benignidad, bondad, fe, mansedumbre, templanza». Estos son llamados «el fruto del Espíritu», y empiezan con el último de los atributos que aparece en la lista: el ejercicio de la templanza o autocontrol.

También necesitamos entender cómo nos afectan las emociones y los principios por los cuales actúan. Primero, es importante saber que tienen una naturaleza cíclicas. Hay un cierto ritmo mental. ¿No te has dado cuenta por tu experiencia que los altos son seguidos por los bajos y los bajos por los altos? La razón es que hay una fluctuación regular, casi como una curva matemática sinuosa (ilustrada abajo) que nos lleva sistemáticamente de una altura de entusiasmo, a una ligera depresión. En las mujeres, generalmente este modelo sigue las fases del ciclo menstrual. En los hombres, es más ambiental en su origen. Pero existe en ambos géneros.

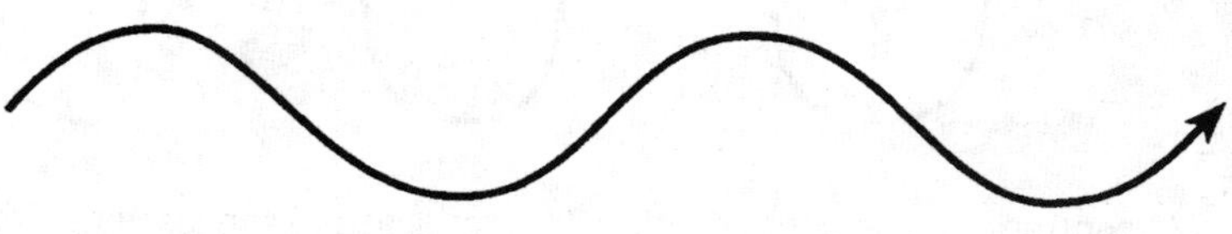

No sólo las emociones son cíclicas, sino que cada persona tiene su propia característica «variable». En otras palabras, las personalidades individuales no se extienden mucho más arriba que abajo. Si trazamos una línea a través de la curva simbolizando el centro emocional (ni alto ni bajo), para una persona en particular, la distancia entre la parte más alta es por lo general la misma que la distancia entre ese punto y la parte más baja.

Voy a explicar lo que quiero decir, observando los temperamentos que representan los dos extremos. Las personas del tipo 1, como se ilustra más abajo, no se alteran por nada. Cuando están en el estadio sus gritos son moderados, y nunca se ríen escandalosamente. Las buenas noticias las reciben con la misma calma con que reciben las malas.

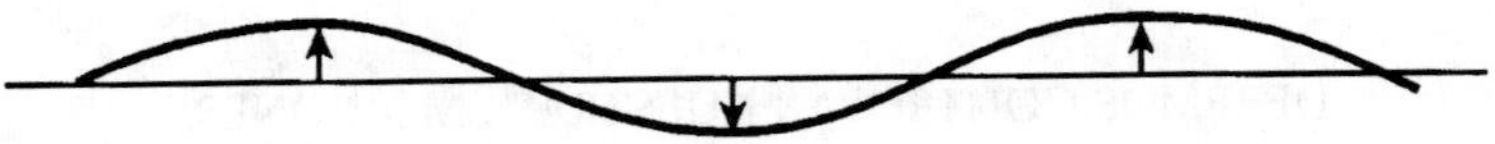

Por el otro lado, tampoco se deprimen. Son personas más bien desabridas, ¡pero a lo menos son desabridas en una manera constante! Puedes contar con que serán los mismos ayer, hoy, y mañana. Si un esposo llega a casa y anuncia que va a llevar a su esposa a Hawaii o a París para unas vacaciones, la dama del tipo 1 probablemente sonreirá y dirá: «Está bien». Tampoco la emocionará mucho el nuevo Porsche en el estacionamiento de la casa. Esta es la forma en que ella ha sido hecha. Sus patrones emocionales se ven más o menos así:

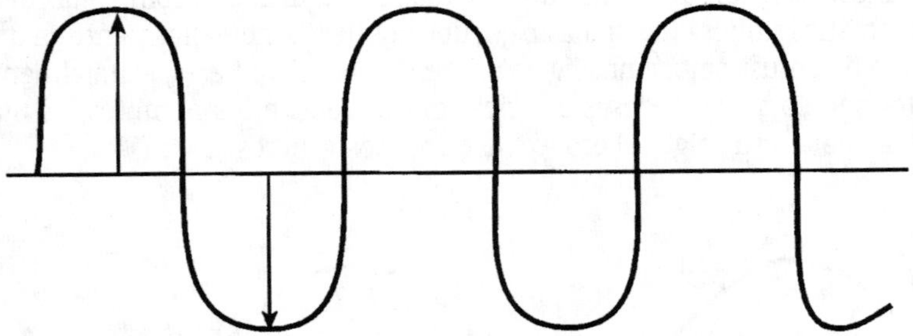

Al contrario, las personas del tipo 2 (descrita abajo) son los verdaderos campeones mundiales de la oscilación. Sus emociones brincan desde el techo hasta el sótano y vuelven hasta el techo.

Todos conocemos a lo menos a una persona del tipo 2 que se pone extremadamente feliz de vez en cuando. Se levanta por la mañana y se ríe sólo al pensar en el amanecer. Saluda a los pájaros, sonríe a las flores y silba despreocupado de la vida durante el día. ¡Cuidado con él! Te garantizo que en pocos días va a ser un desastre.

Cuando ese bajón ocurre, la desesperación se asentará en su cabeza. Nada irá bien, la vida no valdrá la pena vivirla, no tendrá amigos y sus lamentos llenarán la tierra. Él estará tan sentimental que llorará cuando se inaugura un supermercado. Realmente es un yo-yo emocional. Y por razones que nunca he podido explicar, este extremista del tipo 2 probablemente se casa con un aburrido del tipo 1, y los dos se irritarán por el resto de sus vidas.

Durante nuestro primer viaje a Europa, mi esposa y yo asistimos a un concierto en Berlín. Sentado en frente de nosotros había un joven que quizás estaba estudiando música en la universidad. Durante la primera mitad del concierto parecía estar en algún extraño éxtasis. Llevaba el ritmo de la orquestación con los ojos cerrados y se ponía de pie para aplaudir después de cada número. Después de la última interpretación y antes del intermedio, estaba casi vuelto loco de contento. Cualquiera hubiera creído que acababa de ganarse la lotería. Gritaba: «¡Bravo! ¡Bravo!» y hacía señas con las manos al director.

Pero no lo creerías. La segunda parte del concierto lo puso enfermo. Se desplomó en su silla, abucheó a la orquesta, y refunfuñó su disgusto durante la hora que quedaba de concierto. Finalmente, se levantó de un salto y se dirigió hacia el pasillo empujando a los demás, atropellando pies, rodillas y la Quinta Sinfonía de Beethoven, abandonando enfadadísimo el auditorio.

Aunque nunca antes había visto a este joven, ni lo he visto después, es obvio que tiene una personalidad del tipo 2. Su capacidad de experimentar una «alta» en la primera mitad tuvo un encuentro con el oponente de una «baja» unos pocos minutos después.

Francamente, disfruté más sus extravagancias que la música, pero yo no lo querría como cuñado. Puedes apostar que *cualquier cosa* es un tremendo problema para él.

LO QUE SUBE, DEBE BAJAR

Vamos a observar ahora otro aspecto de nuestras emociones cíclicas. Es importante entender que cualquier cosa que te lleve hacia arriba, te traerá también para abajo, y viceversa. Por ejemplo, es muy común que ocurra una leve depresión después de un agotador día feriado, el nacimiento de un bebé, un ascenso en el trabajo, o aún después de unas tranquilas vacaciones. Por cuestión natural, la causa es física. El alborozo y la excitación son manejados por la adrenalina, la cual produce un gran consumo de energía. Después de unos pocos días en ese estado, tiene que haber un descenso. Si entiendes ese mecanismo, podrás prepararte para cuando el ciclo llegue al valle.

Esto fue lo que nos pasó a Shirley y a mí cuando hace algunos años compramos una nueva casa. Estuvimos esperando por años para encontrar algo que pudiéramos pagar, y nos entusiasmamos mucho cuando se cerró el negocio y la casa fue finalmente nuestra. El júbilo duró varios días, durante los cuales pensé en este principio cíclico. Recuerdo haberle dicho a Shirley que no podríamos permanecer en las nubes por mucho más tiempo. Necesitábamos prepararnos para la parte final de la curva.

Cualquier cosa que te lleve hacia arriba, te traerá también para abajo.

Efectivamente, sólo pasaron un par de días cuando ambos fuimos atacados por una ligera depresión. No era algo severo, como eso que a veces la gente llama «bajón». La casa no se veía tan bonita, y estábamos preocupados por lo que habíamos pagado por ella. Vivimos allí diecinueve años y nuestro amor por ese lugar creció, pero durante los breves momentos en el hoyo, pensamos que habíamos cometido un error al comprarla.

Tu depresión temporal será más tolerable si entiendes que es un caso relativamente predecible. Los altos *deben* ser seguidos por los bajos. Esto es gobernado por una ley física; puedes estar seguro de eso. Pero en las personas saludables las bajas por lo general dan lugar a las altas, también. Actúa en ambas direcciones.

Hay otra característica de estos cambios repentinos en la disposición de ánimo que será especialmente útil para los que están casados o planean casarse. Como sabemos el amor romántico es una emoción, por lo tanto se ajusta también al mismo modelo cíclico que he descrito. Tú ya sabes que la emoción de una nueva relación amorosa no se compara con ninguna otra experiencia humana. Una pareja en tal relación ha entrado en una clase de éxtasis que es casi imposible de describir. *¡Esta es! ¡Se acabó la búsqueda!* Han encontrado al ser humano perfecto. Quieren estar juntos las veinticuatro horas del día para caminar bajo la lluvia, sentarse junto a la chimenea para conversar y abrazarse amorosamente. ¡Que viva el amor!

Lamentablemente lo que muy pocas parejas saben, es que esa experiencia emocionante NUNCA dura mucho tiempo. Al igual que otras emociones y disposiciones de ánimo temporales, está destinado desde el principio un cambio repentino que causará que se deslice desde lo alto hasta lo bajo ¡Esto es absolutamente inevitable! Así que, si identificas el amor genuino con esa sensación, te confundirás cuando ya no la sientas. Es la tierna trampa que lleva a mucha gente joven a cometer errores desastrosos. Creen que el entusiasmo romántico que sienten es algo en el cual van a vivir para siempre. Pero de pronto[...] se va, a veces durante la luna de miel o quizás algunos meses más tarde.

No estoy sugiriendo que esa pareja ya no se ama. Estoy diciendo que el entusiasmo romántico que tuvieron no es amor. Algunas veces esto precede a lo real. El amor verdadero es mucho más profundo y más estable. Está basado en un compromiso de la voluntad, una determinación para hacerlo duradero, y el enlace emocional que describí antes. Con estos elementos en su lugar, una relación puede ser tan estable y predecible como el amanecer. Mientras tanto, las emociones continuarán viniendo y yendo a través de su vida matrimonial.

Estaba tratando de explicar a un grupo de cien matrimonios jóvenes a quienes les estaba hablando este característico sube y baja. Durante el diálogo que siguió, alguien le preguntó a una de las parejas presentes por qué se habían casado tan jóvenes. Él respondió: «Porque yo no sabía nada sobre esta línea oscilante, cuando lo supe ya era demasiado tarde». Para el resto de ustedes, no hay excusa. Ahora entienden que la emoción del amor no puede mantener unida una relación conyugal por mucho tiempo. Es algo que viene y se va. Las emociones son muy importantes, indudablemente, pero deben ser respaldadas por la voluntad y un compromiso para toda la vida.

PERO ¿DÓNDE ESTÁN TODAS ESAS CUMBRES?

Este punto es muy importante por lo que debo enfatizarlo. Si tú esperas vivir durante meses o años en una cumbre romántica, olvídalo. No podrás permanecer allí. Me preocupan tantas parejas jóvenes e ingenuas que «se enamoran» y se casan cuando las relaciones recién comienzan, antes que haya ocurrido ni aun la primera caída en el natural sube y baja de las emociones. Entonces una mañana despiertan sin esa maravillosa emoción y piensan que seguramente el amor se ha muerto. En realidad, el amor nunca estuvo presente en su relación. Fueron engañados por un «alta» emocional y se casaron antes que empezaran a deslizarse por un plano descendente. Esta es la esencia del asunto: Cuando el amor es definido como una emoción, las relaciones no serán más estables de lo que es un estado de ánimo.

Recuerda que el pasaje más grandioso que jamás se hubo escrito sobre el amor, y que está en 1 Corintios 13, ni siquiera menciona las emociones. Nos dice: «El amor es sufrido, es benigno; el amor no tiene envidia, el amor no es jactancioso, no se envanece; no hace nada indebido, no busca lo suyo, no se irrita, no guarda rencor; no se goza de la injusticia, mas se goza de la verdad. Todo lo sufre, todo lo cree, todo lo espera, todo lo soporta. El amor

Si tú esperas vivir durante meses o años en una cumbre romántica, olvídalo.

nunca deja de ser» (1 Corintios 13.4-8). Esto lo expone todo muy claro quitando toda posibilidad de confusión.

Hay un asunto relacionado con esto que pienso debemos mencionar antes de concluir. Nuestra vida espiritual también se conforma a las características que he descrito. Muchas personas que se arrepienten de sus pecados y llegan a ser seguidores de Jesucristo experimentan la clase de «luna de miel» que es típica de los enamorados románticos.

Sienten una increíble sensación de limpieza y armonía con Dios. No es extraño que tales nuevos convertidos lean la Biblia varias veces en el día pensando muy poco en otra cosa. En esos momentos, estas personas están en peligro de confusión espiritual porque, lo volvemos a decir, el entusiasmo es pasajero. Las emociones no se pueden mantener en un nivel alto, aun por las razones más nobles.

Así como ocurre con las relaciones amorosas, nuestra relación con el Señor pasa por diferentes etapas emocionales. Primero está el noviazgo, cuando estamos conociendo al Señor y empezamos a entender la Biblia. Luego está el tiempo de luna de miel, no hay nada más estimulante. Finalmente, está la experiencia de la vida matrimonial firme, profunda, pero menos emocional. La tercera etapa es marcada, a medida que pasan los años, por un compromiso íntimo y una madurez que va en aumento.

Nuevos creyentes que no entienden cómo las emociones cambian con el tiempo pueden desilusionarse y llegar a pensar que su fe no tiene sentido. Trágico error. Su relación con el Señor debe estar basada en la Biblia y en lo que ella afirma en vez de vincularla con las emociones efímeras que lo mismo pueden estar frías que calientes. Tú puedes estar tan cerca del Señor cuando no sientes nada como cuando estás experimentando un gran fervor espiritual.

Este tema lo he expuesto con lujo de detalles en mi libro *Emociones: ¿Puede confiar en ellas?* Es importante aquí por la necesidad de estar conscientes de sí mismos cuando somos jóvenes. Hace dos mil años, Sócrates hizo tal advertencia a cada uno de sus estudiantes cuando los instruyó a «conocerse a sí mismos». Esta ha sido la meta de esta breve reflexión.

Comenzamos con una historia relacionada con mi madre. Vamos a terminar con otra.

Durante los años de 1930, ella asistía a una escuela secundaria en un pequeño pueblo en el estado de Oklahoma que había producido unos cuantos terribles equipos de fútbol. Por lo general perdían los juegos importantes, e invariablemente eran apaleados por sus rivales de la comunidad vecina. Como es lógico suponer, los estudiantes y sus padres empezaron a desanimarse por las palizas que sus muchachos recibían todos los viernes por la noche. Aquello tiene que haber sido horrible.

Tú puedes estar tan cerca del Señor cuando no sientes nada como cuando estás experimentando un gran fervor espiritual.

Finalmente, un vendedor de autos del pueblo decidió tomar cartas en el negocio. Pidió hablar al equipo en los vestuarios después de otra humillante derrota. Lo que siguió fue uno de los más dramáticos discursos sobre fútbol de todos los tiempos. Este hombre de negocios ofreció un nuevo automóvil Ford a cada muchacho del equipo y a cada entrenador si simplemente derrotaban a sus rivales en el siguiente juego.

El equipo se volvió loco. Aullaron, lanzaron vivas y se dieron palmadas en la espalda unos a otros. Durante siete días comieron, bebieron y respiraron fútbol. Por las noches soñaban con la victoria. Toda la escuela se contagió con el espíritu de éxtasis, y una fiebre de fiesta se extendió por todo el campus. Cada jugador se veía ya detrás del volante de un brillante auto convertible con ocho o diez hermosas muchachas todas inclinadas sobre él.

Finalmente, la gran noche llegó y el equipo se reunió en el vestuario. La emoción estaba a un nivel sin precedentes. El entrenador dio algunas instrucciones de último minuto, y los muchachos salieron a enfrentar al enemigo. Se reunieron en el borde de la línea lateral, juntaron las manos, y gritaron al mismo tiempo: «¡Rah!» Luego corrieron al campo y fueron hechos pedazos, treinta y ocho a cero.

Toda su exuberancia no pudo traducirse en un solo punto en el marcador. Siete días de hurras y vítores simplemente no pudieron compensar la falta de disciplina, condiciones, práctica, estudio, dirección técnica, ejercicios, experiencia y carácter. Así es la naturaleza de la emoción. Tiene un lugar definido en los asuntos humanos. Pero siempre debe ser gobernada por las más altas facultades de la voluntad y del intelecto. Cuando las emociones son dejadas por sí mismas por lo general muestran que no puedes confiar en ellas e incluso son un poquito tontas.

Así que, disfruta los momentos de alegría cada vez que puedas. Dedícate algún tiempo a aquellas cosas que te dan placer cuando tengas la oportunidad. Pero no te quedes atrapado en la emoción del momento. Toma total control de tus emociones. Y cuando llegue el momento de hacer las cosas bien, no dejes que tus emociones te comprometan a hacer lo contrario. Esa es la clave para vivir más feliz y tener una vida de éxito que sea más agradable a Dios.

PREGUNTAS DESAFIANTES

1. Hay ocasiones en que siento como que el mundo está en contra de mí. No estoy seguro por qué, excepto porque creo que no tengo una oportunidad de realmente ser alguien. Cada vez que algo me sale mal, me digo: *¿y qué esperabas? Siempre te pasa lo mismo.* ¿Habrá otras personas que se sientan como yo?

Sí, muchas personas tienen esa actitud. Ellos, como tú, se ven como «víctimas» destinadas a fracasar en todo. Es una reacción bastante común, especialmente entre personas con algún impedimento quienes no les gusta la forma que lucen, o quienes fueron maltratados cuando niños, etc.

Pero en los últimos años, el problema ha llegado a ser mayor. Nuestra sociedad nos está diciendo que todos somos víctimas de alguna forma de abuso. Hispanos, afroamericanos, asiáticos, judíos, nativos estadounidenses, mujeres, niños, y ahora incluso los hombres blancos sienten que están siendo víctimas de discriminación. Sí, la discriminación y el racismo siguen siendo un serio problema en esta cultura, pero no ayuda sentirse como si se hubieran aprovechado de nosotros en una forma o en otra. El propósito de esa mentalidad es dividirnos en grupos competidores con un interés especial, en lugar de unirnos. Yo le llamo a eso «la maldición de la victimización universal».

Permítanme aquellos que creen que el mundo los rechaza, que les hable con toda sinceridad. Lo que sienten es una especie de odio de sí mismos, el cual es muy destructivo. También es desmoralizador. Cada vez que empieces a pensar: «No puedo ganar», y «¿De qué me sirve?», te estás acondicionando para fracasar. Tu pesimismo llega a ser una especie de profecía que se cumplirá en ti mismo. No tiene que ser de esa forma.

Te voy a contar la historia de mi amigo David Hernández. Sus padres eran inmigrantes ilegales que vinieron de México para tratar de comenzar una nueva vida en este país. Lamentablemente, durante meses no pudieron encontrar trabajo y los niños pasaban hasta semanas sin comer. Finalmente, la familia fue contratada como trabajadores agrícolas para ayudar a cosechar papas en el estado de California. Vivían debajo de los árboles y para cocinar usaban un tambor para petróleo. No eran dueños de nada y tenían muy pocas posibilidades de escapar de esas sofocantes garras de la pobreza.

A pesar de esas circunstancias, la familia Hernández tenía cierta dignidad y fortaleza. Eran cristianos y enseñaron a sus hijos que Dios los amaba y tenía un plan para sus vidas. Su pequeño hijo David se apropió de ese mensaje de esperanza. Nunca se vio como una víctima aun cuando tenía todas las razones del mundo para sentirse así. Su familia estaba en lo más bajo de la escala social, ni siquiera tenían una casa donde vivir, pero su valor como persona estaba fundado en su fe.

David empezó a asistir a escuelas públicas y probó ser un excelente estudiante. Cuando creció, le dieron una beca para asistir a una escuela privada donde continuó sobresaliendo académicamente. Para hacer la historia corta, continuó estudiando, se graduó de la universidad siendo uno de los que obtuvieron las más altas calificaciones. Después fue aceptado en la Facultad de Medicina de la Universidad de Loma Linda. Se graduó de médico y se especializó en obstetricia y ginecología. Más tarde, el doctor David Hernández llegó a ser profesor de la facultad de medicina tanto de la Universidad de Loma Linda como de la Universidad del Sur de California.

Cada vez que empieces a pensar: «Yo no puedo ganar», y «¿De qué me sirve?» te estás acondicionando para fracasar.

¿Quién habría pensado que ese niño mexicano que cosechaba papas llegaría a ser un respetado médico y educador? Eso nunca hubiera ocurrido si David se hubiera visto como una víctima inútil, nacido para perder a quien la vida había defraudado. Debido a que rehusó adoptar una actitud derrotista, pudo superar los obstáculos en su camino.

Pero la vida aun tenía para David Hernández otro tremendo desafío. Un día me llamó para decirme que le habían diagnosticado una terrible enfermedad del hígado. Por ese tiempo todavía estaba en los treinta años. Pocos años después, David murió víctima de ese raro mal conocido como colangitis esclerosante.

Fui a visitarlo al hospital pocos días antes de su muerte. Aunque estaba muy enfermo, David no preguntó, lamentándose: «¿Por qué yo?»

Aun en esa difícil hora, cuando sabía que la muerte era inminente, nunca se compadeció de sí mismo. Intuitivamente sabía que una persona sólo es una víctima si se acepta como tal.

Te aconsejo vehementemente que sigas el ejemplo del doctor David Hernández: resistir a la tentación de verte como una víctima. Defiéndete con todas tus fuerzas. Esta es una de las armas más poderosas que Satanás usa contra ti, y es una mentira. Dios te hizo con sus propias manos, y Él no hace chatarra. Él te ayudará a superar las circunstancias que se te presenten y los obstáculos que encuentres a tu paso.

Resiste a la tentación de verte como una víctima.

2. La que fue mi enamorada y yo creíamos que estábamos profundamente enamorados, porque desde el momento que nos conocimos nos volvimos locos. Pasábamos todo el día juntos y todos nuestros amigos creían que nos íbamos a casar. Pero muy pronto la relación se enfrió y ahora no la quiero ni ver. Tampoco deseo estar cerca de ella. ¿Qué cree usted que nos pasó?

Como no conozco a ninguno de los dos, es difícil contestar tu pregunta con seguridad. Pero te puedo decir que la forma en que comenzó la relación tuvo algo que ver con la forma en que terminó. Como lo he señalado ya, por lo general una relación amorosa está destinada al fracaso cuando comienza con gran intensidad. Casi siempre se apaga con el tiempo. Diciéndolo de otra manera, tú y tu enamorada corrieron la carrera juntos como si hubieran sido cien metros llanos. Debieron haberlo hecho como si se tratara de un maratón. Por eso es que se cansaron aun antes de haber comenzado la travesía que planeaban hacer juntos.

Si una relación amorosa va a durar hasta alcanzar la meta, debe hacerse a un paso moderado para que no se aburran el uno del otro. Esto les dará la oportunidad para que ocurra el enlace emocional y el «pegamento seque». ¿Recuerdas?

3. ¿Hay algún momento en el día cuando es mejor para tratar los conflictos o algún asunto desagradable?

Sí lo hay, y es importante considerar esto. La mayoría de nosotros les hacemos frente a las frustraciones mucho mejor en la mañana que cuando el día ya ha transcurrido. Esta es la razón por la que es más difícil tratar los asuntos que causan tensión nerviosa cuando estamos cansados que cuando estamos frescos. Por esto, recomiendo a los esposos y esposas y también a los solteros, a no tocar temas desagradables por la noche. La mayor parte de nuestras preocupaciones seguramente esperarán hasta por la mañana, cuando la probabilidad de que nos molesten será menor y también el riesgo de que ocurra una crisis.

CAPÍTULO 11

EL CORREDOR DE LAS PUERTAS

En varias ocasiones me he referido a los muchos «lodazales» o al mucho barro que pueden atrapar e inhabilitar a un adulto joven durante su jornada por la década crítica. Ahora permíteme referirme al mismo tema desde una perspectiva diferente. Para poder ilustrarlo, piensa en ti como un adolescente a quien se le pide andar solo a través de un largo y oscuro corredor.

Del cielorraso cuelgan lámparas de bajo voltaje que producen sombras pavorosas contra las paredes. A ambos lados de este corredor hay varias puertas grandes, cada una con diferentes inscripciones: Alcohol, Marihuana, Drogas, Pornografía, Juegos y apuestas, Experiencias homosexuales, Relaciones sexuales prematrimoniales, Anorexia, etc. Cada adicción está representada al menos por una puerta. Y allí estás tú, caminando a tientas en la oscuridad y preguntándote qué hacer. ¿Permanecerás en ese corredor recto y estrecho, o abrirás una de esas tentadoras puertas?

Si te acercas a cada puerta, podrás oír ruidosas y alegres risas viniendo desde adentro. Tus amigos —o gente a la que consideras amiga— ya están adentro, y es evidente que están celebrando. De cuando en cuando escuchas a alguien que te llama por tu nombre y te pide que seas parte de la fiesta. ¡Quién sabe qué cosas excitantes esperan a los que se animan a entrar!

Destellos de luz que escapan por debajo de cada una de las puertas revelan cuerpos danzando. Música estridente retumba a través de las paredes. Mientras permaneces parado allí en las sombras, te preguntas, *¿Por* *qué no me integro a la diversión? ¿Quién tiene derecho a dejarme afuera?*

Entonces decides acercarte a la puerta para abrirla.

Lo que ocurre a continuación podría recordarse toda la vida. ¿Por qué? Para un porcentaje de quienes abren las puertas, empieza una tragedia. En ese momento comienzan adicciones que duran toda la vida. Por favor, entiende que no estoy diciendo que cada persona que toma un trago o fuma marihuana o hace una apuesta en las carreras llegará a ser un adicto. Sin embargo, podemos afirmar que algunos son muy vulnerables a ciertos elementos químicos y necesidades sicológicas específicas. Exponerse repetidamente a ellos cuando son jóvenes los pondrá en el camino de conductas que llevan a la destrucción.

SUEÑOS ROTOS Y PROMESAS VACÍAS

Conocí a un anciano que había cometido este tipo de errores en su juventud. Había sido un alcohólico la mayor parte de su vida de adulto. Su incapacidad para controlar la bebida y la violencia que provocaba terminó por destruir su hogar, arruinó su vida y lastimó a todos los que él amaba. Murió solo y arrepentido, habiendo logrado muy poco en sus setenta y siete años de vida. ¿Cómo había ocurrido?

¿Planeó él malgastar su paga cada semana y aterrorizar a su familia? ¿Fue su intención hacer que sus hijos le tuvieran miedo y que su esposa lo dejara? ¿Fue ese su deseo? Por supuesto que no. Prometió mil veces dejar la bebida. Pero estaba esclavizado. No podía detenerse. Estoy seguro de que cuando era joven nunca soñó que tenía predisposición al alcohol y el temperamento de un alcohólico. Todo lo que hizo fue abrir una puerta que debió haber permanecido cerrada, y el resto es historia.

Repito, hay un porcentaje de la población que es vulnerable a cada adicción potencial. Los que están en la categoría de alto riesgo normalmente no lo saben. Cuando abren la puerta equivocada, sale un monstruo y los atrapa. Algunos permanecerán en poder de ese monstruo por el resto de sus vidas.

Probablemente lo has visto suceder. Quizás seas hijo de un alcohólico o de un jugador compulsivo. Otros lectores quizás han tenido amigos que han experimentado con *crack*, heroína u otras drogas estimulantes, y todavía están luchando para librarse de esa esclavitud. Ocurre todos los días.

La adicción no siempre es el resultado de dependencia química de la droga o el alcohol. A veces tiene un origen sicológico, pero es igualmente aprisionante y destructiva. La pornografía, por ejemplo, para algunos adolescentes es tan adictiva como la cocaína. Exponerse a ella una vez en el momento preciso puede esclavizar a un muchachito proclive y llevarlo a un hábito de por vida.

Al igual que muchas otras adicciones, la necesidad por la pornografía es, por naturaleza, progresiva. Con el paso del tiempo empeora. Fotografías y videos eróticos rápidamente pierden su poder de estímulo. Los que los ven quieren ver más y mejor basura. Tarde o temprano llegarán al límite, y habrán visto todo lo que un hombre y una mujer pueden hacer juntos. Han visto el cuerpo humano desde todos los ángulos, hasta que ya no les resulta erótico. ¿Y qué pasa después?

Hay un porcentaje de la población que es vulnerable a cada adicción potencial.

Un porcentaje de hombres esclavos de la pornografía, terminan traspasando esta barrera natural y comenzarán a interesarse en conductas perversas. Desearán el más despreciable material que haya sobre la faz de la tierra, incluyendo fotografías de abuso infantil, asesinatos simulados, violencia homosexual, contacto sexual entre mujeres y animales, relaciones sexuales con los muertos, esparcir excremento por el cuerpo, etc.

¿Cómo puede ser que una persona se excite con material tan vil e inconcebible? Por lo general es el resultado de una adicción temprana a una pornografía leve que *para algunas personas* avanza, hasta llegar a los peores extremos. El monstruo ha cobrado otra víctima.

Todas las adicciones al final llegan a ser un asunto de familia. La pornografía no es la excepción. A menudo destruye las relaciones sexuales en el matrimonio, porque el hombre está esclavizado a algunas formas que la mujer usualmente rechaza. Esto crea serios conflictos entre ellos. Él quiere que su mujer haga cosas por las que ella siente repulsión. Además las imágenes visuales y la masturbación se convierten en sustituto de las relaciones sexuales entre esposos.

Fotografías trucadas o retocadas de hermosas modelos y videos producidos profesionalmente, hacen que lo real parezca aburrido. Finalmente, mujeres de todas las edades son presentadas en material pornográfico como si fueran violadas, torturadas y explotadas sexualmente, lo cual en la vida real contribuye a la violencia contra la mujer.

UN CAMINO QUE NO VA A NINGUNA PARTE

Ted Bundy entendió ese peligro. Cuando tenía trece años de edad, descubrió, «revistas sucias» en un basurero cerca de su casa. Instantáneamente se sintió cautivado. Con el tiempo, Bundy se hizo más y más adicto a las imágenes violentas en revistas y videos. Sentía placer viendo cómo torturaban y asesinaban mujeres. Cuando se cansó de eso, había sólo un lugar al que su adicción podía conducirlo: de la fantasía a la realidad.

Bundy, un estudiante de leyes inteligente y bien parecido, aprendió a atraer a las mujeres a su automóvil engañándolas de variadas maneras. Se ponía un yeso en un brazo o en una pierna, y caminaba por el campo universitario llevando varios libros. Cuando veía a una estudiante atractiva parada o caminando sola, «accidentalmente» se le caían los libros cerca de ella. La muchacha le ayudaba a recogerlos y a llevarlos a su auto. Luego la seducía o la empujaba dentro del vehículo, donde quedaba cautiva. Después la violaba y cuando el furor de la pasión había pasado, la mataba y arrojaba su cuerpo en un lugar donde no lo hallarían sino hasta después de meses. Esto ocurrió durante años.

Para cuando fue arrestado, Bundy había asesinado a lo menos a veintiocho mujeres y niñas en actos demasiado horribles como para describir. Finalmente lo declararon culpable y lo condenaron a muerte por haber matado a una niña de doce años y haber arrojado su cuerpo a un corral de cerdos. Después de más de diez años de apelaciones y maniobras legales, un juez dio la orden para la ejecución de Bundy. Esa semana, le pidió a un abogado que me llamara y me pidiera que fuera hasta la Prisión Estatal de la Florida para una última entrevista.

Para cuando fue arrestado, Bundy había asesinado a lo menos a veintiocho mujeres y niñas.

Cuando llegué, encontré que fuera de la prisión había una atmósfera como de circo. Adolescentes hacían manifestación portando letreros que decían: «Quémate, Bundy, Quémate», y «Estás muerto, Ted». También entre la multitud había más de trescientos periodistas que habían llegado para obtener la historia de las últimas horas del asesino, pero Bundy no quiso hablar con ellos. Tenía algo importante que decir, y no creía que los medios de comunicación eran confiables como para dar un informe preciso. Por lo tanto, fui invitado a entrar con un equipo de camarógrafos para filmar sus últimas palabras desde la antesala de la muerte.

Nunca olvidaré esa experiencia. Tuve que pasar a través de siete puertas de acero y detectores de metal tan sensibles, que mi prendedor de corbata y los clavos de mis zapatos bastaron para que la alarma se activara. Finalmente, llegué a una cámara donde Bundy y yo nos habríamos de reunir. Lo trajeron, lo desnudaron para registrarlo, y luego mientras hablaba conmigo fue rodeado por seis guardias de la prisión. En medio de nuestra conversación, las luces de repente disminuyeron en intensidad. Ted dijo: «En un momento se normalizarán».

Después me di cuenta de lo que había pasado. El preso sabía que estaban probando la silla eléctrica donde al día siguiente sería ejecutado.

TED BUNDY QUERÍA HABLARLE AL MUNDO ENTERO SOBRE LA PORNOGRAFÍA

¿Qué era lo que Ted Bundy estaba tan ansioso de decir? Sentía que tenía que advertir a la sociedad sobre los peligros de la pornografía violenta, y explicar cómo esta lo había llevado a matar a tantas mujeres y niñas inocentes. Con lágrimas en sus ojos, describió al monstruo que, mientras él bebía, había tomado posesión de él. Su delirio por matar estuvo siempre estimulado por la pornografía violenta. A continuación hay una transcripción editada de la conversación que tuvo lugar exactamente diecisiete horas antes de que Ted fue llevado a la silla eléctrica.

DR. DOBSON: Ted, son las dos y media de la tarde. A menos que vuelva a posponerse, serás ejecutado mañana a las siete de la mañana. ¿Qué está pasando por tu mente? ¿Qué has estado pensando en estos últimos días?

TED BUNDY: Bueno, no le voy a decir que lo tengo bajo control o que lo he llegado a tolerar, porque no es así.

DOBSON: Entonces vayamos hacia atrás, a tus raíces. Tú, según tengo entendido, creciste en lo que consideras un hogar sano.

BUNDY: Correcto.

DOBSON: No te maltrataron ni física, ni sexual, ni emocionalmente.

BUNDY: No. Definitivamente, no. Esa es parte de la tragedia de toda esta situación, porque crecí en un hogar maravilloso con dos padres dedicados y amorosos. Era un buen y sólido hogar cristiano. Pero cuando era un jovencito, es decir a los doce o trece años, fuera de casa encontré pornografía suave. De cuando en cuando hallábamos libros pornográficos de naturaleza más cruda, podríamos decir que más gráfica. Y en esto estaban incluidas cosas tales como revistas de detectives...

DOBSON: Y las que contenían violencia, por supuesto.

BUNDY: Sí. La clase más destructiva de pornografía es aquella que incluye violencia sexual. Porque la unión de esas dos fuerzas, como bien lo sé, da origen a una conducta que es demasiado terrible para describir.

DOBSON: Quiero realmente entender eso. Primero llegaste hasta el límite en tu imaginación a través del material impreso, y luego tuviste necesidad de dar el pequeño paso o el gran paso hacia una experiencia física.

BUNDY: Mi experiencia con la pornografía que ligada a una sexualidad violenta, es que cuando te vuelves adicto a ella —y yo lo veo como una forma de adicción— como otras formas de adicción... siempre buscas material más fuerte, potente, más explícito, más gráfico. Como una adicción, lo ansías cada vez más. Quieres algo que te produzca la máxima excitación. Hasta que llegas al punto donde la pornografía ya no te puede dar más. Llegas al punto donde hay que saltar, donde empiezas a preguntarte si quizás haciéndolo conseguirás aquello que va más allá de lo que leíste o viste.

DOBSON: ¿Recuerdas qué fue lo que te llevó más allá de aquel punto?

BUNDY: Sabía que ya no podía controlar aquella adicción. Esas barreras acerca de las cuales había oído desde pequeño, que habían sido inculcadas en mí, no eran suficientes para evitar que buscara, escogiera a alguien y le causara daño.

DOBSON: ¿Sería apropiado referirse a aquello como a una locura, un desvarío sexual?

BUNDY: Bueno, sí. Es una forma de describirlo. Una compulsión, una acumulación de energía destructiva. Pero creo que lo que el alcohol hizo junto con, digamos, mi experiencia con la pornografía, fue reducir al mismo tiempo mis inhibiciones. La vida de fantasía alimentada por la pornografía erosionó aun más esas inhibiciones.

DOBSON: Al principio, siempre estabas medio borracho cuando hacías esas cosas. ¿Es correcto?

BUNDY: Sí. Sí.

DOBSON: De acuerdo. Creo entenderlo ahora. Había una lucha en tu interior. Estaban los principios que se te habían inculcado. Y estaba aquella irrefrenable pasión alimentada por tu inmersión en la pornografía violenta y extrema.

BUNDY: Bueno, sí. Esto es crucial, y no sé por qué fui vulnerable a eso. Todo lo que sé es que tuvo un impacto tal en mí que fue determinante para que desarrollara esa conducta violenta.

DOBSON: Ted, después que cometiste tu primer asesinato, ¿cuál fue el efecto emocional? ¿Qué ocurrió en los días que siguieron?

BUNDY: Por favor entienda que aun ahora, después de varios años, es muy difícil hablar de eso y revivirlo a través del relato. Fue como salir de una especie de horrible trance o sueño. No quiero exagerar, pero sólo puedo compararlo con haber sido poseído por algo horrible y extraño, y a la mañana siguiente despertar, recordar lo sucedido, y darse cuenta que uno es el responsable. Al despertar en la mañana y darme cuenta de lo que había hecho, con mi mente clara y todos mis básicos sentimientos éticos y morales intactos, me sentía horrorizado de haber sido capaz de hacer algo como eso.

DOBSON: ¿Realmente era algo nuevo para ti?

BUNDY: Quisiera que la gente entienda que básicamente, yo era una persona normal. No era un tipo que pasara mucho tiempo en los bares, ni era un vago. Tampoco era un pervertido, en el sentido de aquellos que la gente ve y dice: «Algo anda mal con aquel tipo; estoy seguro». Esencialmente, yo era una persona normal. Tenía buenos amigos, vivía una vida normal, excepto por esta pequeña pero tan poderosa y destructiva parte de mi vida, sobre la que guardaba el más estricto secreto. Era sólo mío y no dejaba que nadie lo supiera. Tanto es así que parte del *shock* y del horror para mi queridos amigos y familia años atrás cuando fui arrestado por primera vez, fue que nadie lo sospechaba. Me miraban, y veían al típico muchacho ejemplar. Creo que la gente necesita reconocer que aquellos que hemos sido tan influenciados por la violencia en los medios de comunicación —especialmente la violencia pornográfica— no somos una clase de monstruos natos. Somos hijos, y somos esposos. Y crecimos en familias normales. La pornografía hoy puede atrapar y sacar a cualquier muchachito fuera de su casa. Me atrapó a mí y me sacó de casa veinte, treinta años atrás, no importa cuán diligente hubieran sido mis padres, y mis padres habían sido muy diligentes al protegernos. Y a pesar del buen hogar cristiano que teníamos —y nosotros tuvimos un maravilloso hogar cristiano— no hay protección contra la clase de influencias que andan sueltas en una sociedad tolerante. [Bundy rompe a llorar].

DOBSON: Ted, en estos momentos allá afuera hay varios cientos de periodistas que querían hablar contigo.

BUNDY: Sí, lo sé.

DOBSON: Y tú me pediste que viniera de California porque tenías algo que querías decir. Realmente crees que tanto la pornografía violenta como su puerta de entrada, la pornografía más suave, están causando un daño indecible a otras personas y está haciendo que otras mujeres sean violadas y asesinadas en la forma que tú lo hiciste.

BUNDY: Oigame, no soy un científico social ni he hecho ninguna encuesta. Quiero decir que no pretendo saber lo que la gente piensa de esto. Pero he vivido mucho tiempo en prisión. Y he conocido a muchos hombres que fueron motivados a cometer actos de violencia como yo. Y sin excepción, cada uno de ellos estaba metido en pornografía —sin ninguna duda, sin ninguna excepción—, profundamente influenciado y consumido por una adicción a la pornografía. No hay ninguna duda. Los propios estudios del FBI sobre homicidios en serie muestran que el interés más común entre quienes han cometido asesinatos en serie es la pornografía.

DOBSON: Eso es verdad.

BUNDY: Y es real.

DOBSON: Ted, ¿qué habría sido de tu vida sin esa influencia? Sólo puedes hacer suposiciones.

BUNDY: Estoy absolutamente seguro de que no habría incluido la clase de violencia que cometí.

DOBSON: Una de las preguntas más importantes al acercarse tus horas finales: ¿Piensas en todas las víctimas y en sus familiares que han quedado tan heridos?

BUNDY: Sólo espero que aquellos a quienes he causado tanto daño, y aquellos a quienes he causado tanto dolor —aun si no creen que mi pena y remordimiento son sinceros— crean lo que estoy diciendo ahora, que hoy, en sus ciudades y comunidades, andan sueltas personas como yo, cuyos peligrosos impulsos están siendo alimentados día a día por variadas formas de violencia en los medios de comunicación, particularmente la violencia sexual. Y lo que me espanta —y ahora vayamos al presente porque yo estoy hablando de lo que ocurrió, hace veinte, treinta años, es decir, en mi etapa de formación—, lo que me alarma y aterra, doctor Dobson, es cuando veo lo que hay en la televisión por cable, la violencia que muestran algunas películas que se ven en los hogares hoy. Es basura que treinta años atrás ni siquiera se veía en los cines de entrada condicionada para adultos.

DOBSON: Te refieres a las películas extremadamente violentas.

BUNDY: Todo esto —le estoy hablando por propia experiencia— es la violencia más gráfica de la pantalla. Particularmente cuando en el hogar llega a niños que quizás estén sin supervisión o no se percaten de que pueden llegar a ser un Ted Bundy, vulnerables a ese tipo de conducta, por esa clase de películas y esa clase de violencia.

DOBSON: ¿Puedes ayudarme a entender este proceso de desensibilización que tuvo lugar? ¿Qué estaba pasando por tu cabeza?

BUNDY: Cada vez que causaba daño a alguien, cada vez que mataba a alguien, después había mucho horror, sentido de culpa y remordimiento. Pero luego ese impulso de volverlo a hacer se presentaba aún más fuerte. Lo singular de este proceso, doctor Dobson, es que yo sin embargo sentía culpa y remordimiento por otras cosas. Me lamentaba y...

DOBSON: Tú tenías eso separado en otro compartimiento de tu vida...

BUNDY: ... otro compartimiento muy bien enfocado, muy definida el área que parecía una especie de hueco negro. Era como una grieta. Y todo lo que caía en esa grieta, desaparecía. ¿Tiene sentido?

DOBSON: Sí. Uno de los últimos asesinatos que cometiste, aparentemente fue el de la pequeña Kimberly Leach, de doce años de edad. Creo que la indignación pública es tan grande porque una niña inocente fue llevada de un campo de juego. ¿Qué sentiste después? ¿Te sentiste normal tres días después? ¿Dónde estabas, Ted?

BUNDY: [Luchando con las palabras] Realmente ahora no puedo hablar de eso.

DOBSON: Es demasiado doloroso.

BUNDY: Me gustaría comunicarle cómo es esa experiencia, pero no puedo. No podré hablar sobre eso...

[continuando] Sé que no puedo entender, bueno, puedo intentarlo, pero soy consciente de que no puedo entender el dolor que sienten los padres de estas niñas y estas jóvenes mujeres a las que he lastimado. Y no puedo devolverles mucho. En realidad no puedo devolverles nada. Y no pretendo hacerlo. Ni siquiera espero que me perdonen, ni les estoy pidiendo que lo hagan. Esa clase de perdón sólo viene de Dios. Si ellos lo tienen, lo tienen; y si no, quizás lo encuentren algún día.

DOBSON: ¿Crees que mereces el castigo que el estado te ha impuesto?

BUNDY: Es una buena pregunta, y se la voy a contestar. No quiero morir. Ciertamente merezco el castigo más severo que la sociedad pueda darme, y creo que la sociedad merece protegerse de mí y de otros como yo. Esta es la ironía. Estoy hablando de algo que va más allá de la retribución, porque no hay forma en el mundo donde matándome a mí se vayan a devolver esos hermosos niños a sus padres, y a reparar y suavizar el dolor. Pero le voy a decir que hoy en día hay muchos otros niños jugando en las calles de este país que van a estar muertos mañana y el día siguiente, y el día siguiente, y el mes siguiente, porque otros jóvenes están leyendo y viendo la clase de cosas que ofrecen los medios de comunicación actualmente.

DOBSON: Aun así, me dijiste anoche y he oído que has aceptado el perdón de Jesucristo, y eres un seguidor y un creyente en Él. ¿Te ha dado fuerzas eso a medida que te acercas a las horas finales?

BUNDY: Sí. No puedo decir que estar en el valle de sombra de muerte es algo a lo que estoy acostumbrado, y que soy fuerte y nada me incomoda.

Le aseguro que no es nada divertido. Hace que uno se sienta solo, y aun así, debo recordar que cada uno de nosotros, en una forma o en otra, experimentará esto... e incontables millones que han andado por esta tierra antes que nosotros ya lo pasaron. La muerte es una experiencia que todos pasaremos. Ahora me toca a mí.

Ted Bundy entonces fue llevado con sus brazos esposados a la espalda. A las siete de la mañana del día siguiente, fue amarrado a la silla eléctrica, y su alma se fue a la eternidad. Si alguien merecía ser ejecutado, este hombre lo merecía. Asesinó sin misericordia y brutalmente, e infligió increíble dolor a los familiares y amigos de sus víctimas. ¡Qué tragedia! Pero existe una posibilidad de que tal cosa no hubiera ocurrido, si ese niño de trece años de edad nunca hubiera tropezado con revistas pornográficas en un depósito de basura. Él fue alguien terriblemente vulnerable cada vez que veía violencia sexual.

Bundy estuvo en lo cierto cuando dijo que la mayoría de los asesinos múltiples son adictos a la pornografía cruda. Los datos del FBI dan validez a esta observación. Por supuesto, no todas las personas que gustan de lo obsceno llegarán a ser asesinos, pero muchos sí lo serán. Si cada año cinco o diez personas en un país llegan a cometer asesinatos en serie, y si cada uno mata a veintiocho personas, ¡es demasiado!

Desafortunadamente, la disposición de los hombres en nuestra cultura de abusar de las mujeres es ahora más común que antes. Dos investigadores de la UCLA (Universidad de Los Ángeles, California) estudiaron este impulso entre hombres universitarios «normales». Preguntaron a cientos de estudiantes varones de segundo año: «¿Violarías a una mujer si supieras que nunca te van a descubrir?» Más de cincuenta por ciento dijo que sí.[1]

A MENUDO LA PORNOGRAFÍA CONDUCE AL CRIMEN VIOLENTO

El sentido común nos dice que es peligroso y estúpido proporcionar a los hombres potencialmente violentos demostraciones altamente eróticas de violaciones, asesinatos y tortura. Aun así, en este país hay muy pocas restricciones sobre lo que los productores de pornografía pueden producir y vender. Y recuerda esto: los cazadores leen revistas de cacería; los pescadores leen revistas de pesca; los especialistas en computadoras leen revistas de computación; y ten la seguridad de que los hombres a quienes les resulta excitante atacar sexualmente a las mujeres, leen revistas y miran videos que muestran este terrible abuso.

---

1. N.M. Malamuth, M. Heim y S. Feshbach, *Journal of Personality and Social Psychology*, 1980, pp. 38, 399-408.

¿Qué beneficio puedes obtener de estas páginas? Recuerda que la pornografía es peligrosa. Puede deformar la mente y destruir la intimidad sexual en el matrimonio. Manténte alejado de ella. Un monstruo está al acecho detrás de esa puerta.

En el capítulo siguiente caminaremos por el corredor a fin de considerar otras formas de conducta adictiva.

CAPÍTULO 12

MÁS ALLÁ DEL CORREDOR

Tu generación ha sido el blanco de una increíble falta de información en cuanto a las relaciones sexuales prematrimoniales, que es otra conducta adictiva tentadora que debemos considerar. En este caso, nuestro propio gobierno es responsable por mucha de la confusión. Durante los pasados veintiún años, en los Estados Unidos programas federales y estatales han promovido un concepto que sus promotores llaman relaciones sexuales sin riesgo, y que se refiere al uso de condones (preservativos) durante las relaciones sexuales. Más de tres mil millones de dólares se han gastado para decir a los jóvenes que pueden tener relaciones sexuales, todas las que quieran, sin sufrir las consecuencias.[1] Los condones, dicen, resolverán todos los problemas.

¿Y bien? ¿Cuán confiable es la información que se ha venido dando en las clases de educación sexual? ¿Qué se ha conseguido con tres mil millones de dólares? ¿Y cuán libres de riesgo son las relaciones sexuales sin riesgo?

En una palabra, la gran travesura del condón ha sido un desastre social. Ahora estamos enfrentando una epidemia sin precedentes de enfermedades de transmisión sexual (ETS). Todos los días escuchamos del SIDA, que es solamente una de las terribles enfermedades que hoy afligen a la familia.

1. Inscripción de adolescentes en un solo programa federal, titulado X, desde 1970-92 tiene un total de más de mil millones de dólares.

Pero eso es sólo la punta del iceberg. Más de otras veinte ETS se han difundido en nuestra sociedad. Numerosas infecciones bacteriales que causan dolor y peligrosos síntomas están pasando de una persona a otra. Anualmente se registra un millón de casos de enfermedad de inflamación de la pelvis.[2] Ahora hay más sífilis que nunca antes desde el descubrimiento de la penicilina.[3] La gonorrea se ha propagado en forma desmesurada, con 1.3 millones de nuevos casos por año.[4]

Anualmente[5] se están registrando cuatro millones de casos del germen infeccioso clamidia. Y la lista continúa.

Además de las ETS bacteriales, la mayoría de las cuales pueden ser tratadas con antibióticos, hay numerosas infecciones virales que no tienen cura. El Centro para el Control de Enfermedades de los Estados Unidos calculó que en la actualidad 56 millones de personas en este país tienen un virus transmitido sexualmente, y padecerán este mal por el resto de sus vidas.[6] ¿Te das cuenta? ¡Uno de cada cinco estadounidenses está infectado con un virus incurable transmitido sexualmente! Entre ellos está la enfermedad conocida como herpes, que afecta a otras quinientas mil personas cada año.[7]

LAS ESTADÍSTICAS HABLAN

Estas enfermedades no sólo causan dolor y molestia; muchas de ellas conducen a la infertilidad y a otros problemas físicos. Y algunas hasta matan a sus víctimas. Seguramente, has oído que el VIH es mortal. ¿Pero sabías que hay otro virus de proporciones epidémicas que causa, por lejos, más muertes entre las mujeres que el SIDA? Cada año siete mil mujeres estadounidenses mueren como consecuencia de un organismo llamado virus papiloma humano (VPH).[8] Provoca verrugas genitales, y en algunos

---

2. Pamela McConnell, División de enfermedades trasmitidas sexualmente, Centro para el control de enfermedades de los Estados Unidos, t.i. 16 de marzo de 1992.
3. Dr. Stephen Genuis, «The Dilemma of Adolescent Sexuality: "Part I: The Onslaught of Sexually Transmitted Diseases"» [El dilema de la sexualidad del adolescente: I Parte: El furioso ataque de las enfermedades transmitidas sexualmente], *Journal of SOGC* 15, N° 5, junio/julio de 1993, p. 556.
4. *1991 Division of STD/HIV Prevention Annual Report* [División de Prevención del STD/VIH], Informe anual, Departamento de Salud y Servicios Humanos de Estados Unidos, Servicio de Salud Pública, Centros para el control de enfermedades, p. 13.
5. *Ibid.*
6. Felicity Barringer, «Viral Sexual Diseases Are Found in One in Five in the U.S.» [Enfermedades virales sexuales se hallan en uno de cada cinco en Estados Unidos], *New York Times,* 1° de abril de 1993, A1.
7. *1991 Division of STD/HIV Prevention Annual Report*, p. 13.
8. Dra. Barbara Reed, et. al., «Factors Associated with Human Papilloma Virus Infection in Women Encounteres in Community-Based Offices» [Factores asociados con la infección por virus del papiloma humano encontrados en las oficinas comunitarias], *Archive of Family Medicine, 290*, 2, diciembre de 1993, p. 1,239.

pacientes, cáncer cervical (de cuello de útero). Se estima que el noventa por ciento de los casos de cáncer cervical son producidos por el VPH, y una vez que el virus mismo entra al cuerpo no puede ser erradicado.[9]

Por favor lee con cuidado: Recientemente se llevó a cabo una investigación médica en la Universidad de California en Berkeley. Todas las mujeres promedio de veintiún años de edad, que concurrieron al centro de salud de la universidad para un examen ginecológico de rutina, recibieron el examen de VPH. ¿Creerías que se descubrió que cuarenta y siete de estas estudiantes eran portadoras de este virus mortal? Cada una sufrirá dolorosos síntomas por el resto de sus vidas y otras morirán de cáncer de cuello de útero.[10]

Si parezco irritado por lo que le ha ocurrido a una generación de gente joven, estás en lo cierto. Estos hechos que te he mencionado, todos los cuales están documentados en respetadas publicaciones médicas, se han ocultado al público, especialmente a ustedes que están en la década crítica. Educadores sexuales rara vez cuentan esta verdad. No quieren que la escuches. ¿Por qué no? Porque hay subvenciones federales de millones de dólares para quienes promueven el uso del condón. Para enseñar la abstinencia no hay nada, o casi nada.

¿Y qué se puede decir del uso del condón? ¿Hasta dónde es eficaz? Si cada persona practicara las relaciones sexuales sin riesgo y nunca tuviera una «relación sexual sin protección», ¿no se habría resuelto la epidemia? Buenas preguntas. Consideremos los hechos.

EL PROBLEMA CON LOS CONDONES

En años recientes se han llevado a cabo numerosos estudios médicos para evaluar la eficacia de los condones. He aquí algunos de los hallazgos: Una importante investigación mostró que anualmente esta funda de látex el 15.7 por ciento de las veces falla en la prevención del embarazo.[11] Otra dice que anualmente falla el treinta y seis por ciento de las veces en la prevención de embarazos entre mujeres jóvenes de las minorías étnicas.[12] Con estos datos a la vista, es obvio por qué tenemos una palabra para

---

9. *Ibid.*
10. Heidi M. Bauer, «Genital HPV Infection in Female University Students As Determined by a PCR-Based Method» [Infección genital HPV en estudiantes universitarias mujeres determinada por el método PCR], *Journal of the American Medical Association 265*, N° 472, 1991.
11. Elise F. Jones y Josephine Dorroch Forrest, «Contraceptive Failure in the United States: Revised Estimates from the 1982 National Survey of Family Growth» [Fracaso de los anticonceptivos en Estados Unidos: Estimados revisados desde 1982], *Family Planning Perspectives* 21, mayo/junio de 1989, p. 103.
12. Susan C. Weller, «A Meta-Analysis of Condom Effectiveness in Reducing Sexually Transmitted HIV» [Meta-análisis de la efectividad del condón en reducir la trasmisión del VIH sexualmente], *Social Science and Medicine* 35, N° 36, junio de 1993, pp. 1635-44.

describir a quienes confían en los condones como medio para el control de la natalidad. Los llamamos «padres».

Si recordamos que una mujer puede concebir sólo unos pocos días al mes, podemos suponer cuán alto debe ser el índice de fallas de los condones para prevenir enfermedades, las cuales pueden transmitirse los 365 días del año. Los que dependan de un método tan endeble deben usarlo apropiadamente en toda ocasión, y aun así están expuestos a un alto margen de falla por factores fuera de su control. Si el profiláctico se desliza, se rompe, es defectuoso o si se seca mientras lo guardas en la billetera o en la cartera, entonces estarás intercambiando virus, bacterias, levaduras y hongos, y el proceso de enfermedad se habrá iniciado. El daño ocurre en un simple momento, cuando el pensamiento racional es superado por la pasión. Lo único que se necesita para contraer una ETS es un error después de 500 episodios «protegidos». La recompensa por sólo un momento de placer puede ser toda una vida de dolor, un embarazo no deseado, e incluso la muerte. ¡Qué riesgo sin sentido!

Hay otro problema importante con los condones. No cubren toda la región púbica, y algunas enfermedades pueden transmitirse desde la base del pene o los testículos. De modo que aunque el preservativo funcione como se espera y no haya errores durante la relación sexual, aun así pueden transmitirse las enfermedades. ¡Te apuesto a que nadie nunca te dijo *eso* en las clases de educación sexual!

¿Qué dicen las investigaciones médicas sobre los condones y la protección contra los virus que son mucho más pequeños que la mayoría de las bacterias? Por un lado, hay evidencia de que el virus papiloma humano, descrito más arriba, puede penetrar el látex del condón. Esta puede ser una razón por el alto nivel de infección en las universidades.[13]

¿Y el temible VIH? ¿Pasa acaso a través del condón, y si es así, con qué frecuencia? Esa importante pregunta fue evaluada en el Departamento Médico de la Universidad de Texas, en Galveston. Después de revisar once estudios independientes, los investigadores llegaron a la conclusión de que los condones eran sólo un sesenta y nueve por ciento efectivos para prevenir la transmisión del VIH. Para algunos, esto pudiera parecer tranquilizador, hasta que te das cuenta de que un margen de falla de un treinta y un por ciento expone a gran cantidad de usuarios al VIH y a una posible muerte por SIDA. Imagínate que tomas un arma con capacidad para cien tiros pero que tiene treinta y una balas. ¿Te la pondrías en la cabeza y apretarías el gatillo? Espero que no. Tampoco lo harían los investigadores médicos. El doctor que dirigió la investigación dijo: «Al hablar de transmisión del VIH

13. Dr. Kenneth Noeller, *OB/GYN Clinical Alert*, septiembre de 1992.

por relación sexual, la única prevención real es no tener relaciones sexuales con alguien que tiene o pudiera tener VIH».[14]

Quizás por esto es que ninguno de los ochocientos sexólogos que asistieron a una conferencia levantaron la mano cuando se les preguntó si confiarían en una delgada funda de látex para protegerse durante una relación sexual con una persona que se sabe está infectada con VIH.[15] No los culpo. Después de todo, no son tontos. Sin embargo, están perfectamente dispuestos a decirle a tu generación que se ha logrado el «sexo seguro» y que tú puedes dormir con quien quieras con total impunidad. Es una terrible mentira.

LAS ETS: PANDEMIA DESCOMUNAL

Hablando de dormir con quien quieras, no es necesario tener relaciones sexuales con numerosas personas para contagiarse de las ETS. Si tienes relaciones íntimas con dos o tres personas cada año, las que a su vez tienen relaciones con algunos otros, contraerás la enfermedad. Esa es una de las características de una epidemia. Si te expones, pronto vas a contagiarte de los organismos que se propagan de unos a otros. Quizás tengas suerte y contraigas una ETS que pueda ser tratada. Pero yo no contaría con eso. Uno de cada cinco estadounidenses ya ha perdido esa apuesta.[16]

Una de las razones para que las ETS sean epidemias tan extendidas, es que los microorganismos que las causan permanecen en los órganos reproductivos en forma casi indefinida. El cuerpo no puede librarse de ellos. En efecto, se ha dicho que cuando tienes relaciones sexuales con alguien, estás acostándote con todos los que han tenido relaciones sexuales con esa persona. A menos que un tratamiento específico haya eliminado los gérmenes que se han acumulado a través de los años, todavía están allí, esperando un nuevo portador.

Y eso nos lleva al punto que nos interesa. Hay sólo una forma de protegernos de enfermedades mortales que acechan a la familia. Me refiero a la abstinencia antes del matrimonio, luego el matrimonio y una mutua fidelidad de por vida hacia un cónyuge no infectado. Menos que esto es arriesgado y potencialmente suicida. No permitas que nadie te convenza de lo contrario. No existen las relaciones sexuales sin riesgo, como tampoco

---

14. *UTMB News*, Área médica de Galveston de la Universidad de Texas, 7 de junio de 1993, citando un informe de prensa relacionado con «A Meta-Analysis of Condon Effectiveness In Reducing Sexually Transmitted HIV», *Social Science and Medicine.*
15. Theresa Grenshaw, observaciones hechas en la Conferencia nacional sobre el VIH en Washington, D.C., 15-18 de noviembre de 1991.
16. Barringer, «Viral Sexual Diseases Are Found in One in Five in the U.S.» [En una de cada cinco personas en los Estados Unidos se encuentran enfermedades sexuales virales.

existe el «pecado sin riesgo». Durante miles de años la gente ha estado tratando de encontrar la forma de desobedecer las leyes de Dios sin sufrir las consecuencias. No se puede hacer. La Escritura nos dice que la paga del pecado es muerte, ¡y es mejor que lo creamos!

Lo que estoy recomendando a los solteros, por lo tanto, viene directamente de la Palabra de Dios: ¡No vayas a la cama, a menos que vayas solo! Sé que hoy día es difícil poner en práctica esta advertencia. Pero yo no inventé las reglas. Simplemente las estoy transmitiendo. Las leyes morales de Dios no están diseñadas para oprimirnos o para privarnos de placer. Su objetivo es protegernos de la devastación del pecado, incluyendo la enfermedad, la angustia, el divorcio y la muerte espiritual. La abstinencia antes del matrimonio y la fidelidad matrimonial son el plan del Creador, y nadie ha inventado algo mejor.

SABIDURÍA VIVIFICANTE EN LA PALABRA DE DIOS

El hombre más sabio que jamás haya vivido, el rey Salomón, escribió una carta a su hijo para advertirle sobre las consecuencias de la inmoralidad. Sus palabras están registradas para nosotros en Proverbios 6, y hablan elocuentemente sobre el peligro del adulterio. Escucha la pasión que hay en el corazón del padre:

> Guarda, hijo mío, el mandamiento de tu padre,
> y no dejes la enseñanza de tu madre;[...]
> Te guiarán cuando andes;
> cuando duermas te guardarán;
> Hablarán contigo cuando despiertes.
> Porque el mandamiento es lámpara,
> y la enseñanza es luz,
> Y camino de vida
> las reprensiones que te instruyen,
> Para que te guarden de la mala mujer,
> De la blandura de la lengua de la mujer extraña.
> No codicies su hermosura en tu corazón,
> Ni ella te prenda con sus ojos;
> Porque a causa de la mujer ramera
> el hombre es reducido a un bocado de pan;
> Y la mujer caza la preciosa alma del varón.
> ¿Tomará el hombre fuego en su seno
> Sin que sus vestidos ardan?
> ¿Andará el hombre sobre brasas
> Sin que sus pies se quemen?

Así es el que se llega a la mujer de su prójimo;
No quedará impune ninguno que la tocare
(Proverbios 6.20, 22-29)

La validez del mensaje de Salomón no ha cambiado en los 2,700 años que han pasado desde que fue escrito. Desciende por los corredores del tiempo y resuena hoy con la autoridad de Dios mismo. Salomón nos dice que los mandamientos divinos son una «luz» que nos mostrará «el camino de vida». Pero aquellos que los desatiendan, tanto hombres como mujeres, sufrirán las dolorosas consecuencias.

LIMPIADOS PARA SIEMPRE POR JESÚS

Ahora necesito hablar directa pero compasivamente a aquellos que ya han abierto la puerta de las relaciones sexuales prematrimoniales. El monstruo ha sido liberado. Has perdido tu virginidad y quizás por años has sido sexualmente activo. Quizás has estado soportando una pesada carga de culpa por haber hecho lo que sabías estaba mal. ¿Qué hacer ahora? ¿Hay un camino de regreso para ti?

Me alegra decirte que el Señor Jesucristo ofrece perdón completo y total a *todo el* que se arrepienta y crea en su Nombre. ¡Qué regalo de su gran corazón! No hay pecado que Él no pueda limpiar, y Él ha prometido que lo quitará para siempre. Lo echa en el mar de su olvido y coloca un letrero de «No pescar» en la orilla. Déjame darte un precioso pasaje de la Escritura que puedes recordar cuando te asalten los malos recuerdos del pasado:

> *¡No vayas a la cama, a menos que vayas solo!*

No contenderá para siempre,
Ni para siempre guardará el enojo.
No ha hecho con nosotros conforme a nuestras iniquidades,
Ni nos ha pagado conforme a nuestros pecados.
Porque como la altura de los cielos sobre la tierra,
Engrandeció su misericordia sobre los que le temen,
así de grande es su amor hacia todos los que le temen;
Cuanto está lejos el oriente del occidente,
Hizo alejar de nosotros nuestras rebeliones
(Salmo 103.9-12)

¿No es una promesa increíble? El registro de nuestros pecados puede ser desterrado al otro lado del universo. Dios mismo incluso «olvida» la maldad cometida por todos aquellos a quienes Él ha perdonado. Nunca es demasiado tarde para que limpies tu vida.

Aun si durante años has tenido relaciones sexuales con diferentes personas, todavía puedes llegar a tener una «segunda virginidad». Esto ocurre cuando te arrepientes de tus pecados sexuales pasados y decides no volver a tener relaciones íntimas sino hasta que te cases. Necesitarás disciplina para permanecer en el corredor de las puertas sin entrar por ninguna, pero te dará el dulce beneficio de buena salud, respeto por ti mismo y, sobre todo, armonía con el Rey. Él te va a honrar por hacer lo que es correcto. Para concluir, volvamos a los escritos de Salomón. Recuerda que he hecho referencia a un «monstruo» que te toma entre sus garras y te mantiene atrapado, como su víctima. Esta es la forma en que el viejo y sabio rey describe ese peligro a su hijo:

El Señor Jesucristo te ofrece completo y total perdón.

> Porque los caminos del hombre están ante los ojos de Jehová,
> Y Él considera todas sus veredas
> Prenderán al impío sus propias iniquidades.
> Y retenido será con las cuerdas de su pecado.
> Él morirá por falta de corrección,
> Y errará por lo inmenso de su locura
> (Proverbios 5.21-23).

¡Hay un camino mejor!

CAPÍTULO 13

PREGUNTAS DESAFIANTES

Tengo diecinueve años de edad, y estoy orgullosa de decir que aún soy virgen. Planeo permanecer así hasta que me case, aun cuando es difícil controlar lo que siento. ¿Tiene usted alguna sugerencia que pueda ayudar a jóvenes como yo a ser morales en un mundo tan inmoral? Lo que quiero decir es que casi todas las personas que conozco están teniendo relaciones sexuales, y yo no quiero hacerlo. Pero necesito ayuda para hacer lo que es correcto. ¿Qué me sugiere?

Ciertamente admiro tu determinación de reservarte para tu futuro marido. Nunca te arrepentirás de esa decisión. Pero ante todo, necesitas entender que por naturaleza el deseo sexual es progresivo. La relación entre un muchacho y una muchacha naturalmente llega a ser más íntima al pasar tiempo juntos.

En los primeros días se sienten satisfechos con tomarse de las manos o darse un inocente beso de buenas noches. Pero desde ese comienzo, es típico que el contacto llegue a ser más físico semana a semana hasta que por fin van a la cama. Este es, precisamente, el poder del deseo sexual en nuestras vidas.

Leí un estudio que indicaba que cuando una pareja ha estado junta unas trescientas horas, aun aquellos que más se esfuerzan en ser morales, harán cosas que originalmente no habían pensado hacer. Hasta el momento en que ocurra, podrán no ser conscientes de que ese era el destino de la relación.

Lo que estoy diciendo es que la decisión de no tener relaciones sexuales debe hacerse mucho tiempo antes de que la oportunidad se presente. Se pueden dar pasos preventivos a fin de demorar la progresión natural. No sirve permitir todas las acciones íntimas preliminares, y luego esperar detener la progresión justo antes de la relación sexual. Muy pocas personas tienen la fuerza de voluntad para hacer eso.

En cambio, desde el comienzo es bueno tomar la decisión de posponer los besos, las caricias y otras formas de contacto físico.

Evita las circunstancias comprometedoras.

Dejar de darle a la relación un ritmo más lento puede dar como resultado algo que no se intentó en su primera instancia.

Otro principio importante es evitar las circunstancias comprometedoras. Una muchacha que quiere preservar su virginidad no debe estar en una casa o en un dormitorio estudiantil sola con un joven por el que se siente atraída. Tampoco debiera salir a solas con alguien en quien desconfía. Un muchacho que quiere ser moral se mantendrá alejado de una muchacha que él sabe iría a la cama con él. Recuerda las palabras de Salomón a su hijo: «Aleja de ella tu camino, y no te acerques a la puerta de su casa» (Proverbios 5.8).

Sé que esta advertencia suena muy fanática en un día cuando la virginidad es motivo de burla y la castidad se considera pasada de moda. Sin embargo, las Escrituras son eternas, y las demandas de Dios sobre lo bueno y lo malo no cambian con los caprichos culturales. Él honrará y ayudará a los que tratan de seguir sus mandamientos. Como dijo el apóstol Pablo: «No dejará que seas tentado más allá de lo que puedes soportar» (1 Corintios 10.13, trad. libre). Aférrate a esa promesa y continúa usando tu cabeza. Te complacerás por haberlo hecho.

2. ¿Cree usted en lo que se conoce como «doble estándar»? En otras palabras, ¿está bien que muchachos hagan lo que las muchachas no pueden hacer?

Definitivamente no creo en el doble estándar. Las Escrituras no hacen distinción entre los sexos cuando prohíbe la conducta inmoral. Es tan malo cuando un muchacho tiene relaciones sexuales antes de casarse como lo es cuando una muchacha lo hace. A pesar de eso, hay una razón para que en el pasado se diera a las jóvenes un código de conducta diferente que a los muchachos.

Creo que el doble estándar nació porque los padres entendieron que las muchachitas serían más proclives a salir lastimadas en un encuentro sexual prematrimonial. Por supuesto, sólo las mujeres quedan embarazadas, y su complicado sistema reproductivo es más vulnerable a las enfermedades venéreas y a las infecciones. Emocionalmente, las muchachitas y las mujeres en general tienen más que perder. A menudo se sienten heridas y usadas después de tener relaciones sexuales con muchachos que sólo consideran la experiencia como otro trofeo del cual fanfarronear. Esta es la razón por la que padres y profesores a menudo se preocupan más por las muchachas y toman medidas para proteger su virginidad.

Dadas estas diferencias entre los sexos, la revolución sexual fue el chiste más grande que los hombres hicieron a la mujer. Al convencerlas de que las viejas leyes no se aplicaban y que ambos tenían iguales derechos, los hombres sedujeron a las mujeres para que hicieran lo que ellos siempre habían querido que hicieran. ¡Pero qué precio se tuvo que pagar por la nueva «libertad»! Y como se anticipó, las mujeres fueron quienes tuvieron que hacerse cargo de la cuenta.

Digámoslo otra vez, la importancia moral de la promiscuidad sexual es la misma para ambos sexos, pero las consecuencias físicas y emocionales son desproporcionadas. Por lo general, las mujeres son las grandes perdedoras.

3. Me impresionó escuchar que uno de cada cinco estadounidenses tiene un virus incurable transmitido sexualmente por el cual sufrirá de por vida. Durante cinco años he tomado clases de educación sexual, y nunca nadie me habló de esto, ni de que hay más de veinte ETS a nivel epidémico en nuestra sociedad. ¿Por qué no se da esta información a los adolescentes?

Es una muy buena pregunta. Creo que es escandaloso que estos hechos le sean negados a la gente joven de hoy. Nuestra organización, *Enfoque a la familia,* preparó un anuncio publicitario de página entera para intentar decir esto. Presentó los peligros de las infecciones virales y bacteriales, y lo documentó ampliamente con respetables referencias médicas. Este anuncio, titulado «En defensa de un poco de virginidad» ha aparecido en 1,300 periódicos, incluyendo los de mayor tiraje en Estados Unidos.

Hemos recibido miles de cartas de agradecimiento de parte de estudiantes y de padres, pero sorprendentemente, para algunos educadores y sexólogos, el anuncio fue una injuria. ¿Por qué? Sólo puedo darte mis sospechas. Ellos se ganan la vida indirectamente con la conducta sexual de la juventud. La organización *Planned Parenthood* [Paternidad planificada], por ejemplo, recibe más de cien millones de dólares al año del gobierno federal, y millones más de fundaciones a fin de tratar este asunto.[1]

En este país, el aborto es una industria multimillonaria. Los fabricantes de condones y otros anticonceptivos se benefician grandemente con la promiscuidad. Es razonable que ellos y otros cuyas subsistencias dependen de la sexualidad de los adolescentes, traten de proteger esas ganancias. Si entre las generaciones más jóvenes surgiera una ola de moralidad, mucha de la gente que está en profesiones relacionadas tendría que dedicarse a otra cosa.

Mientras tanto, cincuenta y seis millones de estadounidenses —muchos de ellos muy jóvenes— están sufriendo de virus incurables.[2] Y muchos más tienen infecciones por hongos y bacterias que provocan infertilidad y otros problemas físicos. Y por supuesto un millón quinientos mil bebés son abortados cada año.[3]

Evidentemente, es tiempo que le digamos la verdad a la gente joven.

Esa necesidad de información nos resulta muy evidente a nosotros en *Enfoque a la familia*. Recibimos cartas que rompen el corazón de parte de jovencitos que han sido inducidos a una conducta destructiva. Algunos de ellos aún son niños, como la muchachita que el año pasado nos envió esta carta:

> He pensado en esto por un largo tiempo. He oído que si uno tiene relaciones sexuales durante la menstruación no va a quedar embarazada. Si no es así, estoy en problemas. Tengo 11 años.
>
> (firmado) Realmente Preocupada

¡Qué vergüenza que hayamos permitido que criaturas inocentes como esta niña sean arrastradas a una conducta destructiva aun antes que hayan empezado a vivir. Tenemos que empezar por decirles toda la verdad sobre las relaciones sexuales prematrimoniales y los problemas que pueden causar.

4. La información que nos dio acerca del VHP es extremadamente alarmante. ¿Es verdad que hay miles de mujeres por año que mueren de cáncer causado por este virus? Parece inconcebible que esta información no se use en los programas de televisión donde paneles discuten y debaten estos temas.

---

1. Doug Scott, *Inside Planned Parenthood*, Frontlines, Grand Rapids MI, 1990, p. 78.
2. Felicity Barringer, *Viral Sexual Diseases Are Found in One in Five in the U.S.*
3. Dr. Richard D. Glascow, «The Most Commonly Asked Questions about RU-486» [Las preguntas más comunes sobre el RU-486], *National Right to Life News*, 28 de abril de 1993, pp. 12-13.

Totalmente de acuerdo, y te puedo asegurar que las víctimas del VHP (virus papiloma humano) sienten lo mismo. Permíteme transcribir una carta que recibí de una mujer que tiene este virus pero aún no padece de cáncer cervical (de cuello de útero). Ella plantea su caso dramáticamente. Dice así:

Es hora que les digamos la verdad a los jóvenes.

Estimado doctor Dobson:

En uno de sus programas radiales usted dijo que el virus puede causar displasia cervical y luego cáncer cervical. En verdad es trágico. Pero tiene muchos otros efectos acerca de los cuales nada he leído.

Déjeme contarle sobre esta enfermedad y lo que ha hecho en mi vida. Tengo veinticinco años de edad y soy graduada universitaria. Permanezco soltera y sin hijos. Es una soltería impuesta por mi condición física. Los últimos cuatro años de mi vida sufrí dolor crónico, dos intervenciones quirúrgicas, múltiples biopsias, miles de dólares en medicinas, y ninguna esperanza. El efecto de este problema es una grave e implacable infección. Esta condición puede ser tan severa que el dolor llega a ser casi insoportable. Relaciones sexuales o la posibilidad de matrimonio están totalmente descartados.

El aislamiento es como un cuchillo que corta mi corazón todos los días. Los resultados son depresión, rabia, desesperanza, y una vida religiosa y social drásticamente afectada. Los médicos dicen que están viendo esta enfermedad con más y más frecuencia. Las mujeres están sentenciadas a vivir observando cómo otras viven, se casan y tienen hijos. Por favor, comunique por radio todo lo que he dicho.

Gracias por escucharme, doctor Dobson. Este obstáculo ha sido el único al cual no he podido vencer.

5. Hoy oímos mucho sobre la homosexualidad y el lesbianismo. ¿Cuál debería ser la actitud de los cristianos hacia homosexuales y lesbianas?

Es una pregunta muy importante, considerando el alboroto que se ha creado en torno a esto. Creo firmemente que los cristianos tienen un mandato escritural de amar y velar por toda la gente del mundo. Aun aquellos que están viviendo en inmoralidad tienen derecho de ser tratados con dignidad y respeto. No hay lugar para el odio, los chistes ofensivos u otras formas de rechazo hacia homosexuales o lesbianas.

Recuerda que Jesús fue más compasivo hacia la mujer sorprendida en adulterio —una ofensa capital en aquellos días— que hacia los hipócritas en la iglesia. Ese es nuestro modelo para responder a una persona que vive en pecado. Por cierto que debemos tratar de alcanzar a todos los que no conocen a Jesucristo, lo cual es imposible en una atmósfera de hostilidad.

Además estamos obligados a extraer de las Escrituras nuestros valores y nuestra definición de qué es bueno y qué es malo. No es cosa de lo que yo creo o de lo que tú crees. Lo que importa es lo que Dios piensa, y en esta cuestión Él es muy claro. Consideremos las referencias bíblicas a la homosexualidad y el lesbianismo.

> Si alguno se ayuntare con varón como con mujer, abominación hicieron; ambos han de ser muertos; sobre ellos será su sangre (Levítico 20.13).

> Pero cuando estaban gozosos, he aquí que los hombres de aquella ciudad, hombres perversos, rodearon la casa, golpeando a la puerta; y hablaron al anciano, dueño de la casa, diciendo: Saca al hombre que ha entrado en tu casa, para que lo conozcamos. Y salió a ellos el dueño de la casa y les dijo: No, hermanos míos, os ruego que no cometáis este mal; ya que este hombre ha entrado en mi casa, no hagáis esta maldad (Jueces 19.22-23).

> Por esto Dios los entregó a pasiones vergonzosas; pues aun sus mujeres cambiaron el uso natural por el que es contra naturaleza, y de igual modo también los hombres, dejando el uso natural de la mujer, se encendieron en su lascivia unos con otros, cometiendo hechos vergonzosos hombres con hombres, y recibiendo en sí mismos la retribución debida a su extravío (Romanos 1.26-27).

> ¿No sabéis que los injustos no heredarán el reino de Dios? No erréis; ni los fornicarios, ni los idólatras, ni los adúlteros, ni los afeminados, ni los que se echan con varones, ni los ladrones, ni los avaros, ni los borrachos, ni los maldicientes, ni los estafadores, heredarán el reino de Dios (1 Corintios 6.9-10).

> Pero sabemos que la ley es buena, si uno la usa legítimamente; conociendo esto, que la ley no fue dada para el justo, sino para los transgresores y desobedientes, para los impíos y pecadores, para los irreverentes y profanos, para los parricidas y matricidas, para los homicidas, para los fornicarios, para los sodomitas, para los secuestradores, para los mentirosos y perjuros, y para cuanto se oponga a la sana doctrina, según el glorioso evangelio del Dios bendito, que a mí me ha sido encomendado (1 Timoteo 1.8-11).

Obviamente, estos pasajes dejan pocas posibilidades para discusión. La única forma de anular el mensaje es rechazar la autoridad de la Palabra de Dios. Pero quisiera señalar que muchos de estos mismos pasajes y numerosos otros también condenan enérgicamente la heterosexualidad prematrimonial. La inmoralidad es inmoralidad, sea que ocurra entre personas del mismo sexo o del sexo opuesto. En ambos casos, nuestra responsabilidad es llamar al pecado por su nombre y amonestar a hombres y mujeres a vivir en pureza y santidad.

Hay otro aspecto que necesitamos clarificar. Aunque estamos obligados a tratar con respeto a homosexuales y lesbianas, somos moralmente responsables de oponernos a lo que quiere lograr el movimiento por los derechos de los homosexuales. Lo que ellos están tratando de alcanzar en la sociedad es una equivocación, y debemos oponernos.

Nuestra responsabilidad es[...] amonestar a hombres y mujeres a vivir en pureza y santidad.

Ese programa incluye: que en las escuelas públicas se enseñen conceptos en pro de la homosexualidad, que se redefina a la familia para que represente «cualquier núcleo de personas que se aman mutuamente», que se apruebe el derecho de los homosexuales a adoptar niños, y que se apruebe un *status* legal especial para quienes se identifican como homosexuales. No voy a tomar tiempo para explicar por qué cada uno de estos objetivos es peligroso, pero debemos rechazarlos.

6. ¿Cree usted que el SIDA es la plaga que Dios envía como castigo a homosexuales, lesbianas y otras personas promiscuas?

Diría que no, porque bebés y otros que no tienen responsabilidad al respecto también están sufriendo. Pero considera lo siguiente: Si decido saltar de un edificio de diez pisos, moriré cuando mi cuerpo se golpee contra el suelo. Es inevitable. Sin embargo, la ley de gravedad no fue creada por Dios para castigar mi estupidez. Él estableció leyes físicas que pueden ser violadas pero corriendo un gran riesgo. Lo mismo ocurre con sus leyes morales. Son tan reales y predecibles como los principios que gobiernan el universo físico.

Así es que desde el comienzo de la revolución sexual en 1968 sabíamos que llegaría este día de enfermedades y promiscuidad. Ya está aquí, y lo que hagamos con nuestra situación habrá de determinar cuánto sufriremos en el futuro nosotros y nuestros hijos.

Dios creó las bases morales del universo antes de hacer los cielos y la tierra. Su concepto de lo bueno y lo malo no fue una idea posterior que apareció con los Diez Mandamientos. No, fue una expresión de la naturaleza divina de Dios, y estaba vigente aun antes de «en el principio».

Esto es lo que leemos en Proverbios 8.22-30, 32-36, en cuanto a la ley moral universal en primera persona:

> Jehová me poseía en el principio,
> ya de antiguo, antes de sus obras.
> Eternamente tuve el principado,
> desde el principio, antes de la tierra.
> Antes de los abismos fui engendrada;
> antes que fuesen las fuentes de las muchas aguas.
> Antes que los montes fuesen formados,
> antes de los collados, ya había sido yo engendrada;
> no había aún hecho la tierra, ni los campos,
> ni el principio del polvo del mundo.
> Cuando formaba los cielos, allí estaba yo;
> cuando trazaba el círculo sobre la faz del abismo;
> cuando afirmaba los cielos arriba,
> cuando afirmaba las fuentes del abismo;
> cuando ponía al mar su estatuto,
> para que las aguas no traspasasen su mandamiento;
> cuando establecía los fundamentos de la tierra,
> con él estaba yo ordenándolo todo,
> y era su delicia de día en día,
> teniendo solaz delante de él en todo tiempo[...]
> Ahora, pues, hijos, oídme,
> y bienaventurados los que guardan mis caminos.
> Atended el consejo, y sed sabios,
> y no lo menospreciéis.
> Bienaventurado el hombre que me escucha,
> velando a mis puertas cada día,
> aguardando a los postes de mis puertas.
> Porque el que me halle, hallará la vida,
> y alcanzará el favor de Jehová.
> Mas el que peca contra mí, defrauda su alma;
> todos los que me aborrecen aman la muerte.

Esta escritura es clarísima y es aplicable tanto a la inmoralidad homosexual como a la heterosexual. Si conformamos nuestra conducta a la antigua prescripción moral de Dios, tenemos derechos a los dulces beneficios de la vida. Pero si desafiamos sus imperativos, la consecuencia inevitable es la muerte. El SIDA es sólo una manera por la cual la enfermedad y la muerte sobrevienen a aquellos que juegan a la ruleta rusa con la ley moral y eterna de Dios.

7. ¿Es la homosexualidad hereditaria o es una característica adquirida?

Hay mucha controversia en torno a esta pregunta, principalmente porque los activistas de los derechos de los homosexuales quieren que la gente crea que la homosexualidad es una característica heredada e involuntaria. Si los impulsos hacia la homosexualidad y el lesbianismo no son comportamientos elegidos, entonces los que participan de ellos no son responsables por cómo son. Sin embargo, tal posición no está respaldada por los hechos, como creo que puedo demostrar con la reflexión que hago en las siguientes líneas:

Primero, si la homosexualidad fuera específicamente una característica heredada, entonces *todos* los gemelos serían o no serían homosexuales. Sus genes están duplicados de manera exacta, así que todo lo que se derive específicamente de su material genético, se expresaría de forma idéntica en las dos personas. No es lo que sucede. Hay miles de gemelos idénticos de los cuales uno es homosexual y el otro no.

Segundo, las características de herencia que no pasan a la siguiente generación, son eliminadas de la fuente de genes. En vista de que los homosexuales y las lesbianas son padres menos frecuentemente que los heterosexuales, el número de personas con tendencias homosexuales tendría que ir disminuyendo en la población, especialmente después de miles de años que la humanidad ha estado en la tierra.

Tercero, las Escrituras hacen referencia a epidemias de homosexualidad y lesbianismo en ciertas culturas específicas. Por ejemplo, Romanos 1.26-27, citado anteriormente, se refiere a un período así en la antigua Roma: «Por esto Dios los entregó a pasiones vergonzosas; pues aun sus mujeres cambiaron el uso natural por el que es contra naturaleza, y de igual modo también los hombres, dejando el uso natural de la mujer, se encendieron en su lascivia unos con otros, cometiendo hechos vergonzosos hombres con hombres, y recibiendo en sí mismos la retribución debida a su extravío». (¿No te parece que esa frase final pareciera ser la transmisión de enfermedades que se contagian sexualmente?)

De manera que, si la homosexualidad fuera hereditaria en la familia, sería una constante a través del tiempo. No habría oleadas ni epidemias como aquellas a las que se refiere el apóstol Pablo ni como lo vemos hoy día.

Cuarto, Dios es infinitamente razonable y justo. No creo que Él hablaría de la homosexualidad en las Escrituras como un pecado abominable ni la pondría en la lista de las más despreciables conductas humanas si los hombres y las mujeres no fueran responsables por serlo. Él no actúa de ese modo.

Dios es infinitamente razonable y justo.

Aun cuando la homosexualidad y el lesbianismo no son características inducidas genéticamente, es correcto decir que a menudo ocurren en quienes no lo eligieron de por sí. Los niños que fueron víctimas de abuso sexual cuando pequeños, los que proceden de hogares conflictivos, y aquellos que experimentan otros tipos de traumas, pueden ser personas predispuestas al estilo de vida homosexual. Otros son arrastrados hacia la homosexualidad aun sin que haya influencia relacionada conocida. Tales personas necesitan nuestro cuidado y compasión en su lucha con las fuerzas que pugnan en su interior. Podemos aceptarlos sin aprobar una conducta que la Biblia condena.

8. ¿Entonces qué espera Dios de una persona que es homosexual pero que quiere vivir una vida cristiana?

Bueno, el pecado no radica en *ser* homosexual. La inmoralidad ocurre cuando la persona se involucra en una conducta prohibida. Por lo tanto, el homosexual cristiano está en la misma situación que el heterosexual no casado. Se espera que él, o ella, controle su deseo sexual y viva una vida santa. Sé que esta es una posición bastante dura, y que algunos la resistirán. Pero me baso en la autoridad de la Escritura, y no tengo derecho de cambiarla.

9. ¿Qué piensa usted sobre la violación durante una cita, cuando la muchacha ha incitado al muchacho? Si ella ha flirteado con él y lo ha acompañado a un apartamento o a algún otro lugar donde no debió haber ido, ¿tiene él derecho de tener relaciones sexuales con ella?

Bajo *ninguna circunstancia* un muchacho tiene derecho de forzar a una mujer a tener relaciones sexuales con él. Ella debería tener el derecho de decir no en cualquier momento, y él debería respetar esa negativa. Es un delito que tantas jovencitas y mujeres sean violadas hoy día. Sesenta de todas las mujeres que pierden su virginidad antes de los quince años de edad, dicen que su primera experiencia sexual fue forzada.[4] Esta es una tragedia con consecuencias de largo alcance.

Lo que me preocupa es que la sociedad ha enseñado a los jóvenes que ellos tienen el derecho de obligar a las jovencitas a la relación sexual. En un estudio realizado por el Centro de Crisis por Violación de Rhode Island, se les preguntó a 1,700 estudiantes entre los grados sexto y noveno (jovencitos de entre once y catorce años) si bajo ciertas circunstancias un

---

4. The Alan Guttmacher Institute 1994 Report: Sex and America's Teenagers [El sexo en los adolescentes estadounidenses], New York, 1994, p. 28.

hombre tiene derecho de forzar a una mujer a tener relaciones sexuales con él. Sesenta y cinco por ciento de los varones y cuarenta y siete por ciento de las niñas dijeron que los muchachos tienen ese derecho si han estado saliendo con una muchacha durante seis meses o más. Cincuenta y un por ciento de los varones dijo tener derecho de forzar a una muchacha a besarlo si ha gastado dinero por ella según muchachos de doce años de edad, entre diez y quince dólares.[5]

No es de extrañar que hoy día las mujeres estén tan a menudo a la defensiva. Los hombres esperan que estén dispuestas a prostituirse si ellos han gastado unos cuantos dólares en ellas.

Permíteme dejarte este pensamiento escrito por mi padre antes de morir. Si lo incorporas a tu sistema de valores, será una valiosa guía para administrar tu energía sexual:

> Los deseos fuertes son como un río. Siempre que fluyan dentro del cauce de la voluntad de Dios —sea la corriente fuerte o suave—, todo está bien. Pero cuando se salen del cauce y buscan sus propios canales, el desastre está al acecho en la turbulencia que viene.

---

5. Adelle Banks, «Some Kids Agree in Survey: Rape OK If Date Costs Money» [Algunos niños contestan afirmativamente en la encuesta: Se puede violar si la cita con la muchacha obliga a gastar], *Los Angeles-Herald Examiner*, 8 de mayo de 1988, A14.

CAPÍTULO 14

QUÉ UNIVERSIDAD ESCOGER

Hablemos ahora de otro tema relevante. Ya que algunos de mis lectores están en los primeros años de la década crítica, voy a dedicar este capítulo a una pregunta que seguramente ellos (tú) se habrán hecho. Es esta: «¿A qué universidad voy a ir?»

No todos planean seguir estudios universitarios, y eso está bien. No todos tenemos que ajustarnos al mismo molde. Pero para aquellos que intentan continuar su educación, quiero ofrecer unos pocos pensamientos que pueden serles útiles.

Primero, necesito admitir que no soy imparcial en el consejo que estoy a punto de ofrecer. Voy a darte la opinión de un hombre que puede diferir de lo que vas a escuchar de tus padres, tu consejero estudiantil, o tu pastor. Pero por lo menos sabes que he puesto las cartas sobre la mesa y he confesado mi falta de objetividad en esta cuestión.

De lo que se trata aquí es si asistir a una universidad cristiana o a una universidad secular sostenida por el estado. A este respecto, creo firmemente en la educación cristiana para todos los que entre ustedes son seguidores de Jesucristo. Mi esposa y yo somos fruto de una universidad sostenida por una iglesia que hizo una increíble contribución a nuestras vidas. Nuestros dos hijos se graduaron en universidades cristianas, y estamos felices de ello. En un momento voy a explicar por qué.

Debo reconocer que muchos estudiantes prosperan académica y espiritualmente en grandes instituciones seculares, y no se arrepienten de la decisión que hicieron de ir allí. Algunos son parte de ministerios cristianos en esas universidades, y emergen con su fe intacta. Además, hay miles de dedicados profesores cristianos enseñando en universidades públicas, y ellos creen que Dios los ha guiado a enseñar en ese ambiente. De ninguna manera quiero desafiar esa convicción ni la tengo en menos.

EN CONTRA DE LAS UNIVERSIDADES PÚBLICAS

De todos modos, me preocupan ciertas tendencias en las universidades públicas o seculares, y tú deberías saber con qué te vas a encontrar si decides estudiar en una de ellas. Francamente, en circunstancias normales, yo no enviaría a mis hijos allí por las siguientes razones:

1. Las universidades seculares de hoy son un bastión del relativismo moral que no deja lugar a la perspectiva cristiana.

Me pregunto si muchos estudiantes o sus padres se dan cuenta cuán antagónicas han llegado a ser muchas universidades estatales a cualquiera cosa que huela a cristianismo. En el sistema sencillamente no hay lugar para Dios. El nuevo dios es la «diversidad», que respeta todos los puntos de vista del mundo y las filosofías, menos uno. La perspectiva cristiana no solamente es excluida de la sala de clases, sino que a menudo es ridiculizada y socavada.

Me preocupan ciertas tendencias en las universidades públicas o seculares.

La filosofía predominante en las universidades públicas hoy se llama relativismo, que niega categóricamente la existencia de la verdad o de la moral absolutas. Los que son tan tontos como para creer en nociones arcaicas tales como la autoridad bíblica o las demandas de Cristo, son dignos de lástima o víctimas de matonerías.

Hoy día, esta es la actitud que predomina en la mayoría de las instituciones apoyadas por el estado.

2. Las universidades estatales están dominadas por lo «políticamente correcto» (PC), a lo que alguien se puede oponer sólo al costo de un gran sacrificio personal.

Hoy día, en las universidades seculares quizás haya menos libertad de pensamiento que en cualquier otro lugar en la sociedad. A un estudiante o un profesor no se le permite exponer ideas contrarias al «pensamiento de grupo» aprobado. Esto se hace cumplir a través de un grupo policial para el pensamiento de la universidad, que incluye a extremistas feministas en el cuerpo docente, activistas homosexuales y lesbianas, profesores izquierdistas, activistas entre las minorías, y defensores del bilingüismo. Donald Kagan, ex decano en la Universidad de Yale, dijo: «Estudié durante los días de Joseph McCarthy, y ahora hay menos libertad que en aquel entonces».[1]

Según Todd Ackerman, escritor en *The Houston Chronicle*, a lo menos doscientas cincuenta universidades tienen actualmente «códigos de expresión» a los cuales los estudiantes tienen que someterse.[2] ¿Cuáles son algunas de las ideas que censuran? John Leo, escribiendo en *U.S. News and World Report*, hizo una lista de estos temas prohibidos: «el *SAT* (examen de aptitud escolar), dudas sobre el aborto, los católicos, el uso de pieles, cualquier énfasis sobre los niveles de excelencia, y cualquier sugerencia de que el sexo de una persona y el origen étnico pudieran no ser los temas de importancia más abrumadora de la era moderna».[3]

He aquí algunos pocos ejemplos de la corrección política en acción:

- En 1990, la Universidad del Estado de Pensilvania advirtió a sus 10,000 nuevos estudiantes que se les podría asignar como compañero de cuarto a un homosexual, y si tal era el caso, no se les permitía hacer objeciones.[4]
- En la Escuela de Leyes de la Universidad de Nueva York, los estudiantes rehusaron debatir un caso hipotético de una madre lesbiana divorciada tratando de obtener la custodia de su hijo porque argumentar en contra hubiera sido perjudicial para los homosexuales.[5]
- En la Universidad de Harvard, Stephen Thernstrom, un importante historiador liberal de la relación entre las razas, fue calificado de «racista» por respaldar el punto de vista del senador Patrick Moynihan sobre los problemas sociales causadas por el colapso de la familia negra y usar términos tales como «indio americano» en lugar de «americano nativo».[6]

---

1. Dinesh D'Souza, «The Visigoths in Tweed» [Los visigodos en traje], *Forbes*, 1° de abril de 1992, p. 82.
2. Todd Ackerman, «Decision Could Kill College Speech Codes» [La decisión podría terminar con los códigos de expresión universitarios], *Houston Chronicle*, 28 de junio de 1993, A1.
3. John Leo, «The Academy's New Ayatollahs» [Los nuevos ayatolas académicos], *U.S. News and World Report*, 10 de diciembre de 1990, p. 22.
4. Carol Innerst, «Sensitivity Is the Buzzword at Colleges» [Sensibilidad es la nueva moda en las universidades], *Washington Times*, 29 de agosto de 1990, A1.
5. Leo, *New Ayatollahs*, p. 22.
6. Edward Lucas, «Free Speech Falls to the Camp's Thought Police: The Fight Against Racisn and Sexism Is Creating Another Oppression» [La libre expresión cede ante

- La Universidad de Michigan ha establecido una «guía del estudiante para una conducta apropiada» que en forma indiscriminada equipara amenazas racistas con conductas tales como «no invitar a alguien a una fiesta porque es lesbiana».[7]
- Mientras la secretaria de Salud y Servicios Humanos, Donna Shalala, fue directora general de la Universidad de Wisconsin-Madison, su junta de regentes estableció una política escrita exigiendo conversación políticamente correcta. El documento fue tan extremo que una corte federal lo declaró inconstitucional.[8]

3. En varias universidades, la filosofía políticamente correcta desprecia la civilización occidental, con su énfasis en la herencia judeo-cristiana.

Muchas de las universidades de más prestigio, incluyendo Stanford, han eliminado su «programa de estudios» basado en la civilización occidental. Según ellos, es inherentemente injusto con las minorías, las mujeres, y los homosexuales. En estas universidades hay una manifiesta falta de respeto hacia literatura, ciencia, arte, herencia religiosa e historia de los antepasados europeos. Se da mucho menos énfasis al estudio de Shakespeare, Mozart, Newton, Galileo, la monarquía británica y los importantes acontecimientos de la historia europea. En realidad, en el setenta y ocho por ciento de las universidades estadounidenses es posible graduarse sin haber tomado un solo curso sobre civilización occidental.[9]

¿La consecuencia? Lynne Cheney, ex presidente de la Fundación Nacional para las Humanidades escribió que muchos estudiantes obtienen su primer título universitario sin conocer «acontecimientos sobresalientes de la historia y el pensamiento».[10] Por ejemplo, en una encuesta de Gallup en 1989, veinticinco por ciento de los estudiantes de último año de 700 universidades no sabían que Colón desembarcó en el hemisferio occidental

---

la política de pensamiento en la universidad: La lucha contra el racismo y el sexismo está creando otra opresión], *The Independent*, 9 de junio de 1991, p. 13.

7. Stephen Chapman, «Campus Speech Codes Are on the Way to Extinction» [Códigos de expresión universitarios están en vías de extinción], *Chicago Tribune*, 9 de julio de 1992, p. 21.
8. Barbara Vobejda, «Shalala: A Lifetime Spent in the Center of the Storms: Tough Questions Likely for HHS Designee» [Toda una vida pasada en el centro de la tormenta: Preguntas quizás fuertes para la designada a secretaria de Salud y Servicios Humanos], *Washington Post*, 20 de diciembre de 1992, A13.
9. Dennis Kelly, «A call for a Return to Liberal Arts Education» [Un llamado para regresar a la educación de artes liberales], *USA Today*, 4 de marzo de 1993, 4D.
10. William Celis, «College Curriculums Shaken to the Core», *New Yor Times*, 10 de enero de 1993, 4A.

antes del año 1500. La mayoría no pudo identificar la Carta Magna.[11] En resumen, lo que había sido educación en humanidades durante los pasados 200 años, está experimentando una transformación radical. La revolución empezó con la eliminación del concepto de la verdad, y de allí echó a la basura la herencia común que nos ha unido como un pueblo. La nueva pasión es la diversidad, no la unidad, lo que nos pone a unos contra otros en defensa de nuestros «derechos».

4. Las universidades estatales son, literalmente, terreno fértil para las enfermedades de transmisión sexual (incluyendo el VIH), la conducta homosexual, los embarazos no deseados, los abortos, el alcoholismo, y la adicción a las drogas.

A medidas que las universidades públicas ejercen más y más control para lograr un pensamiento políticamente correcto, parecieran estar totalmente desinteresadas en la actividad sexual del estudiante y en otros comportamientos con implicaciones morales. Sin duda, la palabra *moralidad* en sí misma implica un juicio de valores que viola la «teología» PC, es decir, políticamente correcta.

La nueva pasión es la diversidad, no la unidad.

Por ejemplo, durante meses las autoridades de la Universidad de California en Berkeley no supieron qué hacer con el comportamiento de un «nudista». En el otoño de 1992, un estudiante llamado Andrew Martínez empezó a practicar nudismo en la universidad misma. Salía a correr, comía en los comedores de la universidad y asistía a clases completamente desnudo. Cuando se le preguntó por qué no usaba ropa, dijo que estaba protestando por las tradiciones sexualmente represivas en la sociedad occidental. Las estudiantes mujeres se sentían incómodas en su presencia, y tanto ellas como los estudiantes varones nerviosamente rehusaban sentarse donde él se había sentado.

Es increíble que a las autoridades de la universidad le haya tomado todo el otoño y el invierno resolver este atropello. No podían esgrimir una excusa legal ni un reglamente interno que hiciera que el «nudista» se vistiera o se fuera de la universidad. En lugar de eso, tomaron todas las precauciones para no violar sus derechos. Sin embargo, recuerda que muchas autoridades no tienen problemas en expulsar a un estudiante que emite una incómoda opinión sobre la inmoralidad de la homosexualidad.

Finalmente, Martínez fue expulsado de acuerdo a una ordenanza redactada apresuradamente que prohibía el nudismo público, pero de

11. *Ibid.*

inmediato fue invitado a regresar cuando las autoridades universitarias se dieron cuenta de que no habían contado con el voto favorable del subdirector. ¡Qué ilustración tan gráfica de la confusión moral de nuestros días! Finalmente, Martínez fue expulsado en forma definitiva. ¿Cómo se consiguió esto? Algunas estudiantes mujeres hicieron acusaciones de que su conducta constituía «hostigamiento sexual». ¡Y eso fue todo! El estudiante no fue expulsado por violar los parámetros establecidos de decencia. Se tuvo que encontrar una violación a un principio de corrección política que lo pudieran echar a la calle con su trasero desnudo.

Entiendo que Martínez está por iniciar juicio contra la universidad. Es lo que faltaba. Con dificultad los californianos pagaron sus impuestos para dar una educación a este mal agradecido fulano, y él se las lanzó en la cara. Luego, las autoridades de la Universidad de Berkeley en una forma conmovedora le permiten burlarse de todo el sistema.[12]

Las siguientes ilustraciones se refieren a la conducta sexual en otras universidades:

- La asamblea estudiantil de la Universidad de Cornell recomendó recientemente que una sección de los dormitorios fuera reservada para unos sesenta estudiantes interesados en promover «el conocimiento de la homosexualidad, el lesbianismo y la bisexualidad».[13]
- Desde el último otoño, unos veinte estudiantes de la Universidad de Massachusetts en Amherst han vivido en un «corredor» de homosexuales, lesbianas, bisexuales. La Universidad de California tiene unos cuarenta alumnos viviendo en dos residencias estudiantiles de temática homosexual y hace algunos años la Universidad de Rutgers comenzó una unidad habitacional de estudios homosexuales para unos diez estudiantes. La idea se está esparciendo.[14]
- Un estudio hecho en el centro de salud estudiantil de la Universidad de Texas reveló que cerca de uno de cada cien estudiantes que buscan ayuda médica están infectados con el virus que causa el SIDA.[15]

---

12. Bob Greene, «What Does the Naked Guy Tell Us About Our Society» [¿Qué nos puede decir el muchacho desnudo sobre nuestra sociedad?], *Dallas Morning News*, 14 de febrero de 1993, 7J.
13. Hilary Appelman, «Cornell University President Considering Gay Living Unit Proposal» [El presidente de la Universidad de Cornell considera propuesta para unidad de dormitorios para homosexuales], *Associated Press*, 24 de marzo de 1993.
14. *Ibid.*
15. Scott W. Wright, «1 in 100 Tested at UT Has AIDS Virus» [Prueba que 1 de cada 100 estudiantes de la Universidad de Texas tiene el virus del SIDA], *Austin American-Statesman*, 14 de julio de 1991, A14.

- Setenta y cinco por ciento de los estudiantes que acuden al Centro de Salud Cowell de la Universidad de Stanford se describen a sí mismos como «sexualmente activos».[16]

Estas son sólo algunas de mis preocupaciones por la forma en que funciona actualmente el sistema universitario estatal. Es triste darse cuenta de que nuestros más inteligentes y prometedores estudiantes deben enfrentar filosofías relativistas que hubieran horrorizado a generaciones pasadas. Si decides continuar tu educación en una de estas instituciones, a lo menos ya sabes con qué te encontrarás.

EN FAVOR DE LAS UNIVERSIDADES CRISTIANAS

¿Y qué podemos decir de las universidades que se llaman «cristianas»? ¿Han evitado todas las trampas e inmoralidad descritas más arriba? Algunas no lo han hecho, pero la mayoría constituyen un grupo aparte. Doy gracias a Dios por las universidades que toman con seriedad el evangelio de Jesucristo, ya que son imprescindibles para perpetuar nuestra fe a través de tu generación y aun después.

Siguen algunas razones por las que creo tan firmemente en la educación cristiana:

Doy gracias a Dios por las universidades que toman con seriedad el evangelio de Jesucristo.

1. Es difícil exagerar la importancia de contar con profesores piadosos para los estudiantes de alrededor de veinte años.

Mi gran preocupación es que personas como tú, durante los años cuando son adultos jóvenes, son extremadamente vulnerables al liderazgo de sus profesores. Una de las razones básicas por la que la educación cambia a las personas es que los estudiantes admiran y se identifican con aquellos que se destacan en experiencia, entrenamiento, madurez, inteligencia y carisma. Esto hace que los jóvenes y señoritas sean un blanco fácil para los adultos mayores que quieren reordenar las creencias básicas y el sistema de valores de la juventud.

Cualquiera que tenga el poder de reprobar a un estudiante sabe, que es fácil prevalecer en debates sobre fe, moralidad o filosofía. Por esto

16. Robin Wilson, «Sexually Active Students Playing Russian Roulette» [Estudiantes sexualmente activos juegan a la ruleta rusa], *Seattle Times*, 6 de febrero de 1992, A9.

debemos seguir respaldando a hombres y mujeres piadosos que han dedicado sus vidas a los principios cristianos y a traspasar estas ideas a nuestros descendientes. La perspectiva de los profesores tiene influencia en todo lo que enseñen, desde humanidades hasta ciencias básicas, y lo que ellos creen sobre Dios no deja de manifestarse a sus estudiantes.

2. Los centros educacionales inspirados en la fe cristiana enfatizan la «unidad» en las relaciones humanas.

Como ya lo hemos indicado, las instituciones seculares se han vuelto casi obsesivas en cuanto al concepto de diversidad en la vida universitaria. En términos prácticos, la gente se divide en grupos que compiten por intereses egoístas. Los afroamericanos son incitados en contra de los hispanos, que están en guerra con los asiáticos, quienes a su vez tienen resentimiento por los americanos nativos, que deben competir con los homosexuales y las lesbianas por condición y territorialidad. Un ejemplo típico ocurrió años atrás en la entrega de premios de la Academia de Hollywood donde se enfatizó la cuestión de «mujeres en el mundo del espectáculo». Es imposible dar todo el crédito a uno de los sexos por toda virtud buena y perfecta, sin al mismo tiempo menospreciar al otro. Ese es el resultado de la diversidad extrema. Sin ir más lejos, una reciente edición de la revista *Newsweek* hablaba del último grupo estadounidense que se ha convertido en víctima, los hombres blancos.[17] Ahora *todos* tenemos algo por qué luchar.

En un discurso pronunciado en 1858 a la Convención Republicana de Illinois, Abraham Lincoln citó las Escrituras, diciendo: «Una casa dividida contra ella misma no puede permanecer».[18] Me temo que la diversidad nos lleva a esto. Si por *diversidad* nos estamos refiriendo a amar y tolerar quienes son diferentes, tiene una gran validez para nosotros. Pero si por *diversidad* queremos decir que todos tenemos razón para resentirnos unos con otros, al carecer de valores, herencia, compromiso o esperanza en común, entonces somos una nación en serias dificultades.

Al carecer de valores, herencia, compromiso o esperanza en común[...] somos una nación en serias dificultades.

17. David Gates, «White Male Paranoia» [Paranoia del hombre blanco], *Newsweek*, 29 de marzo de 1993, pp. 28-54.
18. Abraham Lincoln, «Government Cannot Endure Half-Slave and Half-Free» [El gobierno no puede tolerar mitad esclavo y mitad libre], Republican State Convention, Springfield, IL, 16 de junio de 1858. Véase también Mateo 12.25.

Esté o no en lo cierto, creo que las universidades cristianas ponen su énfasis no en lo que nos divide, sino en la esencia que nos une. Ese factor en común es el evangelio de Cristo. Él nos ordenó amarnos unos a otros, dejar de lado nuestras diferencias y preocuparnos por «el más pequeño» de entre nosotros. Es nuestra unidad, no nuestra diversidad, lo que merece nuestra lealtad.

Aunque las autoridades y los profesores cristianos no siempre tuvieron éxito en este esfuerzo, la meta ha sido (y continúa siendo) la unidad. En una palabra, tratan de unir a estudiantes y profesores en lugar de dividirlos en grupos competitivos de mezquinos intereses. Creo que esta es una diferencia de importancia vital.

3. Creo firmemente que, en términos generales, los estudiantes obtienen una mejor educación básica en una institución cristiana que en una gran institución pública.

Las universidades estatales han ganado la mayor parte de su reputación en excelencia debido a la alta calidad de la investigación llevada a cabo en sus escuelas de posgrado. Mucha menos atención se da a la enseñanza universitaria inicial. Los profesores son recompensados y promovidos por sus hallazgos científicos y el número de publicaciones que logran. Su habilidad para inspirar y enseñar prácticamente no cuenta para su promoción. Así, los estudiantes de primero y segundo años a menudo se encuentran hacinados en aulas de 300 a 2,000 personas.

A menudo, el instructor es un estudiante de posgrado sin experiencia, cuyo interés principal es su propio avance académico. Conozco muy bien este sistema. Enseñé en una clase de ese tipo en la Universidad del Sur de California cuando estaba trabajando en mi doctorado.

Por lo general, la situación en las universidades cristianas es muy diferente. A menudo, los estudiantes tienen relaciones estrechas con sus profesores. Normalmente las clases son más pequeñas, lo que permite la interacción y más oportunidad de hacer preguntas. No son extrañas las charlas informales en la casa del profesor o en un restaurante. Cuando lo comparo con la educación de 30,000 estudiantes en una universidad estatal, no tengo dudas, respecto de dónde tiene lugar la mejor enseñanza universitaria básica.

4. Una universidad cristiana es el único lugar donde la mayoría de los estudiantes son cristianos profesantes. Esto es de vital importancia.

La mayor influencia durante los años de universidad no viene de los profesores sino de otros estudiantes. De manera que ser condiscípulo de hombres y mujeres que profesan una fe en Jesucristo es vital durante esos cuatro años.

Además del aprendizaje formal en la sala de clases, una excelente educación comprende una amplia variedad de experiencias con amigos que comparten los valores y creencias fundamentales. Esto incluye fiestas en las residencias estudiantiles, reuniones devocionales como grupo, deportes internos o interuniversitarios, debates y seminarios, variedad de grupos musicales o de teatro, grupos de estudios bíblicos, y veladas en los hogares de los miembros del cuerpo docente.

La amistad que resulta de estas actividades perdurará toda la vida. De igual modo, si es importante para ti casarte con alguien que comparta tu fe cristiana (y yo creo que es extremadamente importante), pareciera sabio escoger la universidad donde vas a conocer muchos cristianos.

Los estudiantes que Shirley y yo conocimos mientras asistíamos a una universidad cristiana, siguen siendo nuestros mejores amigos, hoy después de más de treinta años. No hay amigos como aquellos que se hacen durante los años jóvenes, y ninguno de ellos puede ser reemplazado más tarde. Doy gracias a Dios por las experiencias que tuvimos como estudiantes entre muchachos y muchachas con la misma mentalidad, fe y valores.

Sé que muchas familias sienten que no tienen los medios suficientes para enviar a sus hijos a una excelente universidad cristiana. Quizás ese sea el obstáculo en tu familia. Sin embargo, he descubierto que a menudo las universidades cristianas cobran menos que las instituciones seculares del mismo nivel. Pero sé que esto no resuelve el problema.

Deberías saber que la mayoría de las universidades cristianas están acostumbradas a ayudar a las familias de bajos recursos o a aquellas donde los padres han perdido sus trabajos o están incapacitados por enfermedad. Te sorprenderías al saber cómo Dios ha provisto para sus necesidades a través de ayuda financiera, préstamos y subsidios federales, programas de trabajo, y becas especiales para estudiantes.

Por lo tanto, antes de descartar una universidad privada, espero que investigues las posibilidades. También recomiendo que, a menos que sea absolutamente necesario, no planees matricularte en una universidad comunitaria los primeros dos años. Esos dos años iniciales son los más importantes en términos de crecimiento y desarrollo personal.

A menudo, las universidades cristianas cobran menos que las instituciones seculares del mismo nivel.

A menudo, las universidades cristianas cobran menos que las instituciones seculares del mismo nivel.

Si estás pensando en asistir a una universidad cristiana y no sabes cómo encontrar la que te conviene, puedes comprar un manual barato en librerías cristianas. Se llama *Choose a Christian College* [Escoge una universidad cristiana], publicado por Peterson's Guides, una de las casas de publicaciones más grandes de manuales universitarios. Aunque no incluye todas las universidades cristianas en Norteamérica, este volumen ofrece información sobre ochenta y cuatro universidades, miembros de la Coalición de Universidades Cristianas. Cada una de estas universidades debe cumplir ocho requisitos de membresía, que incluyen un compromiso por parte de la administración de contratar como profesores de tiempo completo sólo a personas que tengan un compromiso personal con Jesucristo. *Escoge una universidad cristiana* también provee información sobre costos de educación, donaciones y ayudas, carreras que se ofrecen, requisitos de ingreso, y asuntos relacionados con la vida en la universidad.

Espero que lo expuesto en este capítulo haya sido de ayuda para clarificar tu propia perspectiva sobre la educación superior. Ahora te sugiero que busques asesoría y consejo de personas de tu confianza.

CAPÍTULO 15

CUANDO LO QUE DIOS HACE NO TIENE SENTIDO

Quiero que prestes atención a un concepto que te ayudará a mantenerte firme cuando las aflicciones y las tensiones te desafíen a medida que te enfrentes a la vida. La siguiente reflexión tomada de mi libro: *Cuando lo que Dios hace no tiene sentido* tiene que ver con nuestra incapacidad para explicar todo lo que Él está haciendo en nuestras vidas, especialmente cuando las nubes amenazan con tormenta. Permíteme comenzar con unas pocas ilustraciones sobre esa clase de confusión.

Chuck Frye era un joven muy inteligente de diecisiete años que poseía altas dotes intelectuales y un nivel sumamente alto de motivación. Después de graduarse de la secundaria con los grados más altos de su clase, entró a la universidad, donde continuó sobresaliendo en sus estudios. Cuando obtuvo su licenciatura en ciencias, solicitó su ingreso a varias facultades de medicina. La competencia para que alguien fuera aceptado en una facultad de medicina era muy grande en ese tiempo, y lo sigue siendo hoy. En ese entonces, yo era profesor en la Facultad de Medicina de la Universidad del Sur de California, donde cada año recibían 6,000 solicitudes, y solamente 106 alumnos eran aceptados. Eso era algo típico de los programas autorizados de estudios médicos en esa época. A pesar de que las probabilidades eran muy pocas, Chuck fue aceptado en la Facultad de Medicina de la Universidad de Arizona, y comenzó sus estudios en el mes de septiembre.

Durante el primer trimestre, Chuck pensó mucho en el llamamiento que Dios estaba haciéndole. Empezó a tener el convencimiento de que debía renunciar a dedicarse a ejercer la medicina de alta tecnología en un ambiente lucrativo, con el fin de prestar sus servicios en el extranjero. Finalmente, ese llegó a ser su plan para el futuro. Sin embargo, hacia el final de su primer año de entrenamiento, Chuck comenzó a sentirse enfermo. Empezó a sentir una fatiga muy extraña y persistente. Hizo una cita para un examen médico en mayo, y muy pronto le habían diagnosticado que padecía de leucemia aguda. En el mes de noviembre, Chuck Frye había muerto.

¿Cómo podría tener sentido para los afligidos padres de Chuck, entonces, y cómo podría tenerlo para nosotros ahora, una obra de Dios tan incomprensible como esa? Este joven amaba a Jesucristo con todo su corazón, y solamente buscó hacer Su voluntad. ¿Por qué se lo llevó cuando estaba en la flor de la vida, a pesar de las muchas oraciones angustiosas de miembros de su familia, consagrados a Dios, y de fieles amigos? Muy claramente, el Señor les dijo a todos: «No». Pero, ¿por qué?

Miles de jóvenes doctores completan su educación cada año y entran a la profesión médica, algunos de ellos por razones no muy dignas de admiración. Sólo una minoría muy pequeña piensa en dedicar toda su vida a ejercer su profesión ayudando a los que no tienen ni donde caerse muertos. Pero esta era una excepción maravillosa. Si se le hubiera permitido vivir, Chuck hubiera podido atender a miles de personas pobres y necesitadas, que de otra manera, sufrirían y morirían irremediablemente. No sólo él habría podido atender a sus necesidades físicas, sino que su mayor deseo era predicar el mensaje del evangelio con aquellos que jamás habían oído esta historia, la más maravillosa de todas. Así que, sencillamente, su muerte no tenía sentido. Imagínate, junto conmigo, a la enorme cantidad de personas gravemente enfermas, a las que el doctor Chuck Frye hubiera podido ayudar durante su vida: algunas con cáncer; otras con tuberculosis o con trastornos congénitos; y algunas, que aún serían niños demasiado pequeños para ni siquiera poder comprender su dolor. ¿Por qué habría de negarles la Divina Providencia sus dedicados servicios de médico?

Muy claramente, el Señor les dijo a todos: «No». Pero, ¿por qué?

Existe otra dimensión de la historia de Frye, que completa el cuadro. En el mes de marzo, de su primer año en la facultad de medicina, Chuck se había comprometido para casarse. Su novia se llamaba Karen Ernst, y era también una creyente consagrada a Jesucristo. Seis semanas después de su compromiso, ella se enteró de la enfermedad mortal que Chuck padecía, pero decidió seguir adelante con los planes para la boda. Ambos se convirtieron en marido y mujer, menos de cuatro meses antes de su trágica muerte. Luego, Karen se matriculó en la Facultad de Medicina de la Universidad de Arizona, y después de graduarse se dedicó a trabajar como doctora misionera en Swaziland, África del Sur. La doctora Frye sirvió allí hasta 1992, en un hospital sostenido por una iglesia. Estoy seguro de que ella se pregunta, en medio de tanto sufrimiento, por qué no le fue permitido a su brillante y joven esposo que cumpliera su misión como su colega en la profesión médica. Y, verdaderamente, yo me hago esa pregunta también.

Los grandes teólogos del mundo pueden pensar en el dilema que nos plantea la muerte de Chuck Frye por los próximos cincuenta años, pero no es probable que lleguen a presentar una explicación satisfactoria. El propósito de Dios, en cuanto a la muerte de este joven, es un misterio, y permanecerá siéndolo. ¿Por qué, después de mucha oración, se le permitió a Chuck que entrará a la facultad de medicina si no iba a poder vivir hasta completar su educación? ¿De dónde vino el llamamiento, aceptado por él, a ir como médico al campo misionero? ¿Por qué le fue dado tanto talento a un joven que no podría utilizarlo? Y, ¿por qué fue acortada la vida de un estudiante tan maduro y prometedor, cuando muchos adictos a las drogas, borrachos y hombres malvados viven largas vidas siendo una carga para la sociedad? Estas inquietantes preguntas son mucho más fáciles de hacer que de contestar. Y... hay muchas otras.

El propósito de Dios, en cuanto a la muerte de este joven, es un misterio, y permanecerá siéndolo.

TODO LO QUE PODEMOS PREGUNTAR ES ¿POR QUÉ?

El Señor no ha revelado aún sus razones para permitir al accidente de aviación, ocurrido en 1987, en el cual perdieron sus vidas cuatro de mis amigos. Ellos estaban entre los más admirables caballeros cristianos que he conocido. Hugo Schoellkopf era un empresario, y un miembro muy capacitado de la junta directiva de *Focus on the Family* [Enfoque a la Familia]. George Clark era presidente de un banco y un verdadero gigante. El doctor Trevor Mabrey era un cirujano excepcional, que realizaba casi la mitad de sus operaciones sin cobrarles a los pacientes. Era un toque compasivo para cualquiera que tuviera una necesidad económica. Y Creath Davis era un ministro y autor muy estimado por miles de personas. Todos eran amigos íntimos que se reunían con regularidad para estudiar la Palabra de Dios y rendirse cuentas mutuamente de lo que estaban aprendiendo. Yo quería mucho a estos cuatro hombres. Había estado con ellos la noche antes de ese último vuelo, en el que su avión de dos motores había caído en la cordillera de Absaroka, en Wyoming. Ninguno de ellos sobrevivió al accidente. Ahora, sus preciosas esposas e hijos han quedado en este mundo para continuar luchando solos. ¿Por qué? ¿Cuál fue el propósito de su trágica muerte? ¿Por qué los dos hijos de Hugo y Gail, quienes son los más jóvenes de entre las cuatro familias, se han quedado privados de la influencia de su sabio y compasivo padre durante sus años de desarrollo? No lo sé, aunque el Señor le ha dado a Gail suficiente sabiduría y fortaleza para seguir adelante sola.

Al decir por primera vez el temible «¿Por qué?», también pienso en nuestros estimados amigos, Jerry y Mary White. El doctor White es presidente de los Navegantes, organización mundial dedicada a conocer a Cristo y a hacer que otros le conozcan. Los White son personas maravillosas que aman al Señor y viven de acuerdo con los preceptos de la Biblia. Pero ya han tenido su parte de sufrimientos. Durante varios meses, su hijo, Steve, trabajó manejando un taxi mientras buscaba comenzar una carrera en radiodifusión. Pero no sabía que jamás lograría su sueño. Una noche, a una hora avanzada, en la tranquila ciudad de Colorado Springs, Steve fue asesinado por un pasajero trastornado. El asesino fue un conocido criminal y adicto a las drogas, que tenía un largo historial de crímenes cometidos. Cuando lo detuvieron, la policía se enteró de que él había llamado al taxi con la intención de dispararle a cualquiera que fuera a buscarle. Muchos otros choferes pudieron haber contestado la llamada, pero fue Steve White quien lo hizo. Fue un caso de brutalidad casual, sin ton ni son. Y esto ocurrió dentro de una familia que fielmente había honrado y servido a Dios durante años de total dedicación.

Más ejemplos de aflicciones y sufrimientos inexplicables podrían llenar los estantes de la biblioteca más grande del mundo, y cada persona sobre la faz de la tierra, podría contribuir con sus propias ilustraciones. No es fácil el racionalizar las guerras, el hambre, las enfermedades, los desastres naturales y las muertes prematuras. Pero las desdichas de esta clase, en gran escala, a veces inquietan menos a la persona que las circunstancias con que nos enfrentamos personalmente cada uno de nosotros. ¡Cáncer, insuficiencia renal, enfermedades cardíacas, síndrome de muerte infantil repentina, parálisis cerebral, mongolismo, divorcio,

Más ejemplos de aflicciones y sufrimientos podrían llenar los estantes de la biblioteca más grande del mundo.

violación, soledad, rechazo, fracaso, infertilidad, viudez! Estas, y un millón de otras fuentes de sufrimiento experimentado por los seres humanos, plantean preguntas inevitables que inquietan el alma. «¿Por qué ha permitido Dios que me ocurra esto a *mí*?» Esta es una pregunta a la que todos los creyentes, y muchos incrédulos, se han esforzado por contestar. Y contrario a las enseñanzas de algunos cristianos en ciertos círculos, típicamente, el Señor no se apresura en explicar lo que Él está haciendo.

LA SOBERANÍA DE DIOS

Si tú crees que Dios tiene la obligación de explicarnos su conducta, deberías examinar los siguientes pasajes de la Biblia: Salomón escribió en Proverbios 25.2: «Gloria de Dios es encubrir un asunto». Isaías 45.15, declara: «Verdaderamente tú eres Dios que te encubres». En Deuteronomio 29.29 (La Biblia de las Américas), leemos: «Las cosas secretas pertenecen al Señor nuestro Dios». Eclesiastés 11.5, proclama: «Como tú no sabes cuál es el camino del viento, o cómo crecen los huesos en el vientre de la mujer encinta, así ignoras la obra de Dios, el cual hace todas las cosas». Isaías 55.8-9 (La Biblia de las Américas), enseña: «Porque mis pensamientos no son vuestros pensamientos, ni vuestros caminos mis caminos, declara el Señor. Porque como los cielos son más altos que la tierra, así mis caminos son más altos que vuestros caminos, y mis pensamientos más que vuestros pensamientos».

Desde luego, la Biblia nos dice que nosotros carecemos de la capacidad para comprender la mente infinita de Dios o la manera en que Él interviene en nuestras vidas. Qué arrogantes somos cuando pensamos lo contrario. Tratar de analizar su omnipotencia es como si una ameba tratara de comprender el comportamiento del ser humano. Romanos 11.33 indica que los juicios de Dios son «insondables», y sus caminos «inescrutables». Una manera de hablar parecida a esta, la encontramos en 1 Corintios 2.16 (La Biblia de las Américas), donde dice: «Porque ¿quién ha conocido la mente del Señor, para que le instruya?» Por supuesto, a no ser que Dios escoja explicarnos su comportamiento, lo cual no suele hacer, sus motivos y propósitos están fuera del alcance de nosotros los seres mortales. Lo que esto quiere decir, en términos prácticos, es que muchas de nuestras preguntas, especialmente las que empiezan con las palabras «por qué», tendrán que quedarse sin respuesta por ahora.

El apóstol Pablo se refirió al problema de las preguntas sin contestar, cuando escribió: «Ahora vemos por espejo, oscuramente; mas entonces veremos cara a cara. Ahora conozco en parte; pero entonces conoceré como fui conocido» (1 Corintios 13.12). Pablo estaba explicando que no tendremos el cuadro completo hasta que estemos en la eternidad. De ahí se deduce que debemos aprender a aceptar nuestra comprensión parcial.

¿EL PLAN MARAVILLOSO DE DIOS?

Lamentablemente, muchos jóvenes creyentes, y también algunos más viejos, no saben que habrá momentos en la vida de cada persona, cuando las circunstancias no tienen sentido, cuando nos parece que lo que Dios ha hecho no tiene sentido. Este es un aspecto de la fe cristiana del cual no se habla mucho. Tenemos tendencia a enseñarles a los nuevos cristianos las porciones de nuestra teología que son atractivas a la mente secular. Por ejemplo, *Campus Crusade for Christ* [Cruzada Estudiantil y Profesional para Cristo], (un ministerio evangelístico al cual respeto mucho), ha distribuido millones de folletos titulados: «Las cuatro leyes espirituales». El primero de esos cuatro principios bíblicos dice: «Dios te ama y tiene un plan maravilloso para tu vida». Esa declaración es totalmente verdadera. Sin embargo, da a entender que el creyente siempre comprenderá ese «plan maravilloso», y que lo aprobará. Eso podría no ser cierto.

Habrá momentos en la vida de cada persona, cuando las circunstancias no tienen sentido.

Para algunas personas, tales como Joni Eareckson Tada, el «plan maravilloso» significa vivir en una silla de ruedas como una cuadriplégica. Para otras significa una muerte prematura, pobreza o el desprecio de la sociedad. Para el profeta Jeremías, significó ser arrojado en una cisterna. Para otros personajes bíblicos significó su ejecución. Sin embargo, aun en las más terribles de las circunstancias, el plan de Dios es maravilloso, porque finalmente, «a los que aman a Dios» todas las cosas que estén en armonía con su voluntad «les ayudan a bien, esto es, a los que conforme a su propósito son llamados» (Romanos 8.28).

Aun así, no es difícil el comprender cómo puede producirse la confusión en cuanto a esto, especialmente en los jóvenes. Durante la juventud, cuando la salud es buena, y los problemas, los fracasos y las aflicciones todavía no han sacudido su pequeño y tranquilo mundo, es relativamente fácil armar el rompecabezas. Uno puede creer sinceramente, y tiene buenos indicios de ello, que siempre será así. Tal persona es extremadamente vulnerable a la confusión espiritual si tiene problemas durante esa época.

El doctor Richard Selzer es cirujano y uno de mis autores favoritos. Él escribe las descripciones más hermosas y compasivas de sus pacientes y de los dramas humanos con que los mismos se enfrentan. En su libro titulado: *Letters to a Young Doctor* [Cartas para un joven doctor], dijo que la mayoría de nosotros parecemos estar protegidos durante algún tiempo por una membrana imaginaria que nos protege del horror. Cada día, caminamos dentro de ella y a través de ella, pero casi no nos damos cuenta de su presencia. De la misma manera en que el sistema inmunológico nos protege de la presencia invisible de las bacterias dañinas, esta membrana mítica nos protege de las situaciones que ponen en peligro nuestra vida. Desde luego, no todos los jóvenes tienen esta protección, porque los niños también mueren de cáncer, de problemas congénitos del corazón y de otras clases de trastornos. Pero la mayoría de ellos están protegidos, y no se dan cuenta de esto. Entonces, a medida que pasan los años, un día ocurre. Sin ningún aviso, la membrana se rasga, y el horror penetra en la vida de la persona o en la de uno de sus seres queridos. Es en ese momento que una crisis teológica se presenta inesperadamente.

NO HAY MAYOR AMOR

¿Qué es lo que estoy sugiriendo? ¿Que nuestro Padre celestial no se preocupa por sus vulnerables hijos o no se interesa en ellos? ¿Que se burla de nosotros, los simples mortales, como si fuéramos parte de alguna broma cósmica, cruel? Es casi una blasfemia el escribir tales disparates. Cada descripción de Dios que se hace en la Biblia, lo presenta como infinitamente amoroso y bondadoso, cuidando tiernamente a sus hijos terrenales, y guiando los pasos de los fieles. Él dice que «pueblo suyo somos, y ovejas de su prado» (Salmo 100.3). Su gran amor por nosotros le movió a enviar a su Hijo unigénito como sacrificio por nuestro pecado, para que pudiéramos escapar del castigo que merecemos. Él hizo esto «porque de tal manera amó[...] al mundo» (Juan 3.16).

Cada descripción de Dios que se hace en la Biblia, lo presenta como infinitamente amoroso y bondadoso.

El apóstol Pablo lo expresó de la siguiente manera: «Por lo cual estoy seguro de que ni la muerte, ni la vida, ni ángeles, ni principados, ni potestades, ni lo presente, ni lo por venir, ni lo alto, ni lo profundo, ni ninguna otra cosa creada nos podrá separar del amor de Dios, que es en Cristo Jesús Señor nuestro» (Romanos 8.38-39). Isaías nos comunicó este mensaje enviado directamente por nuestro Padre celestial: «No temas, porque yo estoy contigo; no desmayes, porque yo soy tu Dios que te esfuerzo; siempre te ayudaré, siempre te sustentaré con la diestra de mi justicia» (Isaías 41.10). No, el problema no tiene nada que ver con el amor y la misericordia de Dios.

Uno de los conceptos más imponentes que encontramos en la Biblia, es la revelación de que Dios nos conoce a cada uno de nosotros personalmente, y que día y noche piensa en nosotros. Sencillamente no podemos comprender todas las consecuencias de este amor del Rey de reyes y Señor de señores hacia nosotros. Él es omnipotente y omnisciente, majestuoso y santo, por toda la eternidad. ¿Por qué ha querido Él interesarse en nosotros, en nuestras necesidades, en nuestro bienestar y en nuestros temores? Hemos hablado de situaciones en las que lo que Dios hace no tiene sentido. Pero su interés en nosotros, simples mortales, es lo más inexplicable de todo.

También Job tuvo dificultades para comprender por qué el Creador ha querido interesarse en los seres humanos. Él preguntó: «¿Qué es el hombre, para que lo engrandezcas, y para que pongas sobre él tu corazón, y lo visites todas las mañanas?» (Job 7.17-18). David tenía en mente la misma pregunta cuando escribió: «¿Qué es el hombre, para que de él te acuerdes, y el hijo del hombre, para que lo cuides?» (Salmo 8.4, La Biblia de las Américas) Y de nuevo, en el Salmo 139 dijo: «Oh Jehová, tú me has examinado y conocido. Tú has conocido mi sentarme y mi levantarme; has entendido desde lejos mis pensamientos. Has escudriñado mi andar y mi reposo, y todos mis caminos te son conocidos. Pues aún no está la palabra en mi lengua, y he aquí, oh Jehová, tú la sabes toda» (vv. 1-4). ¡Qué concepto tan increíble!

Como el padre se compadece de los hijos, se compadece Jehová de los que le temen (Salmo 103.13).

No sólo Él se acuerda de cada uno de nosotros, sino que se describe a sí mismo a través de la Biblia como nuestro Padre. En Lucas 11.13 leemos: «Pues si vosotros, siendo malos, sabéis dar buenas dádivas a vuestros hijos, ¿cuánto más vuestro Padre celestial dará el Espíritu Santo a los que se lo pidan?» El Salmo 103.13 dice: «Como el padre se compadece de los hijos, se compadece Jehová de los que le temen». Pero por otra parte, se compara con una madre en Isaías 66.13, donde dice: «Como aquel a quien consuela su madre, así os consolaré yo a vosotros».

AMOR DE PADRE

Como tengo dos hijos, que ya son adultos, puedo identificarme con estas analogías relacionadas con el padre y la madre, que me ayudan a comprender cómo Dios siente hacia nosotros. Shirley y yo, daríamos nuestras vidas por Danae y Ryan sin pensarlo dos veces, si fuera necesario. Todos los días oramos por ellos, y nunca están muy lejos de nuestros pensamientos. ¡Y cuán vulnerables somos al dolor que ellos sienten! ¿Será posible que realmente Dios amé a su familia humana infinitamente más de lo que nosotros, «siendo malos», podemos amar a aquellos que son parte de nuestra propia carne y sangre? Eso es precisamente lo que la Palabra de Dios nos dice.

Un incidente que ocurrió cuando nuestro hijo era muy pequeño, fue un ejemplo para mí del profundo amor de nuestro Padre celestial. Ryan tuvo una terrible infección del oído a los tres años de edad, que nos mantuvo despiertos, tanto a él como a nosotros, casi toda la noche. La siguiente mañana, Shirley lo abrigó bien y lo llevó al pediatra. El doctor era un hombre algo viejo, que tenía muy poca paciencia para tratar con niños intranquilos. Tampoco era muy afectuoso con los padres.

Después de examinar a Ryan, el doctor le dijo a Shirley que la infección se había adherido al tímpano, y que solamente podía ser tratada arrancando la postilla con un instrumento pequeño y horroroso. Advirtió que el procedimiento causaría dolor, y le dio instrucciones a Shirley para que aguantara fuertemente a su hijo sobre la mesa. Esas noticias no sólo asustaron a Shirley, sino que Ryan entendió lo suficiente como para ponerlo en órbita. Durante ese tiempo, hacer eso no era muy difícil.

Shirley hizo lo mejor que pudo. Colocó a Ryan en la mesa de reconocimiento y trató de aguantarlo. Pero él no estaba dispuesto a dejarse aguantar. Cuando el doctor le metió en el oído aquel instrumento, que parecía una ganzúa, se soltó y empezó a dar unos gritos que llegaban al cielo. Entonces, el pediatra se enojó con Shirley, y le dijo que si ella no podía seguir las instrucciones tendría que llamar a su esposo. Yo estaba en la vecindad y rápidamente llegué a la sala de reconocimientos. Después de escuchar lo que era necesario hacer, tragué saliva, y puse todo mi cuerpo con sus noventa kilos y el metro y ochenta y cinco centímetros de estatura alrededor de su pequeño cuerpo. Ese fue uno de los peores momentos de mi carrera como padre.

Lo que hizo que aquel fuera un momento tan emocional, fue el espejo horizontal que estaba delante de Ryan en la parte de atrás de la mesa de reconocimiento. Eso le permitió a él mirarme directamente mientras gritaba pidiendo misericordia. Realmente creo que yo estaba sintiendo un dolor más grande que el que sentía mi pequeño hijo. Aquello era insoportable. Lo solté, y recibí una versión reforzada de la misma reprimenda que Shirley había recibido unos minutos antes. Sin embargo, finalmente el malhumorado pediatra y yo terminamos la tarea.

Más tarde, reflexioné en lo que yo sentía cuando Ryan estaba sufriendo tanto. Lo que más me había dolido era ver la expresión en su rostro. Aunque estaba gritando, y no podía hablar, me estaba «hablando» con sus grandes ojos azules. Me decía: «Papi, ¿por qué me estás haciendo esto? Yo creía que me amabas. ¡Nunca pensé que me harías algo como esto! ¿Cómo has podido...? ¡Por favor, por favor, deja de hacerme daño!»

No podía explicarle a Ryan que su sufrimiento era necesario para su propio bien, que yo estaba tratando de ayudarle, que era mi amor hacia él lo que me obligaba a aguantarle sobre aquella mesa. ¿Cómo podía hablarle yo de mi compasión en aquel momento? Con gusto habría tomado su lugar, si hubiera podido. Pero en su mente inmadura, yo era un traidor que cruelmente lo había abandonado.

Entonces me di cuenta de que debe haber momentos cuando también Dios siente nuestro intenso dolor, y sufre junto con nosotros. ¿No será esa una de las características de un Padre cuyo amor es infinito? Cómo debe sufrir Él cuando en nuestra confusión decimos: «¿Cómo pudiste hacer esta cosa tan terrible, Señor? ¿Por qué tenías que hacérmelo a mí? ¡Yo creía que podía confiar en ti! ¡Pensaba que tú eras mi amigo!» ¿Cómo puede explicarnos Él, teniendo en cuenta nuestras limitaciones humanas, que nuestro sufrimiento es necesario, que *tiene* un propósito, que hay respuestas a las tragedias de la vida? Me pregunto si Él espera con anhelo el día cuando podrá hacernos entender lo que ocurría cuando estábamos en nuestros momentos de prueba. Me pregunto si Dios medita en nuestras aflicciones.

Debe haber momentos cuando también Dios siente nuestro intenso dolor, y sufre junto con nosotros.

Algunos lectores, tal vez duden que un Dios omnipotente, que no tiene debilidades ni necesidades, sea vulnerable a esta clase de sufrimiento vicario. Nadie puede estar seguro de ello. Pero nosotros sabemos que Jesús experimentó toda una serie de emociones humanas, y en una ocasión Él le dijo a Felipe: «El que me ha visto a mí, ha visto al Padre» (Juan 14.9). Recuerda que Jesús «se estremeció en espíritu y se conmovió» cuando María estaba llorando por la muerte de su hermano Lázaro. También Él lloró por la ciudad de Jerusalén, mientras la miraba y hablaba de los sufrimientos que habría de experimentar el pueblo judío. Igualmente, se nos dice que ahora el Espíritu «intercede por nosotros con gemidos indecibles» (Romanos 8.26). Por lo tanto, es lógico suponer que Dios, el Padre, está apasionadamente interesado en su «familia» humana, y siente nuestro dolor en esos momentos indecibles cuando «un mar de aflicción cubre nuestra senda». Yo creo que Él lo siente.

FORTALÉCETE Y PREPÁRATE

La razón principal por la que decidí incluir esta sección en este libro, es ayudarte a ti, mi joven lector, para que puedas fortalecerte y prepararte para esos momentos difíciles que tarde o temprano vendrán a tu vida. En mi trabajo de aconsejar a familias que están experimentando distintas pruebas, desde enfermedades y muerte hasta conflictos matrimoniales y problemas económicos, algo muy común que he encontrado es que quienes tienen esas clases de crisis se sienten muy frustrados con Dios. Esto es cierto, muy en particular, cuando suceden cosas que parecen absurdas e inconsecuentes con lo que se les ha enseñado o han entendido. Luego, si el Señor no les rescata de las circunstancias en que están enredados, rápidamente su frustración se convierte en ira y en una sensación de haber sido abandonados. Finalmente, surge la desilusión, y el espíritu comienza a marchitarse.

Esto puede aun ocurrirle a niños muy pequeños, quienes son vulnerables a sentirse rechazados por Dios. Me acuerdo de un muchacho, llamado Cristóbal, al cual se le había quemado la cara en un incendio. Este joven le envió la siguiente nota a su sicoterapeuta:

«Estimado doctor Gardner:

Una persona grande, era un muchacho que tenía unos trece años de edad, me llamó 'tortuga', y yo sé que me llamó así por motivo de mi cirugía plástica. Y creo que Dios me odia debido a mi labio. Y cuando me muera probablemente me mandará al infierno.

Le quiere, Cristóbal».

Por supuesto, Cristóbal llegó a la conclusión de que su deformidad era evidencia del rechazo de Dios. La deducción lógica de un niño es: «Si Dios es todopoderoso y lo sabe todo, por qué dejó que algo tan terrible me ocurriera. Debe odiarme». Lamentablemente, Cristóbal no es el único que piensa así. Muchos otros creen la misma mentira satánica. En realidad, algún día la mayoría de nosotros sentiremos esa misma clase de alejamiento de Dios. ¿Por qué sucederá esto? Porque las personas que llegan a vivir lo suficiente, a la larga se enfrentarán a situaciones que no podrán comprender. Todos los seres humanos somos iguales.

El gran peligro en que se encuentran las personas que han experimentado esta clase de tragedia es que Satanás utilizará su dolor para hacerles creer que Dios les ha escogido como víctimas. ¡Qué trampa mortal es esa! Cuando una persona empieza a pensar que Dios tiene antipatía hacia ella o le odia, la desmoralización no está muy lejos.

LAS PRUEBAS NO SON NADA NUEVO

Si has comenzado a sentirte desalentado, es muy importante que prestes atención de nuevo a lo que dice la Biblia, y reconozcas que las pruebas y el sufrimiento con que te estás enfrentando no son algo fuera de lo común. Todos los escritores de la Biblia, incluso los gigantes de la fe, experimentaron momentos difíciles parecidos. Mira la experiencia de José, uno de los patriarcas del Antiguo Testamento. Toda su vida estuvo llena de confusión hasta que años más tarde tuvo su triunfante reunión con su familia. Sus hermanos le odiaron hasta el punto de considerar matarle, y luego decidieron venderle como esclavo. Mientras estaba en Egipto, fue encarcelado al haber sido falsamente acusado por la mujer de Potifar de que había tratado de violarla, y se vio en peligro de que lo ejecutaran. No vemos ningún indicio de que Dios le explicara a José lo que Él estaba haciendo durante todos esos años de aflicción, o cómo habrían de encajar en su lugar finalmente las piezas del rompecabezas. Se esperaba de él, como se espera de ti y de mí, que viviera un día a la vez, sin llegar a comprender totalmente lo que le estaba ocurriendo. Lo que agradó a Dios fue la fidelidad de José cuando nada tenía sentido.

Las personas que llegan a vivir lo suficiente, a la larga se enfrentarán a situaciones que no podrán comprender.

Vayamos al Nuevo Testamento y observemos a los discípulos y a los demás líderes del comienzo del cristianismo. Juan el Bautista, de quien Jesús dijo que entre los nacidos de mujeres, no había mayor profeta que él, se encontró encadenado en el hediondo calabozo de Herodes. Allí, una malvada mujer, llamada Herodías, hizo que le cortaran la cabeza como venganza, debido a que él la había acusado de comportarse inmoralmente. No se nos dice en la Biblia que algún ángel visitó el calabozo de Juan para explicarle el significado de su persecución. Este gran hombre, consagrado a Dios, que había sido escogido como el precursor de Jesús, atravesó por experiencias que lo dejaron desconcertado, tal y como nos sucede a nosotros. Nos conforta el saber que cuando Juan estaba encarcelado, reaccionó de una manera muy humana. Desde su calabozo le envió un mensaje secreto a Jesús, en el que le preguntó: «¿Eres tú aquel que había de venir, o esperaremos a otro?» ¿Has sentido alguna vez el deseo de hacer esa pregunta?

Presta atención al martirio de Esteban, quien murió apedreado por proclamar el nombre de Cristo. Y al discípulo Jacobo, a quien se le dedica sólo un versículo en el capítulo 12 de Hechos, donde dice: «Y [el rey Herodes] mató a espada a Jacobo, hermano de Juan» (Hechos 12.2). La tradición dice que diez de los doce apóstoles fueron ejecutados (excluyendo a Judas, quien se suicidó, y a Juan quien estaba en el exilio). También creemos que Pablo, que fue perseguido, apedreado y azotado, más tarde murió decapitado en una cárcel romana. En el capítulo 11 de Hebreos se relata acerca de algunos de los creyentes que sufrieron por el nombre de Cristo:

> Otros fueron atormentados, no aceptando el rescate, a fin de obtener mejor resurrección. Otros experimentaron vituperios y azotes, y a más de esto prisiones y cárceles. Fueron apedreados, aserrados, puestos a prueba, muertos a filo de espada; anduvieron de acá para allá cubiertos de pieles de ovejas y de cabras, pobres, angustiados, maltratados; de los cuales el mundo no era digno; errando por los desiertos, por los montes, por las cuevas y por las cavernas de la tierra. Y todos éstos, aunque alcanzaron buen testimonio mediante la fe, no recibieron lo prometido (vv. 35-39).

Lee otra vez el último versículo. Fíjate en que estos santos vivieron con la esperanza de una promesa que no había sido cumplida cuando llegó el momento de sus muertes. Nunca recibieron ninguna explicación. Sólo podían aferrarse de su fe para mantenerse firmes en el momento de su persecución. Un comentario en la *Life Application Bible* [Biblia de aplicación personal] dice lo siguiente, acerca de este capítulo: «Estos versículos son un resumen de las vidas de otros grandes hombres y mujeres de la fe. Algunos experimentaron victorias excepcionales, incluso por encima de amenazas de muerte. Pero otros fueron brutalmente maltratados, torturados y hasta asesinados. Tener una fe firme en Dios no garantiza una vida feliz y libre de problemas. Por el contrario, nuestra fe casi nos garantiza que habremos de sufrir alguna forma de abuso de parte del mundo. Mientras estemos en este mundo, tal vez jamás comprenderemos el propósito de nuestro sufrimiento. Pero sabemos que Dios cumplirá las promesas que nos ha hecho». *Esa* es, precisamente, la verdad que debemos comprender.

Mientras estemos en este mundo, tal vez jamás comprenderemos el propósito de nuestro sufrimiento.

Muy pocos de nosotros somos llamados a entregar nuestras vidas como los creyentes del comienzo de la iglesia, pero existen algunos ejemplos de ello en estos tiempos modernos. El reverendo Bill Hybels relató una experiencia en su libro: *Too Busy Not To Pray* [Demasiado ocupado para no orar], que nos habla dramáticamente de esta verdad:

> Hace un par de años, un miembro del grupo musical de mi iglesia y yo, fuimos invitados por un líder cristiano, llamado Yesu, a ir a la parte sur de la India. Allí nos unimos a un equipo de personas procedentes de distintos lugares de los Estados Unidos. Nos dijeron que Dios nos usaría con el fin de alcanzar para Cristo a los musulmanes, a los hindúes y a otras personas que no tenían ninguna religión. Todos pensábamos que

Dios nos había llamado con ese propósito, pero ninguno de nosotros sabía qué era lo que podíamos esperar que sucediera.

Cuando llegamos, Yesu se reunió con nosotros y nos invitó a ir a su casa. Durante algunos días, nos habló de su ministerio.

El padre de Yesu, quien era un dinámico líder y orador, había comenzado la misión en una área cuya población era mayormente hindú. Un día, uno de los líderes hindúes vino a ver al padre de Yesu y le pidió que orara por él. Como tenía muchas ganas de orar con él, con la esperanza de que le guiaría a aceptar a Jesucristo, lo llevó a una habitación privada, se arrodilló junto con él, cerró los ojos y comenzó a orar. Mientras oraba, el hindú metió una mano debajo de su bata, sacó un cuchillo y le apuñaleó varias veces.

Al oír los gritos de su padre, Yesu corrió a ayudarle. Le sostuvo en sus brazos, mientras que la sangre que brotaba de las heridas caía sobre el piso. Tres días después, su padre murió. Cuando se encontraba en su lecho de muerte, le dijo a su hijo: «Por favor, dile a ese hombre que le he perdonado. Cuida de tu madre y sigue adelante con el ministerio. Haz todo lo que sea necesario con el fin de ganar a las personas para Cristo».

¡Qué historia más alentadora y humillante! Me hace sentir avergonzado por haberme quejado de los problemas y las frustraciones insignificantes que he experimentado a través de los años. Un día, el Señor pudiera exigir de mí un sacrificio como ese por la causa de Cristo. Si fuera así, le pido a Él que me dé el valor suficiente para aceptar *cualquiera* que sea su voluntad para mí. Incalculables multitudes han dedicado sus vidas de esta manera a su servicio.

Así que dime, ¿de dónde hemos sacado la idea de que la vida cristiana es algo fácil? ¿Dónde está la evidencia de la teología de «decirlo y reclamarlo», que promete que Dios irá delante de nosotros con su gran escoba cósmica barriendo a un lado todas las pruebas y las incertidumbres inquietantes que pudiera haber en nuestro camino? Por el contrario, Jesús dijo a sus discípulos que deberían esperar tener sufrimientos. Les advirtió: «Estas cosas os he hablado para que en mí tengáis paz. En el mundo tendréis aflicción; pero confiad, yo he vencido al mundo» (Juan 16.33). El apóstol Pablo escribió: «Sobreabundo de gozo en todas nuestras tribulaciones. Porque de cierto, cuando vinimos a Macedonia, ningún reposo tuvo nuestro cuerpo, sino que en todo fuimos atribulados; de fuera, conflictos; de dentro, temores» (2 Corintios 7.4-5). Pedro no nos dejó ninguna posibilidad de duda acerca de las dificultades en la vida cristiana, cuando

¿De dónde hemos sacado la idea de que la vida cristiana es algo fácil?

escribió: «Amados, no os sorprendáis del fuego de prueba que os ha sobrevenido, como si alguna cosa extraña os aconteciese, sino gozaos por cuanto sois participantes de los padecimientos de Cristo, para que también en la revelación de su gloria os gocéis con gran alegría» (1 Pedro 4.12-13). Presta atención, en cada uno de estos versículos, a la coexistencia tanto del gozo como del dolor.

Esto es lo que los escritores bíblicos nos han dicho de manera muy clara que podemos esperar, y sin embargo parece que estamos decididos a escribir nuevamente la Biblia. Esa clase de actitud nos hace presas fáciles de las trampas de Satanás.

Mi preocupación es que parece que muchos creyentes piensan que Dios tiene la obligación de permitirles navegar en un mar calmado, o de por lo menos darles una explicación completa (y tal vez pedirles disculpas) por las dificultades que encuentran en su camino. Nunca debemos olvidar que Él, después de todo, es *Dios*. Él es majestuoso, santo y soberano. No tiene que rendirle cuentas a nadie. No es un recadero a nuestro servicio. No es un genio que sale de una botella para satisfacer nuestros caprichos. No es nuestro siervo. Nosotros lo somos de Él. Y la razón de nuestra existencia es glorificarle y honrarle. Aun así, a veces Él realiza poderosos milagros a nuestro favor. A veces escoge explicarnos lo que ha hecho en nuestras vidas. A veces su presencia es tan real como si nos hubiésemos encontrado con Él cara a cara. Pero en otras ocasiones, cuando nada de lo que nos sucede tiene sentido, cuando pensamos que las experiencias que estamos teniendo «no son justas», cuando nos sentimos totalmente solos en la Sala de Espera de Dios, Él simplemente nos dice: «¡Confía en mí!»

¿Quiere decir esto que estamos destinados a sentirnos deprimidos y tomados como víctimas por las circunstancias en nuestras vidas? Desde luego que no. Pablo dijo que «somos más que vencedores» (Romanos 8.27). Él escribió en Filipenses 4.4-7: «Regocijaos en el Señor siempre. Otra vez digo: ¡Regocijaos! Vuestra gentileza sea conocida de todos los hombres. El Señor está cerca. Por nada estéis afanosos, sino sean conocidas vuestras peticiones delante de Dios en toda oración y ruego, con acción de gracias. Y la paz de Dios, que sobrepasa todo entendimiento, guardará vuestros corazones y vuestros pensamientos en Cristo Jesús».

Sin lugar a dudas, lo que tenemos en la Biblia es una paradoja. Por una parte, se nos advierte que esperemos sufrimientos y dificultades, que pudieran llegar a costarnos incluso nuestras propias vidas. Por otra parte, se nos alienta a que nos regocijemos, seamos agradecidos y tengamos buen ánimo. ¿Cómo podemos unir estas dos ideas contradictorias? ¿Cómo podemos ser victoriosos y estar bajo

> *Sin lugar a dudas, lo que tenemos en la Biblia es una paradoja.*

intensa presión al mismo tiempo? ¿Cómo podemos sentirnos seguros cuando estamos rodeados por la inseguridad? Este es un misterio que, según el apóstol Pablo, «sobrepasa todo entendimiento».

A aquellos de ustedes que ya han experimentado momentos difíciles en sus vidas y buscan desesperados una palabra de aliento, permítanme asegurarles que *pueden* confiar en el Señor del cielo y de la tierra. Recuerden que la Biblia nos advierte: «No te apoyes en tu propia prudencia» (Proverbios 3.5).

Nota que no se nos prohibe que tratemos de comprender. Yo me he pasado toda una vida tratando de entender algunos de los imponderables de esta vida. Pero se nos dice específicamente que no nos apoyemos en nuestra habilidad para hacer que las piezas del rompecabezas encajen en su lugar. «Apoyarse» tiene que ver con la exigencia, provocada por el pánico, de que se nos den respuestas. Y si no se nos da una respuesta satisfactoria, arrojamos nuestra fe por la borda. Esto es presionar a Dios para que justifique su conducta, ¡y si no lo hace, ya verá! Es en ese momento que todo comienza a desintegrarse.

Si pudiéramos comprender un poco la majestad del Señor y la profundidad de su amor hacia nosotros, podríamos aceptar esas ocasiones cuando Él desafía la lógica y las sensibilidades humanas. En realidad, eso es lo que *debemos* hacer. Cuenta con que a lo largo del camino tendrás experiencias que te dejarán perplejo. Dales la bienvenida como a tus amigas, como oportunidades para que tu fe crezca. Manténte firme en tu fe, recuerda que sin fe no podemos agradar a Dios. Cuando te llegue el momento de sufrir, acepta el dolor. Nunca te rindas a los sentimientos de autocompasión o de ser una víctima, los cuales son la mejor arma de Satanás contra nosotros. En cambio, guarda tus preguntas para cuando podrás tener una larga conversación en el cielo con el Señor, y después prosigue hacia la meta. Cualquier otro modo de actuar sería imprudente.

Permítanme asegurarles que pueden confiar en el Señor del cielo y de la tierra.

CAPÍTULO 16

RESPUESTAS A PREGUNTAS ETERNAS

Uno de mis colegas murió hacia el final de mi último año como parte del personal del Hospital de Niños de Los Ángeles. Había trabajado en la facultad de medicina de nuestra universidad por más de veinticinco años. Durante su tiempo como profesor, se había ganado el respeto y la admiración tanto de profesionales como de pacientes, en especial por los resultados de sus investigaciones y por su contribución al conocimiento de la medicina. Este médico había alcanzado la cima del éxito, en la especialidad que había escogido, y disfrutaba del *status* y retribución financiera que acompañan a tales logros. Había probado todo lo bueno, a lo menos para el estándar del mundo.

En la primera reunión del personal luego de su muerte, un integrante de su departamento leyó palabras de elogio durante cinco minutos. Luego, como es nuestra costumbre en situaciones de esta naturaleza, el presidente invitó a todo el personal a ponerse de pie y guardar un minuto de silencio en memoria del colega desaparecido. No sé qué pensaron los demás durante esos sesenta segundos, pero te puedo decir lo que pasaba por mi mente.

Pensaba, *Señor, ¿es esto lo que nos ocurrirá a todos? Sudamos y nos preocupamos y trabajamos para alcanzar un lugar en la vida, para impresionar a nuestros colegas con nuestra eficiencia. Nos tomamos demasiado en serio, exagerando nuestra reacción ante los insignificantes sucesos de cada día. Y finalmente, aun para los más brillantes, todos estos éxitos se desvanecerán en la historia y nuestras vidas serán resumidas en un discurso de alabanza de cinco minutos y sesenta segundos de silencio. No vale la pena, Señor.* Pero también me sentí impresionado por la dificultad colectiva de manejar las preguntas que surgieron con la muerte de nuestro amigo. ¿Adónde se ha ido? ¿Volverá a vivir? ¿Lo veremos al otro lado? ¿Por qué nació? ¿Fueron sus obras observadas y registradas por un Dios amoroso? ¿Está interesado en mí ese Dios? ¿Hay un propósito en la vida, más allá de la investigación, la enseñanza y los automóviles costosos? La respuesta silenciosa de doscientos cincuenta hombres y mujeres cultos parecía simbolizar nuestra incapacidad para habérnosla con estos asuntos.

¿Qué te parece? ¿Sabes cuál es tu posición en las cuestiones fundamentales planteadas por la muerte de mi amigo? Más aún: ¿Has resuelto esas cuestiones en relación contigo mismo y con tus seres amados? Si no lo has hecho, espero que sigas leyendo. Vamos a dedicar este capítulo final a estas preguntas y a la búsqueda del significado y los propósitos esenciales de la vida.

Es algo de vital importancia. Mientras no sepamos quiénes somos y por qué estamos aquí, los éxitos, la fama, el dinero o el placer no proveerán mucha satisfacción. Mientras no consigamos ubicarnos en el «cuadro general», nada tendrá mucho sentido.

Como lo señalé en un capítulo anterior, es crucial hacer una pausa y considerar algunos de estos asuntos básicos mientras eres joven, antes que las presiones del trabajo y de la familia lleguen a perturbarte. Tarde o temprano, cada persona tiene que abordar estas preguntas eternas. Creo que te beneficiarás si lo haces ahora. Como dije antes, no importa que seas ateo, musulmán, budista, judío, de la Nueva Era, agnóstico o cristiano, las preguntas que confronta la familia son las mismas. Sólo las respuestas son diferentes.

¿EN QUÉ CONSISTE LA VIDA?

Millones de personas hoy reconocen no saber el significado de la vida. Los sociólogos manifiestan que en las culturas occidentales hay una desesperada búsqueda por la verdad espiritual. Por casi tres décadas, los *baby boomers*[1] han estado buscando algo en qué creer. En los años setenta, fueron parte de una búsqueda que se

> *Mientras no consigamos ubicarnos en el «cuadro general», nada tendrá mucho sentido.*

1. En Estados Unidos: generación de posguerra.

llegó a conocer como «el descubrimiento de la identidad». Esto hizo que algunos participaran en consejería nudista, meditación trascendental, reencarnación y otros misticismos orientales, percepción extrasensorial, astrología, sicoanálisis, masajes terapéuticos, teologías extremistas, y un seminario sobre el yo.

La búsqueda de la identidad fracasó miserablemente. En efecto, la mayoría de las personas salieron de esos programas más confundidas y frustradas que antes. Buscaron en ellas mismas respuestas a las preguntas de la vida, e inevitablemente se decepcionaron. He aquí el porqué.

Cuando yo tenía cuatro años de edad, andaba haciendo huecos en el jardín cuando me encontré con una siembra de cebollas que mi tía había plantado esa primavera. Sin saber qué eran, empecé a tratar de pelarlas. En cuanto quité la primera capa, me encontré con otra muy brillante debajo. Cuando quité esa, había otra. A medida que iba sacando las capas, la cebolla se iba haciendo más y más pequeña. Más tarde, cuando mi tía descubrió fragmentos de sus apreciadas cebollas diseminadas por todo el patio, casi le dio un ataque.

En cierto sentido, los seres humanos somos como esas cebollas. Cuando sacas una por una todas las capas, no queda mucho por «descubrir». Nunca encontrarás verdadero sentido si buscas entre tus intereses egoístas, sentimientos y aspiraciones. Las respuestas no están en ti. En realidad, mientras más asciendas, más vacío te sientes.

Jesús se refería a ese tema preciso cuando dijo: «Si alguno quiere venir en pos de mí, niéguese a sí mismo, tome su cruz cada día, y sígame. Porque todo el que quiera salvar su vida, la perderá; y todo el que pierda su vida por causa de mí, éste la salvará» (Lucas 9.23-24). En otras palabras, el sentido y el propósito se encuentran afuera de la cebolla, no adentro.

¿Dónde vas a encontrar respuestas a las preguntas más importantes de la vida? ¿Cómo vas a identificar los valores que ni la polilla ni el moho corromperán, ni los ladrones entran para robar? Todos nos enfrentamos a estas preguntas. ¿Cómo las vamos a responder?

LA BREVEDAD DE LA VIDA

Quizás sea útil practicar un ejercicio mental que yo llamo «la prueba del fin de la vida». Trata de proyectarte muchos años hacia el futuro, cuando tu tiempo en esta tierra esté acercándose al final. Quizás para ti que eres joven esto pueda parecer morboso, pero la brevedad de la vida es un

¿Dónde vas a encontrar las respuestas a las preguntas más importantes de la vida?

concepto bíblico muy importante. El salmista David dijo que nuestras vidas son como las flores del campo, que florecen en la mañana y luego desaparecen (véase Salmo 103.15-16). Moisés expresó la misma idea en el Salmo 90 cuando escribió: «Enséñanos[...] a contar nuestros días» (v. 12). Lo que los escritores bíblicos nos estaban diciendo es que sólo estamos pasando por aquí. En el mejor de los casos, somos simplemente habitantes de este planeta por un corto plazo.

Habiendo comprendido la brevedad de la vida, te invito a que te imagines como un anciano o anciana mirando hacia atrás, a través de varias décadas. Piensa en lo más importante y apreciado de los pasados setenta u ochenta años. ¿Qué tipo de recuerdos serán más preciosos para ti en esa hora final?

Posiblemente yo esté en condiciones de ayudarte a contestar esas preguntas porque ya he tenido que vérmelas con ellas. Todo comenzó en una cancha de baloncesto hace algunos años. A los cincuenta y cuatro años de edad, creía estar en inmejorables condiciones físicas. Hacía poco me había hecho un examen médico y se me encontró gozando de una excelente salud. ¡Podía jugar baloncesto todo el día con hombres veinticinco años más jóvenes! Pero aquella mañana me esperaban algunas sorpresas nada agradables.

Al ir a hacer un lanzamiento, se apoderó de mí un dolor en el centro del pecho. Fue algo que nunca antes había sentido. Me excusé, diciéndoles a mis amigos que no me sentía bien. Entonces me dirigí a una clínica de emergencia cercana, curiosamente el mismo hospital donde había sido atendido mi padre después de haber sufrido un ataque cardíaco masivo veintiún años atrás. Así comenzaron diez días que habrían de cambiar mi vida.

¿Qué tipo de recuerdos serán más preciosos para ti en esa hora final?

Para un hombre que se creía un muchachito, fue un golpe darse cuenta de que podría morirse. Me llevó tiempo asimilar esa idea. Unas diez horas después, un examen de enzimas confirmó que yo había sufrido un ataque cardíaco. De todos lados llegaban las enfermeras. Por todas partes me conectaron tubos y me hicieron canalizaciones intravenosas. Un dispositivo automático para la presión sanguínea se mantuvo bombeando frenéticamente en mi brazo durante toda la noche, mientras una enfermera supervisora me sugería cortésmente que no debía moverme a menos que fuera absolutamente necesario. Como para no preocuparse.

Mientras yacía allí en la oscuridad, escuchando el bip-bip-bip de mi corazón a través del osciloscopio, me dediqué a pensar con toda claridad sobre lo que realmente importaba en mi vida. Como he dicho, un encuentro con la muerte provoca una sacudida en el orden de prioridades. Todo aquello intrascendente y sin valor desaparece, y lo que realmente vale empieza a brillar como el oro. Sabía que estaba listo para partir si el Señor me llamaba a cruzar la «gran línea divisoria». Había vivido mi vida a fin de estar preparado para un momento como ese, pero no había esperado que llegara tan pronto.

Un encuentro con la muerte provoca una sacudida en el orden de prioridades.

Afortunadamente para mí, el daño a mi corazón resultó ser leve, y Dios ha restablecido mi salud. Hago ejercicios todos los días, y como alimentos saludables, aunque en realidad por el sabor a veces parece alpiste. Sin embargo, aquella difícil experiencia en el hospital dejó en mí una impresión indeleble, y me dio un nuevo gusto por la vida.

CUANDO TODO DEPENDE DE UNA SOLA JUGADA

Por esta razón creo tener una idea sobre cómo vas a reaccionar cuando el momento de tu partida se acerque. Pregúntate en qué pensarás cuando todo dependa de una sola jugada. ¿Será la empresa o negocio que creaste y viste crecer? ¿Serán las placas de reconocimiento que cuelgan de las paredes de tu casa? ¿Serán los títulos académicos que obtuviste en prestigiosas universidades? ¿Será la fortuna que acumulaste? ¿Serán los discursos que pronunciaste, los cuadros que pintaste, o las canciones que cantaste? ¿Serán los libros que escribiste, o los cargos a los que fuiste elegido? ¿Será el poder y la influencia que ejerciste? ¿Serán los cinco minutos del discurso de elogio y los sesenta segundos de silencio después que te hayas ido? No lo creo.

Sin duda que los logros y la promesa de un aplauso póstumo pueden traer cierta satisfacción. Pero tus más altas prioridades procederán de otra fuente. Cuando en tu vida todo se haya dicho y hecho y los libros se cierren, creo que lo más valioso estará muy cerca de tu hogar. Tus más apreciados recuerdos serán para aquellos a quienes amaste, los que te amaron, y lo que hiciste con ellos en el servicio al Señor. Estas son cosas fundamentales. Nada más sobrevivirá al escrutinio del tiempo.

Para profundizar un poco más en este concepto, permíteme llevarte de vuelta a aquel gimnasio donde sufrí el ataque de corazón. Dos años antes, había tenido lugar otro significativo suceso a sólo un par de metros de donde yo me encontraba. Mis amigos y yo jugábamos baloncesto tres veces a la semana en ese gimnasio, y una mañana en particular, invitamos a Pete Maravich a que nos acompañara.

Fue una osadía hacerlo. «Pedro Pistola», el apodo que le había dado la prensa, había sido uno de los más grandes jugadores de baloncesto de todos los tiempos. Había sido el Michael Jordan o el Magic Johnson de su día. Estableció más de cuarenta récords en la NCAA jugando con Louisiana State University. Muchos de esos récords todavía no han sido superados. Durante sus tres años con la LSU su promedio por partido había sido cuarenta y cuatro puntos. Después de graduarse, fue reclutado por la NBA y se convirtió en el primer jugador en firmar un contrato por un millón de dólares. Cuando se retiró a causa de problemas en la rodilla, fue seleccionado para el Salón de la Fama de la NBA el primer año que pudo ser postulado. Hay muy poco que pueda hacerse con un balón que Pete Maravich no lo haya hecho.

Para un grupo de inútiles como nosotros, no fue fácil invitar a jugar a una superestrella como a Pete, aun cuando por ese tiempo ya tenía cuarenta años de edad. Para nuestro deleite, accedió a venir y a las siete de la mañana estaba allí. Pronto supe que durante varios meses había venido sufriendo un dolor no identificado en su hombro derecho. Aparte de jugar en el campeonato de los grandes jugadores de la NBA, que fue televisado a nivel nacional, Pete no había pisado una cancha de baloncesto desde hacía más de un año. De todos modos, aquella mañana pasamos un buen rato. Pete se movía a un tercio de su velocidad normal, y el resto de nosotros bufábamos y resoplábamos tratando de seguirle el ritmo. Jugamos por unos cuarenta y cinco minutos, y tomamos un descanso. Pete y yo nos quedamos en la cancha y hablamos un poco mientras esperábamos que los demás jugadores volvieran.

—No puedes abandonar este juego, Pete —le dije—. El baloncesto ha significado mucho para ti a través de los años.

—¿Sabes? He disfrutado jugando esta mañana —contestó. —Realmente quisiera volver a esta clase de baloncesto por recreación. Pero hace algunos meses no habría podido hacerlo. El dolor en mi hombro ha sido tan intenso que no hubiera podido levantar sobre mi cabeza una pelota de casi un kilogramo de peso.

—¿Cómo te sientes hoy? —le pregunté.

—Superbién —me contestó.

LAS ÚLTIMAS PALABRAS DE PETE

Aquellas fueron las últimas palabras de Pete. Le di la espalda y me alejé, pero por alguna razón me volví justo para ver cuando caía al suelo. Su cuerpo y su cabeza golpearon fuertemente contra el piso. Aun así, pensé que estaba bromeando. Pete tenía un gran sentido del humor, e imaginé que estaba haciendo una última jugada graciosa para demostrar que se sentía «bien».

Corrí hacia donde estaba Pete, esperando que se pusiera de pie riendo. Pero entonces me di cuenta de que estaba teniendo un ataque. Le abrí la boca y sostuve su lengua a fin de dejar libre el paso del aire, y llamé a mis compañeros para que vinieran a ayudarme. El ataque duró unos veinte segundos, y Pete dejó de respirar. Inmediatamente comenzamos a hacerle respiración artificial y masajes cardíacos, pero no logramos que el corazón volviera a latir ni que Pete volviera a respirar. «Pedro Pistola» Maravich, uno de los más grandes atletas del mundo, murió en mis brazos a los cuarenta años de edad.

Varios de nosotros acompañamos a la ambulancia hasta el hospital, donde esperamos y oramos casi una hora mientras el personal de emergencia del hospital trataba de revivirlo. Pero fue inútil. Había dejado esta tierra, y no había nada que nosotros pudiéramos hacer para traerlo de vuelta.

Algunos días después una autopsia reveló que Pete había tenido una malformación congénita en el corazón y él nunca lo supo. Eso le había provocado dolores muy fuertes en el hombro. Mientras la mayoría de nosotros tenemos dos sistemas arteriales coronarios que rodean el corazón, Pete sólo tenía uno. Para los médicos es un misterio cómo, con ese problema, pudo realizar increíbles hazañas en la cancha de baloncesto durante tantos años. Estaba destinado a morir joven, y sólo Dios sabe por qué ocurrió durante ese breve momento cuando nuestros caminos se cruzaron.

Es imposible describir el golpe causado por la inesperada muerte de Pete. Ninguno de los que fuimos testigos de la tragedia lo olvidará jamás. Sentí mucha pena por su bonita esposa, Jackie, y sus dos hijos, Jason y Joshua. Tres días después de su muerte hablé en su funeral, y todavía siento un vínculo de amistad con su familia.

«Pedro Pistola» Maravich[...] murió en mis brazos a los cuarenta años de edad.

Vale la pena conocer algo del trasfondo de Pete para entender quién fue. Cuando muchacho, había sido bastante problemático. Fue un alcohólico que violó todas las leyes. Su actitud empeoró en la NBA, hasta que finalmente se retiró. Este hombre, que había recibido todos los aplausos que se pueden dar a un atleta, emocionalmente era un desastre. Después de su retiro, permaneció en su casa día tras día para evitar a los que le pedían autógrafos y porque no tenía dónde ir. Durante dos años estuvo allí sentado, deprimido y enojado.

Algo increíble sucedió en ese momento crucial en la vida de Pete. Una noche estaba en su cama, y escuchó a alguien que pronunciaba su nombre. Se sentó, pensando que había sido un sueño. Pero de nuevo oyó la voz. Se dio cuenta de que era Dios que lo llamaba. De modo que inmediatamente se arrodilló junto a la cama y dio su corazón al Señor. Fue una entrega total de mente, cuerpo y alma.

En los últimos cinco años de su vida, todo lo que quería hacer era hablar sobre lo que Jesucristo había hecho por él. Contó su historia a periodistas, entrenadores, admiradores y a cualquiera que quisiera escucharlo. El día que Pete murió, tenía puesta una camiseta con la inscripción: «Con los ojos en Jesús».

Pude decir este testimonio a los medios de comunicación, de modo que en una hora había dado la vuelta al mundo. «Ustedes creen que el gran amor de Pete fue el baloncesto», les dije, «pero esa no fue su gran pasión. Lo que realmente le interesaba era Jesucristo y lo que él había hecho en la vida de Pete». Y ahora, estoy entregándote este mensaje a ti. Quizás por eso Dios puso a este buen hombre en mis brazos cuando su vida se apagó.

ACERQUÉMONOS UN POCO

Ahora necesito contarte algo muy personal que sucedió luego. Fui a casa y me senté con nuestro hijo, Ryan, que por ese entonces tenía diecisiete años de edad. Quería que habláramos de algo extremadamente importante para ambos.

Le dije:

«Ryan, quiero que entiendas lo que acaba de pasar. La muerte de Pete no fue una tragedia poco común ocurrida sólo a un hombre y a su familia. Tarde o temprano, y de una u otra manera, todos tendremos que enfrentar la muerte. Así es la vida. Para algunas personas la muerte llega demasiado temprano y para otras demasiado tarde. Pero nadie habrá de escapar. Y, por supuesto, también nos ocurrirá a ti y a mí. De modo que, sin pretender ser morboso, quiero que te empieces a preparar para cuando llegue ese momento.

»Tarde o temprano», continué diciendo a Ryan, «vas a recibir el mismo tipo de llamada telefónica que la señora Maravich recibió hoy. Puede ocurrir dentro de diez o quince años, o puede ocurrir mañana. Pero cuando llegue ese momento quiero dejarte un pensamiento. Como no sé si tendré una oportunidad para decirte mis "últimas palabras", déjame expresártelas ahora. Grábate este momento en la mente y recuérdalo por el resto de tu vida. Mi mensaje para ti es: *¡Quiero que estés allí!* Que estés allí para reunirte con tu madre y conmigo en el cielo. En la mañana de la resurrección, te estaremos esperando. No permitas que nada te desvíe de cumplir con esta cita.

»Debido a que tengo cincuenta y un años y tú sólo diecisiete», seguí diciendo a mi hijo, «podrían pasar cincuenta años más desde mi muerte hasta la tuya.

»Es un largo tiempo para recordar. Pero puedes estar seguro de que estaré buscándote allá, en la puerta de la Ciudad Celestial. Esto es lo único realmente significativo en tu vida. Me interesa todo lo que logres en los años que vienen, y espero que hagas buen uso del gran potencial que el Señor te ha dado. Pero por sobre cualquier otro propósito y meta, lo único que realmente importa es que te decidas ahora a *estar allí*».

Ese mensaje no es sólo la herencia más valiosa que yo podría dejar a Ryan y a su hermana, Danae. Es también el aspecto central de lo que he tratado de comunicarte en este libro. *¡Quiero que estés allí!* Este debe ser nuestro objetivo supremo en la vida. En esas cuatro palabras están las respuestas a cualquier otra pregunta que hayamos hecho.

Jesucristo es la fuente —la única fuente— que le da sentido a la vida. Él provee la única explicación satisfactoria a las preguntas por qué estamos aquí y hacia dónde vamos. Gracias a esta buena noticia, el latido final del corazón del cristiano no es la misteriosa conclusión a una existencia sin sentido. Todo lo contrario, es el gran comienzo de una vida que nunca terminará.

Mi mensaje para ti es:
¡Quiero que estés allí!

El Señor mismo está esperando para abrazar y perdonar a todo aquel que va a Él en humildad y arrepentimiento. Él te está llamando, así como llamó a Pete Maravich. Su promesa de vida eterna ofrece la única esperanza para la humanidad. Si nunca te has encontrado con este Jesús, te sugiero que busques consejo espiritual de parte de un líder cristiano. También me puedes escribir a mí, si lo prefieres.

Gracias por leer conmigo este libro. Espero conocerte algún día. Y si nuestros caminos no se cruzan de este lado del cielo, te estaré esperando en aquella ciudad eterna. Como quiera que sea, *¡quiero que estés allí!*

APÉNDICE

TREINTA Y OCHO PRINCIPIOS QUE DEBEN GUIAR LA VIDA

A continuación hay una lista de treinta y ocho principios que he aprendido por medio de toda mi experiencia en la vida cristiana y en las relaciones humanas. Creo que te podrán ser útiles para tu propia vida. Muchos han sido sacados del libro que acabas de leer. Aquí están incluidos para que sirvan como resumen de los conceptos que hemos visto.

1. *Buscad primeramente el reino de Dios y su justicia, y todas estas cosas os serán añadidas* (Mateo 6.33). Este es el principio fundamental de la vida sobre el cual descansan los demás.

2. El exceso de compromisos y la falta de tiempo son los más grandes destructores de los matrimonios y las familias. Toma *tiempo* desarrollar cualquier amistad[...] ya sea con un ser amado o con Dios mismos.

3. Durante los primeros años (o a cualquier edad) el sentimiento intenso de «estar enamorado» no es una emoción muy confiable. Este intenso afecto puede evaporarse en cuestión de días, dejando a la persona confundida (y quizás infelizmente casada). La única manera de saber si realmente se ama a otra persona es darse suficiente tiempo para conocerse. Una vez que la decisión está

hecha para contraer matrimonio, entonces el *compromiso* mutuo será mucho más importante que los sentimientos, que sin duda vienen y se van.

4. Un día, el universo y todo lo que en él hay pasará y será hecho nuevo por el Creador. Por lo tanto, los acontecimientos de *hoy día* que nos parecen tan importantes, realmente no lo son tanto, excepto aquellas cosas que sobrevivirán el fin del universo (tales como asegurar tu propia salvación y cumplir la obra del Señor).

5. Dios es como un padre para sus hijos. Los ama más de lo que estos pueden entender, pero también espera que sean obedientes a su voluntad. Y Él ha dicho: «La paga del pecado es muerte» (Romanos 6.23). Esto sigue siendo verdad.

6. Esta es la forma de tener éxito en la vida: Trata a cada persona como quieres que te traten a ti; busca maneras de atender a las necesidades físicas, emocionales y espirituales de los que te rodean. Combate cualquier deseo de egoísmo y de sacar ventaja injusta sobre los demás. Trata de convertir cada encuentro con otra persona en una nueva o más fuerte amistad. Entonces, cuando esta confianza con las personas se combine con mucho esfuerzo, tu futuro éxito estará asegurado.

7. El valor humano no depende de la belleza, la inteligencia o los logros. Todos nosotros somos más valiosos que las posesiones de todo el mundo simplemente porque Dios nos dio ese valor. Este hecho sigue siendo verdad aun cuando otras personas sobre la tierra nos consideren perdedores.

8. Los deseos apasionados son como un río. Mientras corren por las orillas de la voluntad de Dios, sea la corriente fuerte o débil, todo está bien. Pero cuando se desbordan de esos límites y buscan sus propios cauces, entonces el desastre acecha bajo la turbulencia. *—James Dobson, padre.*

9. La muerte de niños que aún no han nacido, mediante abortos provocados es una de las cosas más diabólicas de nuestros días. Cada año 1.5 millones de bebés son sacrificados en los Estados Unidos y 55 millones en todo el mundo.

10. Las comparaciones son la raíz de todo sentimiento de inferioridad. En el momento en que empiezas a comparar las fuerzas de otras

personas con tus más evidentes debilidades, tu autoestima empieza a deteriorarse.

11. Como una regla general, no arriesgues lo que no puedes darte el lujo de perder.

12. Vendrá el día, mucho más rápido de lo que tus padres quisieran, cuando ya no te sentirás cómodo viviendo en casa. Querrás irte y establecer tu propio hogar. Después de ese tiempo, tu madre y tu padre serán más tus amigos que tus padres. Y un día, si ellos viven lo suficiente, tú serás más un padre para ellos que un hijo o una hija.

13. Si hoy estás pasando por problemas, manténte firme. Las cosas cambiarán pronto. Si estás experimentando una suave brisa y días agradables, cobra fuerzas. Las cosas cambiarán pronto. De lo único que puedes estar seguro es de los cambios.

14. Dios creó *dos* sexos, masculino y femenino. Ambos tienen el mismo valor, aunque cada uno es único y diferente. No sólo es imposible mezclar la masculinidad y la femineidad en un solo sexo (unisex), sino que es peligroso aun intentarlo.

15. *«Raíz de todos los males es el amor al dinero»* (1 Timoteo 6.10). Esta es la razón por la que Jesús nos advirtió más *sobre* el materialismo y las riquezas que *sobre* cualquier otro pecado. Obviamente, se requiere de una mano firme para sostener una copa llena.

16. Los cristianos nunca deben consultar a los astrólogos, síquicos u otros que practican la hechicería (véase Isaías 47.13-14). Por lo general, son engañadores que fingen tener poderes extrasensoriales. Pero en algunos casos, están trabajando en cooperación con Satanás. En lugar de mezclarnos con este mundo maligno, el único y verdadero Dios quiere que le presentemos a Él nuestras necesidades, problemas y las decisiones que tengamos que hacer. Él ha prometido guiarnos a toda verdad (véase Juan 8.32).

17. Uno de los secretos de la vida de éxito se encuentra en la palabra *equilibrio* que se refiere a evitar los extremos dañinos. Necesitamos comer, pero no podemos sobrealimentarnos. Debemos trabajar, pero no hagamos del trabajo nuestra única actividad. Debemos divertirnos, pero no dejemos que la diversión nos domine. A través de la vida, será importante encontrar la seguridad del término medio en lugar del desequilibrio de los extremos.

18. Tu vida la tienes por delante. Sé cuidadoso en las decisiones que hagas ahora para que no tengas que lamentarlo después. Este lamentar es el tema de un viejo poema cuyo autor ha sido olvidado. Espero que tú nunca tengas razones para aplicártelo.

A través de los campos del ayer,
De vez en cuando viene a mí
Un pequeño que vuelve del juego
Es el niño que yo fui.
Me mira intensamente
Y una vez en mi interior;
Es como si esperara ver
El hombre que nunca fui.

19. Los que son más felices no son aquellos para quienes la vida ha sido más fácil. La estabilidad emocional es producto de una actitud. Es no ceder ante la depresión y el miedo, aun cuando negras nubes floten allá arriba. Es mejorar lo que puede ser mejorado y aceptar lo que es inevitable.

20. El comunismo y el socialismo son sistemas económicos donde el gobierno asume la responsabilidad de velar que las necesidades de cada persona sean atendidas para que ningún individuo gane más de lo que el estado considera justo. El capitalismo, como el que tenemos en los Estados Unidos, está basado en la libre empresa, donde un individuo puede lograr un mejor ingreso para él y su familia esforzándose, ahorrando e invirtiendo. Para comparar los dos sistemas, imagínate que hicieras un examen de historia. Estudias duro y obtienes 100 puntos, pero el profesor te da 80 porque quiere darle algunas de tus respuestas correctas a un estudiante que no aprobó por no haber estudiado para el examen. Obviamente esto destruirá tu motivación para estudiar en el futuro. Esta necesidad de incentivos personales explica por qué el capitalismo produce gente con más energía que el comunismo y el socialismo, y por qué los Estados Unidos es la nación más rica del mundo.

21. Respira profundo y luego expulsa el aire. En esa sola respiración hay por lo menos tres átomos de nitrógeno que fueron respirados por cada ser humano, incluyendo a Jesucristo, William Shakespeare, Winston Churchill y cada presidente de los Estados Unidos. Esto ilustra el hecho que todo lo que hacemos afecta a otras personas, positiva o negativamente. Es por esto que es una necedad decir:

«Haz lo que te parezca, si no afecta a otras personas». Todo lo que hacemos, afecta a otras personas.

22. Tener fe en Dios es como creer que un hombre puede caminar por una cuerda sobre las cataratas del Niágara mientras empuja una carretilla. ¡Confiar en Dios es como ir arriba de la carretilla! Creer que Dios puede hacer un milagro es una cosa; confiar en que Él está dispuesto a hacerlo en tu vida es otra cosa.

23. Con Dios, aun cuando no ocurra nada... algo está ocurriendo.

24. Los primeros cinco minutos de cualquier cosa son sumamente importantes, especialmente para:

    Una nueva amistad,
    Un sermón del pastor,
    Una familia durante las primeras horas de la mañana,
    Un papá cuando recién ha regresado del trabajo,
    Un programa de televisión,
    Una presentación de ventas,
    Una visita al médico.

En cualquier actividad humana estos primeros momentos fijan el escenario para todo lo que va a seguir. Si empezamos nuestro trabajo apropiadamente, probablemente con el tiempo tendremos éxito. De modo que pasemos más tiempo preparándonos para los primeros cinco minutos que para cualquier otro período comparable.

25. Dondequiera que dos personas pasan tiempo juntas, tarde o temprano se irritarán la una a la otra. Esto ocurre incluso entre los mejores amigos, los matrimonios, los padres y los hijos, o los profesores y sus alumnos. La pregunta que cabe hacerse es: ¿Cómo reaccionar cuando se producen las fricciones? Hay cuatro formas básicas de reaccionar:

- Uno puede «aguantarse» la rabia y enviarla al banco de memoria que nunca olvida. Esto crea una tremenda presión en la persona y puede ser el origen de enfermedades y otros problemas.
- Uno puede poner mala cara y ser grosero sin discutir el asunto. Esto irritará más a la otra persona y hará que saque sus propias conclusiones acerca de lo que puede ser el problema.
- Uno puede explotar y tratar de herir a la otra persona. Esto provoca la muerte de la amistad, el matrimonio, el hogar y los negocios.

- O puede hablar mutuamente sobre lo que sienten, siendo cuidadosos de no herir la dignidad y el aprecio de la otra persona. A menudo, esta forma lleva a una relación permanente y saludable.

26. No te cases con alguien que tenga costumbres que te resultan intolerables, esperando cambiarlo a él o a ella. Si no puedes vivir con alguien que es un bebedor o que no es cristiano, o que es desaseado, entonces no te cases con esa persona. Las posibilidades para un mejoramiento milagroso o cambios en las costumbres son mínimas. ¡Lo que ves, eso es lo que obtendrás!

27. «Si Jehová no construye la casa, en vano trabajan los que la edifican» (Salmo 127.1).

28. Los sentimientos no son ni buenos mi malos. El problema es lo que haces con ellos.

29. La soledad mayormente es el resultado del aislamiento que nos imponemos nosotros mismos. En otras palabras, estamos solos porque nos incomunicamos, no porque otros nos aíslen.

30. Algunos hombres miran tantos programas de deportes en la televisión que no se darían cuenta de la decisión de sus esposas de divorciarse a menos que lo anunciaran en los resultados del fútbol el lunes por la noche. Recuerda: También se requiere equilibrio y moderación al mirar televisión.

31. Cuando somos jóvenes, el cuerpo humano parece indestructible. Sin embargo, es increíblemente frágil y debe ser atendido si queremos que nos sirva durante toda la vida. Demasiado a menudo, el abuso a que es sometido en los años jóvenes (uso de drogas, nutrición inadecuada, heridas por deportes, etc.) llegan a ser dolorosos limitantes en los años tardíos.

32. Antes de criticar a tus padres por sus fracasos y errores, pregúntate: «¿Realmente lo haría yo mejor con mis propios hijos?» El trabajo es más duro de lo que parece, y los errores son inevitables.

33. Satanás intentará ofrecerte lo que tú ambiciones, sea dinero, poder, relaciones sexuales o prestigio.
    Pero Jesús dijo: «Bienaventurados los que tienen hambre y sed de justicia» (Mateo 5.6).

34. El contacto sexual entre un muchacho y una muchacha es una cosa progresiva. En otras palabras, la cantidad de toques y caricias y besos que ocurren en los primeros días tienden a aumentar a medida que se van conociendo mejor y se van sintiendo más confiados el uno con el otro. De igual modo, la cantidad de contacto necesario para excitarse mutuamente aumenta día a día, llevando en muchos casos al acto final de pecado y sus inevitables consecuencias. Esta progresión debe ser conscientemente resistida por los jóvenes cristianos que quieren servir a Dios y vivir según sus normas. Es posible resistir esta tendencia estableciendo límites determinados en el aspecto físico de la relación, empezando desde la primera cita.

35. Dios tiene derecho a una porción de lo que ganamos, no porque lo necesite, sino porque nosotros necesitamos darlo.

36. «Porque ¿qué aprovechará al hombre si ganare todo el mundo, y perdiere su alma?» (Palabras de Jesús en Marcos 8.36).

37. Es mejor estar solo y no ser feliz, que estar casado y no ser feliz.

38. «Un pájaro mojado nunca vuela en la noche». (Mi abuelo me decía eso cuando yo era un niño y siempre me advertía que no lo olvidara. Recuerdo sus palabras, pero nunca he podido entender qué significan.)